由南京农业大学中央高校基本科研业务费人文社会科学研究基金资助
（项目编号：SKZZ2014001）

江苏高校哲学社会科学重点研究基地重大项目资助
（项目编号：2012JDXM008）

国家社会科学基金一般项目资助
（项目编号：09BJL033）

林乐芬　金媛　王军　著

农村土地制度变迁的
社会福利效应

——基于金融视角的分析

社会科学文献出版社

SOCIAL SCIENCES ACADEMIC PRESS (CHINA)

摘　要

　　本书是在林乐芬教授主持完成的国家社会科学基金项目"农村土地制度变迁的社会福利效应分析——基于金融视角"的基础上修订完成的。长期以来，我国在二元土地市场条件下，以农地流转和农地征用为主要表现形式的农村土地制度变迁缺乏明确的福利目标，农民的土地福利效应没有得到充分的体现，缺乏城乡土地市场一体化与福利效应相关性的理论研究，基于农村土地金融创新角度研究农村土地制度创新的成果较少。本书从福利经济学角度针对城乡统筹发展背景下农地流转和农地征用的土地制度变迁进行分析，梳理研究农地流转和农地征用中的土地福利，提出农村土地制度问题在本质上是金融问题。在此基础上，以提高农民农地福利为目标，以农地流转和农地征用为两条主线，以创新农地金融工具为主要手段，通过大样本的实际调研和实证分析，探索了农地流转中以土地股份合作为代表的农地直接金融和以农地经营权抵押贷款为标志的农地间接金融制度创新，提出了农地征用中确保失地农民永续享受土地增值收益的财政金融长效机制。

　　本书通过农地流转和农地征用两个维度的农村土地金融化制度创新研究，来推进农村土地制度创新，从而增进我国农民的土地福利，促进劳动力流动，实现农业现代化，推进城乡统筹和城乡一体化进程，并推动我国土地金融理论研究的深化。因此，本书的研究成果和政策建议具有较强的针对性，能够切实解决现实问题，对各级决策部门、行政管理部门、金融部门以及科研院所、大专院校和对农村土地金融问题有兴趣的社会公众，都具有研究价值和参考价值，适合各级领导、经济管理人员和农业经济管理、金融学、土地资源管理研究的学者和大专院校的师生阅读。

目　录

1　导论 ……………………………………………………… 1

  1.1　研究背景与选题意义 …………………………………… 1

  1.2　研究的主要内容 ………………………………………… 4

  1.3　研究方法与技术路线 …………………………………… 7

  1.4　主要观点、创新与不足 ………………………………… 8

2　理论基础与文献回顾 ………………………………… 12

  2.1　理论基础 ………………………………………………… 12

  2.2　国内外文献回顾 ………………………………………… 27

  2.3　简要评述 ………………………………………………… 56

3　我国农村土地制度变迁 ……………………………… 58

  3.1　新中国成立后农村土地制度变迁：历史回顾 ………… 58

  3.2　改革开放后中国农村土地制度改革情况 ……………… 61

  3.3　农业现代化背景下的农地流转制度兴起 ……………… 66

  3.4　工业化、城镇化背景下的农地征用制度兴起 ………… 69

  3.5　本章小结 ………………………………………………… 78

4　农村土地制度变迁的社会福利阶段性现状分析 …… 80

  4.1　福利效应的界定 ………………………………………… 80

4.2 "剪刀差"下的农户福利损失（1949～1978 年） ………… 81

4.3 家庭联产承包责任制下的社会福利增进 ……………… 82

4.4 农地流转的社会福利现状分析 …………………… 84

4.5 农地非农化征用的社会福利不确定性分析 ………… 89

4.6 工业化、城镇化和农业现代化背景下农村土地制度障碍分析 … 108

4.7 本章小结 …………………………………………… 111

5 土地金融视角的理论分析框架 ……………………… 112

5.1 农地征用中土地权益保障的财政补偿效应分析………… 113

5.2 农地流转中的农地金融福利效应分析 …………… 116

5.3 福利导向下农地金融创新的制度设计 …………… 121

6 被征农地权益保障的财政补偿政策效应研究 ………… 124

6.1 近十年各级政府征地财政补偿政策现状分析………… 125

6.2 征地财政补偿政策变迁效应的衡量及影响因素分析… 129

6.3 基于 1703 个样本农户的征地补偿政策效应实证分析 ………… 134

6.4 本章小结 ………………………………………… 148

7 福利导向的农地直接金融创新实证分析 ……………… 150

7.1 文献综述 ……………………………………… 151

7.2 我国农地直接金融的实现途径与土地股份的金融属性………… 154

7.3 农地直接金融实证分析——基于昌惠土地股份合作社的
案例研究 ……………………………………… 159

7.4 本章小结 ……………………………………… 181

8 福利导向的农地间接金融创新实证分析 ……………… 182

8.1 农地金融相关研究的不足 …………………… 182

8.2 农地间接金融实现途径与试点现状 ………… 183

8.3 农地间接金融实证研究——需求方的需求意愿及其影响
因素分析 ……………………………………………………… 187

8.4 农地间接金融实证研究——供给方的供给意愿及其影响因素
分析 …………………………………………………………… 204

8.5 本章小结 …………………………………………………… 212

9 福利导向下被征地农民土地权益保障的土地金融创新设计 213

9.1 文献综述 …………………………………………………… 213

9.2 被征农地增值收益优化配置分析 ………………………… 216

9.3 失地农民土地权益两个样本村案例的比较分析 ………… 222

9.4 失地农民土地权益可持续保障土地金融创新设计 ……… 226

9.5 本章小结 …………………………………………………… 232

10 福利导向下农地流转中农民土地权益保障的土地金融创新设计 … 234

10.1 理论分析 ………………………………………………… 234

10.2 实证分析 ………………………………………………… 236

10.3 农地流转中农民土地权益保障的土地金融创新设计 ……… 244

10.4 本章小结 ………………………………………………… 248

11 研究结论与政策建议 ……………………………………… 250

11.1 研究结论 ………………………………………………… 250

11.2 政策建议 ………………………………………………… 255

参考文献 ……………………………………………………… 259

支持本书观点的相关科研论文 ……………………………… 277

1 导论

1.1 研究背景与选题意义

1.1.1 研究背景

在现阶段城乡统筹发展的背景下，农村土地制度以农地流转和农地征用为主要表现形式，农地流转中的制度障碍和农地征用中不合理的土地收益分配在不同程度上导致了农村土地的福利损失，由此引发了各种社会冲突和群体性事件。与此同时，中央连续出台相关重要文件对农村土地流转和农地征用的改革指明了方向：2008 年 10 月党的十七届三中全会通过的《中共中央关于推进农村改革发展若干重大问题的决定》明确提出，"允许农民以转包、出租、互换、转让、股份合作等形式流转土地承包经营权，发展多种形式的适度规模经营"；2013 年中央一号文件提出，"把城乡发展一体化作为解决'三农'问题的根本途径，必须统筹协调，促进工业化、信息化、城镇化、农业现代化同步发展。坚持依法自愿有偿原则，引导农村土地承包经营权有序流转，鼓励和支持承包土地向专业大户、家庭农场、农民合作社流转，发展多种形式的适度规模经营。依法征收农民集体所有土地，要提高农民在土地增值收益中的分配比例，确保被征地农民生活水平有提高、长远生计有保障"；2013 年 11 月党的十八届三中全会通过的《中共中央关于全面深化改革若干重大问题的决定》第一次明确提出，"稳定农村土地承包关系并保持长久不变，在坚持和完善最严格的耕地保护制度前提下，赋予农民对承包地占有、使用、收益、流转及承包经营权抵押、担保权能，允许农民以承包经营权入股发展农业产业化经营。鼓励承包经营权在公开市场上向专业大户、家庭农场、农民合作社、农业企业流转，发展多种形式规模经营"，并同时强调"赋予农民更多财产权利，积极发展农民股份合作，赋予农民对集体资产股份占有、收益、有偿退出及抵押、担保、继承权。保障农户宅基地用益物权，改革完善农村宅基地制度，慎重稳妥推进农民住房财产权抵押、担保、转让，探索农民增加财产性收入渠道。建立农村产权流转交易市场，推动农村产权流转交易公开、公正、规范运行。保障农民公平分享土地增值收益"；2014 年中央一号文件再次明确指出，"在落实农村土地集体所有权的基础上，稳定农户承包权、放活土地经营权，允许承包土地的经营权向金融机构抵押融资。有关部门要抓紧研究提出规范的实施办法，建立配套的抵押资产处置机制，推动修订相关法律法规"，并进一步指出"加快推进征地制度改革。缩小征地范围，规范征地程序，完善对被征地农民合理、规范、多元保障机制。抓紧修订有关法律法规，保障农民公平分享土地增值收益，改变对被征地农民的补偿办法，除补偿农民被征收的集体土地外，还必须对农民的住房、社保、就业培训给予合理保障。因地制宜采取留地安置、补偿等多种方式，确保被征地农民长期受益"。因此，加快创新现有农地制度，保障农民在土地流转和农地非农化征用中的土地权益成为亟待解决的重要课题。

1.1.2 选题意义

2012 年 10 月党的十八大首次提出"坚持走中国特色新型工业化、信息化、城镇化、农业现代化道路，推动信息化和工业化深度融合、工业化和城镇化良性互动、城镇化和农业现代化相互协调，促进工业化、信息化、城镇化、农业现代化同步发展"。传统大田作物种植的经营收入已不能满足农民日益提高的生活水平需要，随着农业技术的进步，单位面积所需的劳动力数量不断减少，加之非农就业机会增多，农村剩余劳动力不断转向城市就业，土地逐渐从分散的小农户转向专业大户、家庭农场或者农业龙头企业，逐渐形成新型的农村经营主体。土地的适度集中改变了原有小规模经营的现金收入流，原有的小规模经营大多以大田作物生产为主，这一类生产的特点是现金投入产出比不大，农业生产物资（化肥农药、种苗等）占家庭现金收入的比重很小，并且由于收获时的产出回报率并不高，小农户借贷资金的需求比较小。而随着土地的适度集中，生产经营的项目、种类也在不断丰富，规模经营主体往往从事高附加值的农业经营项目（比如水产养殖和林木种植），这一类农业生产经营的现金收入流在全年的收入流中呈不对称分布：生产周期较长，在收获时节投资回报率较高，但生产投入所需资金量较大，客观上产生了融入资金的需求。规模经营主体最大的资本就是流转后经营的土地使用权，农地流转产生的规模经营客观上产生了土地金融的内在需求。

同时，我国目前工业化、城镇化高速发展，在城市存量土地有限的条件下，不可避免地要征用农地，我国大量农用地被征用转为城市建设用地。根据中国经济增长前沿课题组的统计数据，1997～2000 年我国年均征用土地达 456 平方公里，随后征用规模急剧扩张，2001～2010 年总共征用土地 1.6097 万平方公里。2014 年 3 月公布的《国家新型城镇化规划（2014～2020 年）》显示，1996～2012 年，全国建设用地年均增加 724 万亩，其中城镇建设用地年均增加 357 万亩。失地农民的数量不断增加，失地农民的生存状况和土地权益保障在现有的财政补偿政策下效应如何？是否存在金融工具的创新以实现失地农民土地权益的可持续保障？目前我国缺少系统的与土地金融相关的理论与实证研究，因此，本书试图从土地金融化的视角，将农村土地的财产性和福利性结合起来，进行农村土地制度和土地金融制度的创新研究。通过土地金融化，打通农地市场与资本的对接通道，盘活农业部门的各类资产，并进一步调动全社会的各类资源来服务于农业发展，从而提高农业部门的生产力。具体而言，可以概况为以下三个方面。

1. 通过农村土地制度创新增进我国农民的土地福利

农村土地制度创新必须以土地福利的增进为目标。通过农村土地制度创新，改变土地征用过程中收益分配失衡侵害农民的土地福利，以及土地流转过程中的"制度障碍"使农村土地福利难以充分发挥的状况。

2. 通过农村土地制度创新推动城乡经济一体化进程

本书试图通过土地金融化来进行制度创新，推进城乡资本要素的合理流动，提高农村土地的福利效应，让"农村、农业、农民"随着土地的有序流转而"活起来"，通过金融化将农村土地与城市金融资本同质起来，实现城乡之间的资本自由流动。逐步解决"三农"难题，从要素流动和资源配置上为实现城乡一体化提供基本条件。

3. 推进我国土地金融理论研究的深化

农村土地制度的创新需要以土地金融工具的创新为前提。随着我国城乡统筹、城乡一体化改革的深入，农村土地制度和福利效应方面的问题日益凸显，迫切需要经济理论界进行新视角的研究并做出解释。本书将对土地金融化进行系统的理论探索，这不仅凸显本书的理论意义，而且也是本书展开系统研究的理论基础。

1.2　研究的主要内容

1.2.1　我国农村土地制度的变迁

本书梳理了新中国成立以来的土地制度变迁过程。人民公社时期的土地集体公有制度给农业生产带来负面影响，从而产生了能够激励农业生产者投资和生产的制度需求，家庭联产承包责任制度由此产生。随着农业生产力的不断提高、农业技术进步和农业现代化以及农村剩余劳动力的转移，农地的适度规模经营需求不断提升，农地流转需求增强，并催生出不同类型的新型农村经营主体（专业大户、家庭农场、专业合作社、农地股份合作社等）。与此同时，城镇化、工业化的迅速推进产生了建设用地的需求，在城市存量土地供给有限的约束下，农地非农化的数量不断增加，农地征用不可避免，因此产生了大量失地农民。

1.2.2　我国农村土地制度变迁的福利特征

我国经济发展正处于转型时期，土地福利效应表现出自身的特点。在对我国改革开放前后农村土地制度的变迁进行梳理之后，本书对土地制度变迁中的福利特征进行了归纳，主要总结了三方面的特征：①通过农产品价格"剪刀差"将土地的福利转移到城市；②在家庭联产承包责任制度下，农户福利和社会福利均提高；③农村土地流转过程中存在的制度障碍可能导致农村土地福利损失；④农地非农化征用协议出让和招拍挂出让所呈现的社会福利效应；⑤工业化、城镇化发展下的农地征用在提高社会总福利的同时应该保障失地农民的福利。

1.2.3 金融视角下的理论分析框架

在对我国农村土地制度变迁及其社会福利的阶段性现状进行分析的基础上，本书构建了土地金融化的理论分析框架，以增进农地福利为目标，以农地流转和农地征用为两条主线，以创新农地金融工具为主要手段，进行农地金融制度创新。对农地流转中的农地金融福利效应分析集中在农地的直接金融分析和农地的间接金融分析上；对农地征用中的福利效应分析集中在失地农民被征农地权益保障的财政补偿效应分析、财政补偿的局限性分析以及被征土地增值收益分享的农地金融工具创新分析上。

1.2.4 被征农地财政补偿政策效应分析

工业化、城镇化和城乡统筹发展的客观背景加快了农地征用的速度，由此产生的失地农民的数量也在不断增加，农地所有权与使用权被迫以较低廉的价格转让，造成农民更加贫困。党的十八大、十八届三中全会和2014年中央一号文件都明确指出，要大幅度提高农民在土地增值收益中的分配比例，分配好土地非农化和城镇化产生的增值收益，保障农民的土地财产权。因此，本部分试图解释在中央的征地财政补偿政策不断加大力度的情况下，失地农民的满意程度未能提高的深层次原因。首先对中央和地方各级政府近10年的征地财政补偿政策的现状进行分析，在此基础上，基于1703个样本农户的征地补偿政策效应，运用多元有序的 Logistic 模型进行实证分析，从地方政府征地补偿政策执行滞后偏离程度、被征地农户家庭特征、被征地块特征、地区经济发展水平四个方面分析中央政府征地补偿政策效应的影响因素。从影响因素的重要性来看，地方政府征地补偿政策执行滞后偏离程度是影响被征地农户受偿满意程度的重要因素，其他因素还包括被征地农户家庭的特征和被征地块的特征（征地区位、征地年份）。并且揭示农地征用中仅依赖政府财政补贴，不足以解决土地征用中的福利损失问题。还需要进行农地金融制度创新，利用农村土地金融工具、创新农村土地金融制度已经成为亟须解决的问题。

1.2.5　福利导向下农地直接金融制度创新

农地直接金融表现为农地转让、出租、股权投资等。从实践来看，以土地股份合作社为主要表现形式。本书从福利经济学的角度出发，构建农地流转中的农地直接金融制度，实地调研社员农户对土地股份合作社的满意度及其影响因素，对于非社员农户，分析其入社意愿和影响因素，理论分析并实证检验农地股权投资是不是农村土地直接融资的有效途径。

1.2.6　福利导向下农地间接金融制度创新

农地间接金融以承包地、宅基地和土地股权抵押为主。从实践来看，由于法律、传统等各方面的制约，农地间接金融基本上处于探索起步阶段。因此本书对我国农地流转金融制度的构建进行前瞻性研究，兼顾农地间接融资业务供求双方的利益，分别从农户和农村金融机构双方的视角进行农地抵押业务的探索性研究，分析农地抵押业务实施的潜在影响因素，为农地间接金融的开展奠定基础。

1.2.7　福利导向下被征地农民土地权益保障的土地金融创新设计

伴随着城市化进程的加快，农地征用速度加快，失地农民的数量急剧增加，为了保障其权益的可持续性，需要促进土地从作为生产要素的传统保障功能向作为资本要素的财产功能转化，在完善现有财政补偿的基础上，通过农地金融机构和农地金融产品的创新设计，将农村土地的财产性和福利性结合起来，实现土地资本与金融资本的同质化流动，以土地福利效应为目标，探索构建失地农民土地权益可持续保障的财政、金融支持体系，保障失地农民土地权益的可持续性。

1.2.8　福利导向下农地流转中农民土地权益保障的土地金融创新设计

在农地主动流转中，由于农民是自愿流转的，交易双方可以磋商达成协议，因而一方利益被剥夺而引发的极端群体事件发生的概率较小。虽然免除了强制流转的福利损失，但是如果流转后土地经营不善，不能保证稳定的现金收入流（农地流转租金），那么，农地流转的流出方（小农户）的土地权益将受到损害。正是基于这一出发点，本书试图对农地流转中能够产生稳定的现金收入流（农地流转租金）的必要条件进行分析。福利改进是农地流转中农民土地权益得到保障的必要条件，那么，农地流转中供求双方福利改进的必要条件是什么？从土地金融的视角来看，农地流转中土地金融工具运用的边界条件是什么？已有的在各地兴起的农地金融工具的实施需要什么条件？农地"三权"抵押的不同顺序会对农地金融的供求匹配产生什么影响？怎样的农地金融创新更有利于保障农地流转中农户的土地权益？这是本部分重点研究的内容。

1.3　研究方法与技术路线

1.3.1　研究方法

1. 比较分析法

外国及相关地区的土地市场化和金融化程度比较高，在土地制度和土地福利方面积累了丰富的经验。通过对国内外土地制度和土地福利效应等问题进行比较分析，吸收并借鉴国外土地制度和管理的先进经验，为长三角地区和我国其他地区的土地制度创新提供现实的参考。

2. 实证分析法

通过实证分析，认识我国土地福利的实际情况（以长三角地区为研究对象），为土地制度创新性研究提供科学依据。本研究对农村土地流转和农村土地征用过程中的福利效应进行实证分析。

3. 调查法

主要采取问卷调查、典型访谈、地方案例研究的方法。调查分为两部分，一是针对农户的问卷调查，包括土地流转、征用情况的问卷以及实行土地金融化意愿的问卷。二是对样本村以及政府相关部门的走访，了解土地流转、征用情况，获取当地土地流转、征用的数据。

1.3.2 技术路线

以转型期中国经济发展最具代表性的长三角地区为主要对象，分析我国土地制度的变迁及其福利特征，就土地征用和土地流转过程中存在的福利效应进行实证分析，着力从土地金融化的角度探索土地制度创新的理论工具，设计在社会主义市场经济条件下增加农民福利、推动城乡经济协调发展的现代农村土地制度，推进农村土地福利效应的提高（见图1-1）。

1.4 主要观点、创新与不足

1.4.1 主要观点

1. 农地征用方面

失地农民市民化后的福利效应平均水平较低，地区差异明显。农地征用缺乏福利目标，造成福利损失。随着征地补偿政策的变迁，失地农民对征地补偿的满意程度没有明显提高，不少地区的失地农民没有获得中央政府征地补偿政策变迁的福利改善，地方政府征地补偿政策的执行存在时间和内容上的滞后偏离。

影响失地农民受偿满意度的因素有：失地农户的家庭特征因素、年龄、受教育程度、非农就业比重、补偿政策的滞后偏离度、被征地块的特征因素（征地区位、征地年份）等，其中地方政府对补偿政策的滞后偏离是最重要的影响因素。

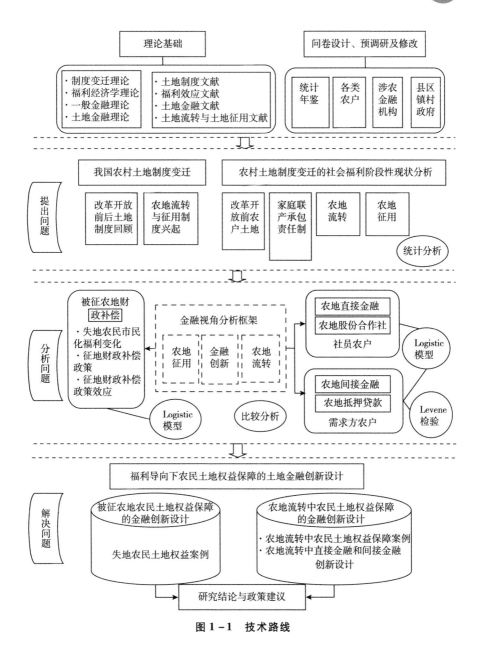

图1-1 技术路线

我国在城乡统筹发展过程中产生两种类型的失地农民。一种是因工业化、城镇化导致土地非农开发而彻底失地、户籍改变的失地农民；一种是发展现代农业、土地集约化和规模化利用所产生的保留土地承包权但失去土地经营权的失地农民。应该区分这两种不同类型的失地农民，加强保障政策的针对性。

建立"财政手段为主，金融手段为辅"的机制，确保失地农民分享被征农地的增值收益，使其土地权益具有可持续性。应该建立多元化的财政补偿机制，提高土地的基本保障水平；创新土地金融制度，保障失地农民土地权益的可持续性，将土地的财产性和福利性相结合，建立农地股份资产经营公司或农地产权交易市场作为土地资本化的载体，并通过政府注资提升其信用水平，从而通过土地创新发挥土地的财产性功能，使土地资本同质于金融资本，能够在城乡之间实现流动。

2. 农地流转方面

农地流转可以改善农地流转供给方和需求方的社会福利。在社会保障待遇足够完善的前提下，以农地股份化合作组织为中介的农地流转方式是较佳的选择。

农地股权投资改善了社员农户和农业大户的福利，是我国农地直接金融的有效方式。

对于农地流转的间接融资而言，农地抵押贷款是其发展的基础。因此，应加快试点步伐，并及时总结试点经验，发现存在的问题，有效解决农地流转中的制度障碍，促进农地流转制度的创新和福利的改善。

1.4.2 创新

本书从福利经济学角度对城乡统筹发展背景下农地流转和农地征用的制度变迁进行了分析，提出农村土地制度问题本质上是金融问题。以提高农民的农地福利为目标，探索了农地流转中的农地直接金融和间接金融制度的创新，提出了农民失地后的财政金融长效机制，确保失地农民能够永续享受土地的增值收益。通过土地金融化的制度创新研究，推动生产要素的合理流动，逐步解决"三农"问题，促进城乡统筹发展。本书的研究成果和政策建议具有较强的针对性，能够切实解决现实问题，因此具有重要的理论价值和应用价值。

1. 立意上的创新

以往的研究大多从制度经济学角度分析农地制度变迁产生的原因及其对

经济、农业的绩效影响，本研究从福利经济学角度分析农地制度变迁过程中的土地福利效应。本研究认为，应该根据农地流转和农地征用两条主线，研究农村土地制度变迁中的社会福利效应，并基于金融视角探索福利改善。

2. 研究思路上的创新

农地一旦流转或被征用，都将发生资金的流动，因此，农地问题本质上是金融问题。本研究跨学科、跨专业，涉及制度经济学、福利经济学、土地经济学、金融学、区域经济学等学科的主要理论，将其拓展到农村土地制度变迁中社会福利效应的研究，以农地金融化为基本的研究手段，设计土地金融化条件下的土地制度创新，提出政策建议，探索增进农民福利、推动城乡经济协调发展的现代农村土地制度，在思路和方法上具有创新性。

3. 研究理论具有前瞻性

已有关于农地制度变迁的研究大多都以历史的沿革为线索，本研究重点讨论城乡统筹发展背景下如何实现土地福利效应的改善，研究结论及理论探索为我国农村土地制度的改革提供了依据。

1.4.3　不足

为了促进城乡统筹发展，以农地金融工具创新为前提的农村土地制度创新已经逐步在中国广大的农村展开，从整体上来看，农地金融还处于初级阶段。农地直接金融以土地股份合作社为主要表现形式，在全国范围内已经实施；而由于法律等的限制，农地间接金融仅仅在部分地区开展试点，还不具备在全国推广的条件。因此本书属于理论经济学的研究，在理论上对农地金融展开探讨，部分结论缺乏实践的检验，还有待于在实践中完善和发展。

2 理论基础与文献回顾

2.1 理论基础

2.1.1 制度变迁理论

1. 西方制度经济学对制度变迁动因的研究

在新制度经济学研究中，许多学者致力于研究制度对经济活动效率的影响，只有少数学者（如诺斯）在制度的长期变迁问题上进行了深入而系统的研究。在一定程度上，诺斯的研究结论能够代表西方新制度经济学在制度变迁动因问题上的主流观点。诺斯强调，制度变迁"一般是对构成制度框架的规则、准则和实施组合的边际调整"。与制度变迁相对的是稳定的制度，这种稳定是一种均衡，也就是说在行为者的谈判力量及构成经济交换总体的一系列合约谈判给定时，没有一个行为者会发现将资源用于再建立协约是有利可图的。因此，制度变迁的根本动力是再缔约能够带来收益。在回答哪些因素能使再缔约行为给行为者带来收益，并可以打破制度均衡以及诱致制度变迁时，诺斯表示，"相对价格或偏好的变化"是最重要的因素。其中，相对价格的变化包括要素价格比、技术变化、信息成本等因素；偏好的变化主要来自宗教、教义、观念以及其他意识形态层面的变化，以及相对价格变化所引发的外在行为和内在精神的变化。诺斯的研究表明，绝大多数偏好和相对价格的变化均为内生变量，是各种经济、政治、军事组织及其他相关行为主体在既定制度框架内寻求自我收益最大化的结果。此外，部分偏好和相对价格的变化则为外生变量，换言之，其是来自制度框架以外的。诺斯指出，经济发展史上诱致制度变迁的根本动因均为外生，因此在其理论框架下，外生变量占突出而重要的位置。在这类外生变量中，居于首位的是人口增长因素，诺斯认为两次经济革命（专一公有产权的诞生和 21 世纪的产业革命）的形成原因均为人口变化。

2. 西方制度经济学对制度变迁方式的研究

新制度经济学框架下的制度变迁，指的是在既定制度背景下制度设计的变迁过程。在对制度变迁方式的研究上，其使用的一直是新古典经济学理论中"成本－收益"的传统分析技术，以此进行制度变迁过程中成本和收益的计算。与新古典经济学不同的是，虽然诺斯的研究仍将经济人作为理论重点进行分析，但他衍生了经济人这一概念，使之拥有更多内涵，在个人预期效用函数中引入诸如利他主义、自愿负担约束和意识形态等非财富最大化行为，以此来建立一个复杂却更具实际意义的人类行为模型。

诺斯对制度变迁模型的研究基于诱致性制度变迁的动因是行为主体期望获取最大化潜在利润的基本假设，其中"潜在利润"即"外部利润"，是主体无法在已有制度安排框架下获取的利润。诺斯认为外部性、风险、规模经济和交易费用等因素会导致潜在收入增加，当不能内在化这种潜在收入的增加时，行为主体对制度创新的需求就会促使制度创新出现。

诺斯在其行为模型中引入了"均衡制度"这一概念。假设在既定的制度安排框架下，主体已获得各类要素资源所能产生的全部潜在收入的所有增量；抑或潜在利润尚未消失，而改变既定制度安排的成本大于潜在利润；难以实现收入重新分配的原因可能是没有对制度环境进行某些改革，所处的制度结构就置于一种均衡状态（称"制度均衡"）。实际上，制度均衡即是制度结构维持"帕累托最佳状态"。在这种状态下，"现存制度安排的任何改变都不能给经济中的任何个人或任何团体带来额外的收入"。然而由于某些外在因素能衍生出制度安排创新的压力，因此这种均衡难以保持其永久性。

如果不存在潜在利润，制度变迁就不会发生；即使存在潜在利润，制度变迁也不一定发生，因为制度变迁的成本也是其能否实现的关键因素。当且仅当制度创新所能带来的潜在利润超过为获得这一潜在利润所需支付的成本时，才有可能实现制度创新。诺斯支持"倘若预期的净收益（潜在利润）大于预期的成本，相关的制度安排的创新就会实现。当且仅当这项条件获得满足，我们才有可能发现社会中改革现有制度和产权结构的动机"这一观点。诺斯还指出，制度创新主体应分为以下三个层次，即个人、组织和政府。而制度变迁的关键，在于那些由具有共同目标的个人聚合而成的有效组织。

与诺斯的一般制度变迁模型不同，新制度经济学还存在一系列有关制度变迁的模型。其中较为著名的模型是诱致性制度变迁模型和强制性制度变迁模型。诱致性制度变迁是指一群（个）人为获取由制度的非均衡性导致的获利机会时所形成的自发性变迁；强制性制度变迁是指在政府命令和法律规范下引入和进行的变迁。除此之外还有渐进式制度变迁模型和激进式制度变迁模型等。渐进式制度变迁是指变迁的过程较为平稳，不会导致较大的社会震荡，新旧制度间的衔接较为缓和的变迁方式；激进式制度变迁是相对于渐进式制度变迁而言的，也被称为革命式变迁或突进式变迁，是指在短时期内不考虑各类相关关系之间的协调而果断采取变迁措施实现制度创新或变革的方式。诺斯同时对以上两种制度变迁方式进行了较为详细的探讨。他指出，渐进式制度变迁是连续变迁，交易双方期望从交易中获取潜在收益，从而一再签约，不存在大起大落或中断，是一个平稳演进的过程；激进式制度变迁是非连续变迁，是正式制度变迁的根本方式，常以武力革命征服为表现形式。诺斯还指出，革命、战争、武力征服和自然灾害等均为非连续性制度变迁的原因。虽然激进式制度变迁是非连续性的，但很少表现为完全的非连续性，这是由于意识形态或非正式规则难以因为革命而形成联系上的中断。诺斯也指出，制度变迁更为典型的形式是渐进式。无论采用何种模型，新制度经济学家均指出制度变迁的根本性因素是"理性人"对成本收益的计算和对比。

3. 我国农村土地制度变迁理论分析

自佛蒙·拉坦和速水佑次郎正式提出诱致性制度变迁这一概念后，林毅夫（2000）从制度变迁的供给理论和需求理论两个角度出发，进一步解释了强制性制度变迁和诱致性制度变迁的过程，从不同的角度强调了制度变迁中国家组织和市场主体的作用和地位。制度变迁的需求理论认可市场力量，认为由市场引致的制度变迁需求会促进制度创新；制度变迁的供给理论则认为，国家在决定制度变迁方向和制度变迁供给中扮演最关键的角色。诱致性制度变迁自身会由于集体行动存在"搭便车"问题而使制度供给不足，因此有必要通过发挥国家作用来加以弥补，这一理论发展出一整套与诱致性制度变迁相互补充、相互对应的制度变迁模型，即由国家法令引起的强制性制度变迁。

以1979年为分界线，我国农村土地制度变迁可以分为自上而下的强制性制度变迁和自下而上的诱致性制度变迁两个时期。1979年以前，中国的农村土地制度安排经历过两次强制性制度变迁：第一次制度安排的结果是将土地由地主所有变为农民所有，实现了土地的农民私有私营；第二次制度安排是将土地由农民所有变为集体所有，实现了土地的公有公营。1979年之后的土地制度变迁，则由安徽省凤阳县梨园公社小岗村的18位农民秘密写下包干到户的保证书率先开启了中国农村家庭联产承包责任制的农村土地制度改革，因而可以从诱致性制度变迁这个角度进行解释。

2.1.2 福利经济学理论

1. 社会福利与经济福利

社会福利和经济福利均为社会福利状况的表达。所谓社会福利，是指全面反映人类基本生活状况和社会可持续发展能力的程度，这一指标是由社会选择和资源供给水平相互作用决定的。所谓经济福利，指的是消费福利的经济评价，这一指标由资本品、商品和劳务产品的生产效率、消费者效用水平与显示偏好相互作用决定。在如下几个方面，两者存在不同之处。第一，经济福利更关注经济效率，而社会福利更关注社会平等；第二，社会福利描述的是宏观福利状态，而经济福利描述的则是微观福利状态；第三，公共政策能够作用于社会福利，但经济福利则依赖于市场自身的运动规律，由市场规则本身决定；第四，社会福利体现整体的社会进步程度，而经济福利仅体现由资源决定的经济成就；第五，社会福利包含价值判断，因此无法精确度量，但经济福利不涉及价值判断，因此可以对其进行度量；第六，经济可持续发展的能力应当成为衡量社会福利水平的重要指标，但是经济福利在很大程度上不能从宏观层面表达经济的可持续发展能力。

社会福利的概念比社会福利制度广泛得多。社会福利是衡量人类生活水平、社会经济发展和可持续性的一个综合性概念，并非仅用 GDP 指标或资本流入指标就足以衡量。社会福利首先应当涵盖经济指标，其次要涵盖公平指标，最后要涵盖持续性指标。在这些指标中，持续性指标应当作为衡量福利水平的大前提。倘若只考虑当今社会，持续性指标或许可以忽略，然而作为社会人，作为能够控制自身思维、情感并且能够基于此来指导行动的自然主体，人类势必有义务对后世的持续发展进行考量。这并不只是考量人类自身的存续，还包含一切与人类生存息息相关的自然产物和自然环境。此类被视为自然资源的所有物质，都决定了人类的未来，确切而言是未来社会的福利水平。唯有将可持续变量引入指标体系，人类如今的社会福利才能够体现出真正的意义。

就方法论而言，因为研究方法、研究工具和价值判断等方面的制约，经济学对社会福利的实证研究更多关注的是社会"经济"福利水平，而规范研究则大多论及制度层面。实证分析依赖于规范研究的指导，而规范研究则急需实证研究的辅助。从狭义上说，社会福利概念主要体现在其经济内容层面，研究方法也大多以实证研究为核心，在研究中大多以社会福利替代经济福利。从广义上说，社会福利的相关研究还应当包含这一核心概念与社会伦理、社会规范等相关内容的交叉，因而研究方法大多以规范研究为核心。

对社会福利的再思考起源于 K. J. Arrow 所揭示的"Arrow 不可能定理"的悖论式结论。这一定理指出，在社会状态的形成过程中，因为个体具有选择差异，在 Arrow 所假设的条件下势必产生选择循环，一切可能的状态均循环优于其他状态，抑或一切可能的状态均循环劣于其他状态，使得通过个体所进行的选择无法最终确定成为一种最优的社会状态。结果，建立在任何社会状态均由社会人通过理性选择而形成这一假设下的选择本身就存在逻辑悖论，最终必然导致社会选择无法形成。根据 Arrow 的观点，社会普遍认同的主流形态、观点或社会模式均无法通过社会人理性选择而得到。

2. 福利的函数表达与评价

社会福利函数是有效的工具，是社会福利的描述形式。在明确约束条件、调整对象和实现方法的前提下，通过选择一定的社会和制度安排，使其产出为最佳的形式。正是由于社会具有特殊属性，在对象的选择上，是由大量具有不同倾向的个体组成的，而社会意见则是持有各种不同主张的社会成员的意见综合。社会系统首先需要知道哪些成员的意见需要着重考察，什么意见代表整个社会的想法，从而确定这个前提下的调整对象。追求最大化，是社会在遵循一般均衡的新古典经济理论框架分析模型约束条件时的最优选择。决定调整对象和约束条件后，实现方法应该反映社会优化过程中可以采取的具体步骤。条件、对象、方法等综合指标决定了社会福利函数的基本特征。

在福利经济学研究中，比较通用的社会福利函数形式是萨缪尔森提出的社会福利函数（SWF），即 $W = W(Z_1, \cdots Z_n)$，此处 Z_s（$s = 1, 2, \cdots, n$）表示社会最优的各种已知的可能变量。这一形式使其在对象的选择与鉴别方面可以变得更加简单，在充分体现各种不同社会状态方面具有普适性，这里 Z_s 反映了社会应该予以关注的所有方面。Nozick 提出了社会最小状态概念方法。该方法建议社会应该最大限度地收缩其角色范围，仅专注于确保社会产出的合理分配，而将社会治安或合同履行等其他方面的内容排除，但对为什么社会角色应专注于此范围却没有明确的解释，因此需要其他方法来确定社会的调整对象即变量 Z。社会由所有个体共同组成，则社会福利应是所有个体福利的总和。社会福利函数的形式应该反映全体社会成员的福利状态，即 $W = W(U^1, U^2, \cdots, U^h)$。这里 U^s（$s = 1, 2, \cdots, h$）是个体基于其对所有商品（$x_1^h, \cdots, x_n^h$）的可能消费而产生的效用，W 对于任意组成单位 U^h 非减。在消费者对商品的消费递减时，社会可识别其效用递减，并假定消费者的偏好并未满足。

福利经济学第一定理已经证明：在竞争环境下，市场机制可自然导致满足帕累托效率的产出。据此，政府应该改善外部约束，以提供符合帕累托效率的社会产出的外部条件，其中主要是要排除对竞争机制可能产生阻碍并导致市场失灵的各种限制。而如果符合帕累托效率，就意味着不再存在帕累托改进的可能性。根据帕累托改进的概念，社会可在不损害任何个体利益的同时使部分个体的状态变得更好，此时的福利状态至少保持原有的福利水平。而帕累托改进的一般形式表明，除上述社会福利函数的一般形式外，其他特殊形式的社会福利函数，都难以反映社会福利的全貌。由于实践中存在多种符合帕累托效率的产出，社会在辨别并确定何种帕累托效率的产出更优时，不可避免地会损害部分个体的利益。因此，还需要建立一些特别的判别标准和优化规则来规范这种辨别和判断。依据 Oalton 标准（MPS 方法），假如收入转移不会导致某个个体的社会经济地位被削弱，则可由富裕个体向贫困个体实行支付转移。依据 Kaldor 标准，如果获益者的所获利益在对受损者进行充分的补偿之后仍有盈余，则可以进行这种支付转移，以提高帕累托效率。另外一些标准要求社会福利函数具有一些特殊形式，从而测算出个体的效用水平并进行数量比较。但是由于难以控制标准的主观随意性，因而上述标准存在先天的不足。同时，在实践中如何测算个体的效用水平仍存在许多不明确的因素，这些缺陷都导致上述方法不具有可操作性。因此，在对社会福利的研究中，帕累托效率判别标准仍是一个有待深入研究和探讨的问题。

虽然存在上述理论难题，但在实践中，一旦判别标准及帕累托效率产出水平被确定下来，依据福利经济学第二定理，即可确定适当的一次总付税负水平，以确保产出水平即总消费者总效用水平达到最优，在社会福利水平可由特定的福利函数表示的情况下更是如此。综上所述，根据福利函数的一般形式，解决要素确定问题的方法之一是对平等的收入机会及再分配的平等性进行观察。这一结果基本上可满足对福利进行评价的要求。政府的作用应该是保障公平并依据帕累托改进原则纠正市场失灵，同时在不同个体中进行收入再分配以保证社会最优产出水平的实现。

2.1.3　一般金融理论

广义的金融泛指一切与货币的发行、保管、兑换、结算、融通有关的经济活动，甚至包括金银的买卖；狭义的金融专指货币资金的融通。随着金融的迅猛发展，现代社会中企业的金融方式和融资渠道越来越多，按照不同的标准可以对企业的资金融通方式进行不同种类的划分：按照资金是否来自企业内部，可划分为内源融资和外源融资；按照资金的使用及归还年限，可划分为短期融资和长期融资；按照企业融入资金后是否需要归还，可划分为股权融资和债券融资；按照企业融资时是否借助于金融中介机构的交易活动，可划分为直接融资和间接融资；按照融资的信用基础，可划分为一般传统融资和项目融资等。本内容主要讨论直接融资和间接融资。

1. 直接融资

直接融资是指企业不通过金融中介机构，直接与资金初始供给者协商借款，或以发行股票、债券等方法来筹集资金，资金的供求双方通过金融市场直接转移资金。其主要方式包括债券融资、股权融资、传统租赁、商业信用融资、民间借贷、内部集资、外商资金和政府拨款等。

（1）债券融资

债券融资是指企业按照法定程序发行债务凭证，约定在一定期限内还本付息的债务性融资方式。从企业的利益来讲，债券融资是一种较理想的融资形式。首先，债券融资的利息成本比银行信贷要低。其次，债券融资的期限一般都较长，可以根据投资项目的回收期来确定，且具有相当高的稳定性（债券持有人不能要求提前偿还）。

（2）股权融资

股权融资是指企业通过发行股票、扩大股权规模，从而在资本市场上获得资金的过程，其方式主要有私募股权融资和上市融资。通过股权融资融入的资金属于企业的资本金，企业与投资者之间是所有权关系，因而股权融资能够通过降低企业负债率来改善企业的财务状况，有利于企业的负债融资。但是，采用股本扩张来进行融资将扩大公司的股东队伍，若股本扩张后经营规模和利润不能同步增长，则新股将摊薄今后的利润及其他权益，影响老股东的利益，使得企业的控制权处于不稳定状态。

（3）传统租赁

从出租人（Lessor）的角度来讲，传统租赁（Traditional Rental）是指出租人将自己原有的财产，或根据其对市场需求的判断而购进的具有通用性的物件，在一定时期内的使用权和收益权转移给承租人（Lessee），以获得相应租金收入（Consideration）的经济行为。

（4）商业信用融资

商业信用是指企业以赊销方式销售商品时所提供的信用，是企业短期融资的最主要的途径。商业信用的表现形式通常有"应收账款""其他应收款""预收账款"等。商业信用的形成与商品生产及流通直接相关，手续简便。当经济处于紧缩期、市场上资金供应不足时，商业信用的规模会扩大，在短期融资中的比重会提高。然而，商业信用规模由于受到商品流通及交易规模的限制，因此具有一定的局限性。而且企业通过商业信用融资需要一定的成本。商业信用的成本是指债权人为了控制应收账款的期限和额度，一般会限制信用期限、购货折扣即折扣期等，而融资企业是否接受折扣优惠并提前付款则需要考虑放弃这笔现金折扣所产生的隐含成本。可见，这种成本与债权人提供的信用政策有关。

（5）民间融资

民间融资一般是指企业以私下协议的方式，向私人或非正规金融机构借款的融资方式。一般来说，民间融资的方式多样（比如低利率的互助式借贷、利率水平较高的信用贷款、不规范的中介贷款、变相的企业内部集资）、资金到位快、资金用途限制较小、灵活性更高，对企业来说，民间融资可以弥补正规金融机构提供的融资服务的不足。但民间融资大多规避了正常的金融监管，债权人需要承担较高的政策风险和投资风险，作为补偿，企业的融资成本较高。

上述直接融资方式具有一些共同特点：资金的需求者直接从资金的供给者那里获得资金，二者之间建立的是直接融资关系；直接融资涉及的关系主体多样，如企业与企业之间、政府与企业和个人之间、个人与个人之间、企业与个人之间等，具有一定的分散性；不同融资主体的信誉好坏有较大的差异，债权人往往难以全面、深入地了解债务人的信誉状况，具有较高的信誉风险；部分融资合约不可逆，比如，通过股权融资筹集的资金是无须返还的，投资者只能通过资本市场进行股票交易来回收资金；在法律允许的范围内，融资者可以自己决定融资的对象和数量，具有较强的自主性。

2. 间接融资

从资金融入方的角度讲，间接融资是指企业通过银行、信托、保险等金融中介机构，间接向资金供给者融通资金的融资方式，主要包括银行信用融资（银行信贷和票据贴现等）、信托融资、典当、融资租赁等。具体的交易媒介有货币和银行券、存款、银行汇票等非货币间接证券。

（1）银行信用融资

银行信用是指由银行以贷款的形式向企业提供资金的一种融资方式。利用银行进行融资主要就是银行信贷，票据贴现实质上也是银行提供贷款的方式。银行信用是企业融资最重要的形式之一，其优点主要是融资成本低、灵活性强且利息可以计入成本，取得税前抵减效应，减轻税负。但其也有诸多缺陷，如贷款使用期限不稳定（一般债权人在认为必要时有权收回贷款）、需要提供担保或抵押、贷款的使用途径有限（如企业不能利用银行贷款进行股权投资或股权收购等）。

（2）信托融资

根据《信托法》，信托是指"委托人基于对受托人的信任，将其财产权委托给受托人，由受托人按照委托人的意愿并以自己的名义，为受益人的利益或者特定目的进行管理或者处分的行为"。信托的根本特质是受托人享有所有权，而受益人享有受托人管理和处置信托财产所产生的利益。通过信托进行融资主要是指委托人基于信托契约，将动产或不动产的所有权转移给信托投资机构，委托其代为全面办理经租事宜，或者以信托投资机构自己的名义，以信托财产为担保，根据投资市场情况及其管理能力安排信托计划，向其他投资人募集一定规模的信托资金，并作为受托人向特定的对象进行投资的经济行为。这里所谓的融资信托，对于动产信托来说主要包括出让信托收益权证书和发行信托证券，对于不动产信托来说主要包括发行不动产信托债券和不动产分割证书（于研，2003）。

（3）融资租赁

从交易的角度来讲，融资租赁是指出租人对于承租人所选定的租赁物件，进行以融资为目的的购买，然后再以收取租金为条件，将该租赁物件中长期出租给该承租人使用。其有如下四个特征：一是承租人选定拟租赁物件，但由出租人出资购买；二是不可解约性，在租赁合约有效期内，承租人无权单独提出以退还租赁物件为条件而提前终止合约，即使出现供货商所供货物与合同不符的情况也不例外；三是融资租赁中的租赁物件以设备为主，因而其融资期限一般是中长期的；四是一项融资租赁交易至少包含三方当事人（即承租人、出租人和供货商）和两个合同（贸易合同和融资租赁合同）。

各种间接融资方式具有一些共同特征：资金需求者和资金初始供应者之间不发生直接借贷关系，二者之间通过金融中介发挥桥梁作用，各自与金融中介机构发生直接融资关系；间接融资一般都是通过金融中介机构进行的，一般金融机构会同时与多个资金供应者和多个资金需求者建立融资关系，具有融资中心的地位和作用，因而间接融资具有相对集中性；由于间接融资相对集中于金融机构，而金融机构自身的经营受到较严格的管制，且遵循稳健性经营原则，信誉程度较高，相对风险较小；通过金融中介进行融资，到期必须返还，并支付利息，具有可逆性；集中于金融机构的资金的投资对象的决策权有时掌握在金融机构手中，而并非由资金的初始供应者决定，这一点类似银行贷款。

2.1.4 土地金融理论

许多学者对土地金融的界定偏于狭义，如张德粹指出，土地金融是利用土地作为长期信用的担保品，来获取资金融通的一种长久性金融流通措施，通常称为土地抵押信用。黄天柱（2003）认为农地金融是以农地产权作为股权或抵押品而实现资金融通，是债权和债务从确立到终止的过程。但也有个别学者的定义比较宽泛，如孟丽萍（2001）由金融的内涵推衍出，土地金融作为金融业的一种形式，一般是指围绕土地开发、改良、经营等活动而发生的筹集、融通和结算资金的金融行为。

　　本书对农地金融的界定是从广义出发的：农地金融指通过农村土地的买卖、租赁、抵押等来融通资金的经济活动。根据农地融资方式的差异，将农地金融进一步划分为农地直接融资和农地间接融资，其中，农地直接融资是指融资需求方和融资供给方直接发生融资关系的农地融资方式，而农地间接融资是指融资需求方通过金融中介机构向融资供给方筹集资金的农地融资方式。根据一般金融理论中涉及的融资方式的含义，以及国外农地融资和国内农地融资试点的实践经验，本研究将可能的农地金融方式及其资金流动关系归纳在图 2-1 中，这些农地金融方式一般是建立在土地私有制的基础上的。

1. 农地买卖（A）

　　农地买卖是指农户将其土地转卖给他人，农户丧失土地所有权，并因此获得相应的资金。其融资过程如图 2-1 中的 A 过程所示。拥有土地的农户将土地卖给农地需求方，农地买方向卖方支付资金，交易双方直接发生融资关系。

2. 农地租赁（B）

　　农地租赁是指农民在保留农地所有权的基础上，在一定期限内将农地的使用权和收益权转移给农地承租人，并收取协定的农地租金的融资行为，属于传统租赁的范围。其融资过程如图 2-1 中的 B 过程所示。拥有土地的农户将土地使用权和收益权转让给农地承租方，农地承租方按照约定的时期、金额、租金类型（实物或资金等）向农地出租方支付租金，交易双方直接发生融资关系。

3. 发行农地抵押债券（C）

　　农地抵押债券是企业债券的一种，是企业依照法定程序发行，约定在一定期限内还本付息的债券，其发行主体是股份公司制或非股份公司制的企业。发行农地抵押债券是企业通过债券融资的一种融资方式。根据企业抵押债券的发行方式，发行农地抵押债券是指农业企业在保留土地所有权的前提下，以自己的名义在资本市场以农地收益作为担保发行企业债券筹集资金的过程，其融资过程如图 2-1 中的 C 过程所示。一般需要资产评估机构、债券代理人和抵押资产监管人的配合，以保障抵押债券持有人的权益。农地抵押债券作为一种借贷契约，表示拥有独立财产的借款企业与债券持有者之间签订了表明双方债权债务关系的契约。

4. 农地抵押贷款（D）

农地抵押是指土地所有者（抵押人）以其合法取得的农地，在不转移占有权的前提下作为抵押财产向债权人（抵押权人）履行债务做出的担保行为；抵押权人不直接占有使用被抵押农地，而继续由抵押人使用并获取收益。土地所有权或使用权被当作贷款的担保，如果抵押人在合同期满后仍无法偿还贷款，则土地所有权或使用权将转归抵押权人所有，或者由抵押权人按法定程序处置。其融资过程如图 2-1 中的 D 过程所示，农地占有人可以将自己的土地所有权或使用权抵押给银行类金融机构，从而获取贷款资金。而银行类金融机构的资金来源一般是集中的社会资金，由银行类金融机构作为融资中介，分别与农地抵押方和资金初始供给方建立直接债权债务关系。

5. 农地信托融资（E）

一般所谓的土地信托（Land Trust），是指土地所有权人（委托人）为有效利用土地、提高土地的开发与经营效率，而基于信托契约将土地信托予受托人，由受托人利用其专业规划与管理，将信托土地的开发经营利润作为信托收益分配金交付给受益人的过程。[①] 农地信托则是指农地所有权人或使用权人（委托人）基于信托契约将农地信托予受托人，用以获得信托收益或筹集资金的经济行为。根据融资方式的不同，农地信托融资主要包括农地租赁管理信托（E_1）、发行农地债券信托（E_2）和发行农地收益凭证信托（E_3）。

农地租赁管理信托是指委托人基于信托契约，将农地的所有权转移给信托投资机构，委托其代为全面办理经租事宜的经济行为，其运作过程和资金流动情况如图 2-1 中的 E1~G1 过程所示：农地所有者（委托人）将农地所有权转移给信托机构，使其代为管理租赁事宜，而信托机构负责将农地出租给承租人，并将从承租人处收取的农地租金作为信托收益付给委托人。

---

① http：//baike. baidu. com/view/1099445. htm？fr = ala0_1_1.

发行农地债券信托是指委托人基于信托契约，将农地所有权转移给信托机构，让信托机构以自己的名义，以信托农地为担保，发行农地债券的经济行为，其运作过程和资金流动情况如图 2 - 1 中的 $E_2 \sim G_2$ 过程所示：农地所有者（委托人）将农地所有权转移给信托机构，作为发行农地债券的抵押物，由信托机构代理发行农地债券并在市场上销售以筹集资金。信托机构在法律上享有该农地的产权，与债权持有人建立直接债权债务关系，这使得委托人在筹集资金的同时有效地保障了债券持有人的利益。

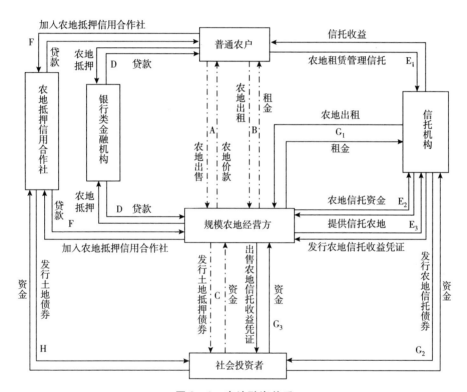

图 2 - 1 农地融资关系

发行农地收益凭证信托是美国土地信托常用的方式，一般用于房地产开发。这里的农地信托是指委托人基于信托契约，将农地所有权信托给受托人，受托人向委托人发行农地信托收益凭证，而由委托人销售该收益凭证给市场上的投资者以筹集资金的过程，其融资过程如图 2 - 1 中的 $E_3 \sim G_3$ 过程所示。当然委托人不一定是农地规模经营方，拥有农地所有权或使用权的人都可以成为委托人，鉴于图表的复杂程度这里不再在图2-1中详细标注。农地信托收益凭证代表对信托财产（农地所有权）的收益权，销售农地信托收益凭证所得资金用来提高农地经营效益。受托人收取租金，用于偿付收益凭证持有人的利息和本金。

6. 加入土地抵押信用合作社（F）

这种方式是德国和美国土地金融的主要形式。德国的土地金融已有200多年的历史，其实施机构主要是民间的土地抵押信用合作社；美国的土地金融制度建立于20世纪初期，仿效了德国的土地抵押信用合作社模式。这种土地融资方式的运作过程和资金流动情况如图2-1中的F~H过程所示。自耕农或地主可以自行联合起来组织一个土地信用合作社，将所有的土地交给合作社作为抵押品，合作社以这些组织起来的土地为保证发行土地债券，获得资金后借给本社社员使用。社员还清贷款后，可以收回自己抵押的土地，随即退出合作社。土地抵押信用合作社在开展土地金融业务的同时，为了自身资金的融通，还附设了属于合作社的银行，便于各合作社之间进行资金融通，扩大债券流通范围。

上述农地融资方式中的资金供求关系如表2-1所示。其中A农地买卖、B农地租赁、C发行农地债券三种融资方式不需要融资中介，属于农地直接融资；而D农地抵押、E农地信托融资、F加入土地抵押信用合作社均需要融资中介，属于农地间接融资。

表2-1 各种农地融资方式的资金供求关系

融资方式	资金需求方	融资中介	融资中介的资金来源	资金供给方
A 农地买卖	农地卖方	—	—	农地买方
B 农地租赁	农地出租方	—	—	农地承租方
C 发行农地债券	规模农地经营方	—	—	社会投资者
D 农地抵押	普通农户或规模农地经营方	金融机构	吸收储蓄等	社会投资者
E_1 租赁管理信托	委托人	信托机构	G_1 租赁	农地承租人
E_2 农地抵押信托	委托人	信托机构	G_2 发行农地信托债券	农村金融机构
F 加入土地抵押信用合作社	社员农户	土地抵押信用合作社	H 发行土地证券	社会投资者

这些土地金融方式的产生与发展以及具体实施方式等会受到内外部因素的制约。内部因素可能包括资金供求双方的微观特征、融资偏好、资源禀赋等，外部因素则可能包括土地产权制度、国家的法律规定、地方政府的政策引导方向及扶持力度等。找出其中的主要因素对于构建适合我国的土地金融制度具有重要意义，本书将在实证部分着重分析。

2.2　国内外文献回顾

2.2.1　关于土地制度的研究

外国学者不仅对土地产权制度及其绩效做过一般分析，而且将发展中国家和发达国家作为不同研究对象，就土地产权制度及其绩效进行过理论研究和实证分析。Knack 和 Keefer（1995）最早对产权受保护程度与经济绩效之间的相关性进行了研究，他们用定量分析的方法研究制度与高效政府之间的相关性，类似的还包括制度和经济绩效关系的研究。产权测度的结果表明，即使对控制经济增长的其他潜在决定因素加以严格控制，产权与投资、增长因素也存在很强的相关性。Mostafa Morsi El Araby（2003）分析了埃及的土地市场状况，探讨了国有和私有两种土地价格的影响因素，重点分析了政府对土地价格所起的作用，最后提出需要通过市场作用来建立完善的城市土地市场。

国内学者从 20 世纪 90 年代中期开始对农村和城市土地制度问题进行学术研究，大量文献主要侧重于理论层面的分析。周其仁（1995）提出，有效的财产权能够形成于社会与国家的交易中。经济得以长期增长的关键在于国家对有效率的产权制度进行保护，但如果农户、各类新兴产权代理人与农村社区精英不能广泛参与新产权制度的形成，并且无法通过沟通与国家达成互利的交易，那么国家就不可能自动提供这样的保护。姚洋（2000）在对中国农地制度的现状、制度及经济绩效之间的关系进行研究后，得出了效率、公平及社会稳定之间的权衡在形成现有农地制度中占有重要地位的结论。肯定农地制度的社会保障和失业保险功能，指出了国家在设计新的农地制度时必须考虑的规范问题。关于土地制度，国内学者主要围绕农村土地集体所有权、土地家庭承包经营制度、土地承包权流转制度等问题进行研究和探讨。黄祖辉（2008）以产权理论为视角，讨论我国农村土地制度的产权本质以及在统筹城乡发展中凸显的产权矛盾，通过对成都市试验区实践创新活动的分析，提出要确保农民的土地权益，构建"还权赋能"的工作机制；拓展交易平台的内涵，健全服务平台的运行机制；完善土地法规，建立统一的土地市场。

1. 关于农村土地集体所有权问题

在国内学术界，关于农村土地所有权问题，绝大多数学者持有坚持和完善农村集体所有权的观点。他们认为，我国的集体所有、家庭承包经营的土地制度基本上是适应我国社会生产力发展的水平和基本国情的，应该在坚持土地集体所有制的前提下完善土地产权关系和土地使用经营制度，建立和健全土地有偿使用和合理流动机制，通过发展农地使用权流转市场来促进农地流转，并加强和完善土地管理制度（刘书楷，1989；张红宇，2002；田传浩、贾生华，2004；邵彦敏，2008；韩松，2004）。罗必良（2011）通过对"公共领域"概念的扩展以及对产权模糊本质的揭示，分析家庭经营背景下的农地产权模糊及其侵蚀情况，提出建立合理的征地补偿机制和农田保护的制度补偿。少数学者主张农民集体所有制实行国有化或私有化。主张国有化的学者认为，如若国家保持土地所有权，则一方面有助于国家管理土地的实施和必要性，另一方面也使得土地所有权成为国家组织宏观经济调控的手段和工具。不仅如此，永佃制的实施，特别是以法律形式将农民的土地使用权以明确的条款阐述出来，能充分保障其权益。不但能够激励农民培养地力，关心土地，活用土地，努力提升农业生产的集约化程度，更能在一定程度上预防土地荒芜、滥占耕地（安希伋，1988；张新光，2003）。文贯中（1988）认为，如果实行土地私有制，则农户对自己的土地生产会有长期稳定的预期，从而有利于土地使用效率的提高。不难看出，土地国有化和私有化论者的目的都是实现农民对土地的长久使用以激励农民提高土地使用效率。在张曙光（2011）看来，土地产权是公有还是私有，是国家所有还是集体所有，不是问题的关键，关键在于谁有产权的实施能力，谁享有土地处分权利和收益权利。从中国的情况来看，土地产权变迁取决于一个很重要的因素，就是土地产权的细分。因为产权细分以后，产权的权能就会配置到最有效的使用人手里，而且产权细分以后，产权的交易就会非常发达，各种权利都可以交易。实际上，当前我国的土地所有权没有变，只是经营权实现了流转。所以产权的分割，能够在事实上实现产权的有效配置和产权交易的充分发展。张曙光表示，当前我国农地流转的发展过程越来越趋向于正常，政府的干预也越来越趋向于减少，所以现在大概是60年以来农民的自主权得到保障的一个比较好的时期。同时，政府提供的服务也在增加。既然农地流转问题可以解决，那么农地流转的办法就可以搬到建设用地上。土地流转后，在农地问题上农民自己做主，流转的租金大部分给农户，政府完全可以通过收税拿走一部分租金。不能够实施的原因在于农地的比较收益比较低，而建设土地的比较收益比较高。

2. 关于土地家庭承包经营制度问题

关于家庭承包经营制度的效率，有的学者从监督角度对农村土地制度的变迁给出了合理解释。林毅夫在《制度、技术与中国农业发展》一书中指出："在生产队中，社员劳动的积极性与监督的准确程度和监督的难易程度成正比。由于在农业生产中监督非常困难，因此监督的准确性很低，生产队中社员的积极性也就低。……而在家庭责任制下，监督的困难总的来讲得到了克服。"周其仁（1995）也指出，人民公社制度框架下的农村土地产权制度设计，缺乏高效的监督和激励机制，农民对该体制缺少创制权和退出权，因此只能从自身劳动能力的选择权角度出发做出理性选择——消极怠工，而这一选择导致农村集体经济效率低下，国家监控农村经济的成本高昂，因而，国家最终认可了农民创造的土地家庭承包经营制。陈锡文（2011）指出农业的基本特点决定了农业要实行家庭经营。实行家庭经营后，种的都是自家的地，收获的也都是自家的，劳动积极性马上被调动起来，农业的生产力能得到大解放。

关于土地家庭承包经营权的稳定，周其仁（1995）曾强调，经济增长可持续性的关键在于国家维护高效的产权制度。但也有学者持不同看法，认为集体成员应当天然地、无差别地享有集体所有土地，土地随着人口的增长必须进行周期性调整，因此，土地制度改革和建设必须平衡农民长期土地使用权与平均占有之间的关系。邵彦敏（2008）指出农村土地家庭承包经营制在法律上表现为土地家庭承包经营权，延长土地家庭承包经营权期限就是稳定土地家庭承包经营权。党的十七届三中全会审议通过的《中共中央关于推进农村改革发展若干重大问题的决定》指出，要赋予农民更加充分而有保障的土地承包经营权，现有土地承包关系要保持稳定并长久不变。党的十八届三中全会再次明确要坚持农村土地集体所有权，依法维护农民土地承包经营权，发展壮大集体经济。因而，从现在的政策调整来看，国家有意稳定土地承包权。那么，稳定土地承包权的意义何在呢？温铁军（2001）指出，赋予农民长期土地承包权的真实意义在于稳定他们的社会保障。姚洋（2000）认为，土地承包经营权稳定性的作用主要是通过促进土地长期投资达到可持续发展。

关于土地家庭承包经营制运行现状及改革问题，刘书楷在1989年就指出，从长远来看，家庭承包经营的规模偏小，地块过于零散，不适应新技术和现代化管理的要求，不利于商品经济发展和农村工业化、城市化进程。吴文杰（1997）也指出，土地家庭承包责任制暴露出一系列缺陷：一是按照人口平均分配的土地分配制度，既会造成土地经营规模偏小，无法实现适度规模经营，也会在一定程度上刺激农村人口的高速增长；二是农村土地产权关系不清晰；三是高效率、规范化的土地流转机制缺乏，土地要素市场发育迟缓；四是抑制了农业投资。因此其主张对家庭承包责任制进行改进和完善。姚洋（2000）肯定了农地制度的失业保险和社会保障功能，在对中国农地制度的现状、农地制度与经济绩效之间的关系进行研究分析后，指出效率与公平以及社会稳定之间的权衡在现有农地的形成中扮演了重要的角色，提出了国家在设计新的农地制度时必须考虑的规范问题。王金堂（2012）揭示了现行土地承包经营权制度运行中的主体制度、期限、转让、继承、抵押和入股这六个问题和困境，提出了"二次物权化视野下的土地承包经营权制度改革与完善"建议。

　　国内还有很多学者对农民家庭承包土地的流转方式及对策做了大量研究，随后将对土地使用权和所有权流转制度问题进行系统的综述。

3. 关于集体土地流转制度现状的研究

　　关于集体土地流转现状，国内学者做了大量研究。张红宇（2002）指出，大量数据表明，直到20世纪90年代中期以前，土地使用权流转发生率还很低。农业部1993年进行的抽样调查显示，1992年全国共有473.3万户承包农户转包、转让农地1161万亩，分别占承包土地农户总数的2.3%和承包地面积的2.9%；1989年对8省所做的另一项调查显示，参与流转的土地只占全部土地的3%～4%，发生面最广的浙江省也只有7%～8%。20世纪90年代中期以后，土地流转速度有所加快。俞海（2003）对东北、华东和长江中下游的调查数据显示，2000年转出土地的农户比例约为9%，土地流转面积比例约为12%。虽然近几年政府为推动农地流转出台了一些政策，但总体上我国农地承包经营权的市场流转并没有随着新土地政策的推行而到来，市场流转发生率仍偏低。洪增林指出目前我国集体土地使用权流转系统主要面临三个约束：市场机制不健全，流转不规范；中介机构不完善，信息不通畅；法律制度不配套，依据不明确。邓大才（2000）指出了建立农村土地经营权流转市场、完善土地经营权流转机制的重要性。他强调土地经营权市场是一个极其复杂而又敏感的要素市场，土地的规范化不仅是直接市场行为的规范化，而且要求整个决策管理的规范化，如强化政府的宏观调控，健全土地经营权转让的法律、法规，完善中介服务组织，建立一个开放、竞争、公平、有序、有度、规范化的土地经营权转让市场。卞琦娟（2011）归纳了我国农村土地流转在发展中呈现的特点：从土地流转规模看，规模有所扩大，但整体规模偏低；从土地流转地区看，呈现显著的地区差异；从土地流转对象看，农户自发居多，且流转户占承包户比重偏低；从土地流转形式看，以转包、出租等方式为主；从土地流转合同看，呈现口头化、短期化和随意化，易导致土地流转纠纷；从土地流转用途看，承包人随意改变土地用途，"非农化""非粮化"以及破坏性现象突出。孔祥智（2010）指出在各种流转方式中，"转包"是农村土地承包经营权流转的主要方式，大部分地区通过"转包"形式流转的农村土地一般占流转面积的50%。"出租"一般位居第二，多数地区在30%左右。有的以村为单位成立土地流转合作社，以合作社为中介对外转包或者出租。可以预料，合作社将逐渐成为土地流转的重要主体。

4. 农地制度变迁与农业绩效的研究

陈会广（2010）指出，生存危机和自发演进能够为土地家庭承包制变迁和创新提供经济学解释。约翰逊（Johnson，1996）在文章中解释了中国农村与农业改革的成效与问题，农民决策时摆在第一位的是生存伦理而不是经济理性。这是因为在当时大部分中国农村地区，生存仍然是农民的巨大压力。龚启圣（Kung，1994）和董晓媛（Dong，1996）则认为土地制度是对集体生存的回应，在农村社会保险市场缺失的情况下，土地的均分是农民克服生存压力的一个集体回应，这种现象被作者定义为低个人化农地制度。孙圣民（2007）认为在自然灾害、贫困加剧时，农民在农村干部支持下进行制度创新的概率明显提高。何道峰（1993）指出，中国农村的家庭承包责任制是受农业危机诱发自下而上开始的，下面探索、上面认可是其基本方式。

对于家庭承包经营制度的产生，学者们从以下几个方面解释：第一，"自发演进"的角度。中国农业制度转变不因个人的意愿而转移，而是响应潜在经济力量所做出的自发演进（林毅夫，1988）。第二，从传统制度的外部性进行分析。王小映（2008）认为，传统制度中的潜在收益引致的制度变迁需求推动土地家庭承包制的发展，传统的土地集体经营制度虽然合乎当时正统的意识形态，但是它具有严重的外部性特征，每一个劳动者在不拥有排他性产权的土地上从事生产，他在土地上的投入要取得足额的回报就缺乏制度保障，其应得的收益很容易被他之外的成员分享；而要保证每一个劳动者用心、用力地经营土地，就必须付出高额的监督费用，追求产出最大化的农民自然有改进这一制度的需求。林毅夫（2000）对这一观点进行了相关实证检验，探讨了为什么家庭农业遍布全球，通过让家庭成为自身经济活动的剩余索取者，家庭成员成为财产的股东，并赋予家长配置资源、协调生产和应用激励手段的权力，劳动偷懒的交易费用大大减少。刘广栋、程久苗（2007）指出，这一转变具有极大的缺陷，国家不重视核心制度的再创新正是因为农村家庭承包责任制在其实施过程中产生的巨大制度绩效，这样反过来增加了制度供需缺口。现阶段国家不断制定政策进行调整，但问题依然存在，新问题也伴随着社会经济的发展不断显现。如果再不及时进行农村土地制度改革的创新，便有可能步入供给陷阱。"搭便车"和利益集团寻租的机会增多，制度变迁成本不断增大也是由于土地变迁强度不够，变迁时间太久。

研究农村土地制度变迁问题，不同的视角产生了众多的研究成果。一是农地制度对经济和农业的影响。西奥多·W.舒尔茨在《改造传统农业》中指出，改造传统农业最重要的制度保证是所有权和经营权合一的、能适应市场变化的家庭农场制度。发展经济学家马尔科姆·吉利斯和德·希·帕金斯在《发展经济学》中强调，土地所有制的安排对农业生产率有较大的影响，通过使用促使产量提高的技术和不断努力可以增加拥有土地产权的农民的收入。二是以日本制度经济学家速水佑次郎和弗农·拉坦为代表的诱致性制度创新理论建立。他们在《农业发展的国际分析》中指出，"由于技术变革引起的不均衡是导致制度变迁的主要源泉"，技术的变革创新主要来自各个地区要素相对稀缺程度的不同，由此构建了完整的诱致性制度创新模型。关于国内对农村土地制度变迁的研究，学者们从不同视角考察我国农村土地产权制度变迁的历史进程、绩效和问题，同时对将来的制度创新进行了探讨。林毅夫（2000）对家庭经营优越性的模型进行了阐述，对家庭承包制的农业增长贡献进行了论证，并对家庭承包责任制改革所带来的生产率的提高进行了测度，对诱致性制度创新的解释和集体化的人民公社失败的原因进行了剖析，这些充实了制度经济学的理论研究与实证分析的内容。张五常在他的博士论文《佃农理论》里研究了不同土地租佃形式下资源配置的性质差异。以往经济学家的观点是分成合约与定额合约相比会导致经济运作中的无效率。而张五常则认为，只要产权界定清楚，分成合约与定额合约同样能够优化资源配置。

姚洋在《农村土地制度与农业绩效的实证研究》《中国农村土地制

度——一个分析框架》等文中总结了我国农村土地制度安排的类型，并研究认证地权残缺对土地产出率的影响和途径。其研究结论是地权的改善具有多方面效应，如地权稳定性效应、资源配置效应和交易权效应等，这些研究均对我国农村的进一步改革具有重要价值。

周其仁（2002）解读了贵州省媚潭农村土地制度改革试验区的案例，探究改革以来新的土地制度安排的内在矛盾对农户经济行为的影响，以及在新的制度需求背景下制度供给如何发生。他们指出，突破制度供给的短缺，需要政府成为"制度性企业家"，新增人口不再分地以及推动非耕地资源开发的制度诱导设计，从而为后期政策的制定提供了理论上的依据。

周立群（2011）在《农村土地制度变迁的经验研究：从"宅基地换房"到"地票"交易所》一文中分析了在现行的制度下，土地的城市化与耕地保护显然存在冲突，严峻的用地实践催生了土地制度变迁，进而开启了农村土地制度变迁之路。对农村土地制度变迁的脉络做了简单勾勒，分析了变迁中存在的问题，并在总结经验的基础上对未来土地制度的演进方向做了尝试性探索。

2.2.2 土地制度及福利效应的研究

1. 关于福利的衡量

国外对土地市场配置以及土地市场、土地价格的研究不仅局限于土地本身，更多的经济学家从国家制度和经济绩效的角度去分析土地制度、土地市场和土地政策问题，但是从社会总体福利以及农地流转中相关利益主体福利角度所做的研究不多。Timothy Besley 和 Robin Burgess 使用印度各邦1958～1992 年的截面数据研究印度土地改革是否能改善居民的贫困状况。研究的实证结果显示，土地改革对贫困状况的改善是显著的。实证结果显示，政策变量与收入变化方向相同，且政策变量每变化 1%，收入变化10%。Martin Ravallion 和 Dominique van de Walle 对越南 1988 年土地法赋予居民土地使用权的政策实施情况进行了研究。文中使用了两种假定基础进行了对比研究。第一种是平均分配土地，第二种是使土地的分配可以实现居民总消费的最大化。第二种分配方式可以通过理想条件下的竞争性市场机制得以实现。通过对越南各地区的研究作者发现，95%～99%的总消费增长是通过降低土地分配的不均等性而实现的，最穷居民的生活质量明显得到改善。此后，Quy-Toan Do 和 Lakshmi Iyer（2003）研究了1993年越南颁布的新土地法对农户家庭的福利效应。研究认为，1993年越南土地法增加的土地租赁条款以及土地使用证的继承权使农民的土地权益得到了更切实的保障，提高了农民的福利水平。在福利衡量理论研究上，帕累托原则被普遍认为是社会福祉改进的一个充分条件，然而，在现实世界中，即使不是全部，至少绝大多数社会变革的结果都是有些人受益而有些人受损，因此帕累托原则的实际利用价值很有限。相比而言，卡尔多－希克斯效率的要求较为宽松。卡尔多－希克斯效率是指如果达到某种经济状态的资源重新配置使一部分人的福利增加，同时又使一部分人福利减少，并且受益者在充分补偿受损者后，其福利仍能有所改善。然而遵循卡尔多－希克斯效率来进行制度改进也存在一定弊端。黄有光在《准帕累托社会改进》一文中提出一个有望获得普遍接受的超越帕累托原则的福祉标准，即将著名的卡尔多－希克斯－西托夫斯基双重补偿试验加以修正，要求它对每个群体（通常是按收入水平划分的群体）都成立，从而使它可以克服来自社会分配方面考虑的主要批评意见（例如，劫富济贫不被人们看好）。

提到福利中的效率问题，就难免面临效率与平等之间的矛盾（即 E～F 矛盾）。很多制度的选择对这个问题都采取非此即彼的态度，如城乡隔离、兵役制等，加剧了 E～F 矛盾的严重程度。黄有光将 E～F 矛盾延伸到（纵向的）平等和效率与（横向的）自由和公平，通过分析 E～F 矛盾认识到，违背了平等、效率、自由以及公平等诸多原则的社会选择也有可能是最优的。既然这四个目标不可能同时实现，那么让每个目标都做一些牺牲也许不失为最优的政策。

国内学者对土地制度的福利效益做了不少的研究。部分学者从理论角度对土地制度福利问题进行经济学分析，如高建伟（2009）使用"效用可能性边界"和"社会福利等高线"来分析土地征收中公共利益的社会福利问题；沈飞等（2004）、林荣茂（2006）、吴群（2008）使用福利经济学中的供给-需求曲线图来分析征地过程中的社会福利与效率问题。在土地制度福利的实证研究方面，张慧单纯地以农民收入（及消费）水平的提高与否来衡量失地农户家庭的福利的损益。高进云（2006）认为作为衡量福利的指标，收入并不够细致，它顶多体现个人效用最大化的经济理性选择下所得货币量的差异，因而，作者以阿马蒂亚·森的可行能力理论为基础，构建被征地农民的功能指标体系，通过模糊评价方法评价农民福利的变化。胡初枝等（2008）从收入效应和就业效应两方面来衡量农户的福利水平。罗必良（2013）指出保障农民的土地权益，重点在于改善法律赋权的非歧视性、农民行为能力的提升以及社会对农民权益的认同与尊重。

2. 关于土地使用权流转制度及其福利效应的研究

合理的农地流转积极地影响了我国现阶段面临的"三农"问题。必要的农地流转使农地适度集中，有利于促进农业规模化经营的发展，提高农业效益和土地资源利用效率，有利于农村剩余劳动力的转移，拓宽农民的收入渠道。因此，农地使用权流转对优化土地资源配置、促进农业产业结构调整以及促进农民增收和农村经济发展的作用十分巨大，政府有关部门和经济学者高度重视这一问题，因此这也成为当前我国农村工作的热点问题之一。

（1）关于集体建设用地流转制度及其福利效应的研究

集体土地建设用地是指乡（镇）村建设用地，即指乡（镇）村集体经济组织和农村个人投资或集资，进行各项非农业建设所使用的土地。主要包括乡（镇）村公益事业用地和公共设施用地，以及农村居民住宅用地。

关于农村集体建设用地使用权流转的管制及福利效应，王晓霞等（2009）在分析了中国农村集体建设用地流转政策背景的基础上，综合归纳了当前中国农村集体建设用地使用权流转的基本政策，分析得出当前存在所有权主体悬空且归属不清、使用主体限制严格且权能残缺不全、法律建设滞后且现行法规相互矛盾三个主要问题，并就进一步完善农村集体建设用地使用权流转提出相关政策建议，如明确集体土地所有权主体和集体建设用地使用权的权能、建立集体建设用地评估制度、做好用途管制和土地集中统一供应工作等。黎平（2009）基于农村集体建设用地流转各试点模式的分析和"小产权房"个案分析，指出中国农村集体建设用地流转治理的路径选择在于合法化、民主化和市场化。沈飞等（2004）认为，由于我国现行土地使用制度限制集体土地直接入市，这种土地制度在一定程度上破坏了土地市场潜在的均衡，造成农村集体经济福利损失。孙学娟（2013）指出，由于集体建设用地流转市场不健全、政府监管责任缺位、失地农民维权弱势、集体建设用地产权不明晰、相关法律法规空白、配套政策不到位，因此集体建设用地流转出现流转价格混乱、流转秩序不规范、服务组织匮乏、失地农民利益受损等问题。并指出，虽然法律规定农村土地归农民集体所有，但在实际中，农民几乎没有农村集体建设用地流转的自主决策权，村委会和基层政府往往是实施农村集体建设用地流转的主体，强制实施集体建设用地流转，而农民也未能获得合理的土地流转增值收益。

国内不少学者针对农村宅基地流转模式及福利问题进行了研究。在宅基地流转模式方面，金晓月（2006）认为宅基地流转时集体应垄断宅基地一级市场，实行宅基地有偿使用，集体收取地租，国家对其征税；适度开放宅基地二级市场，为宅基地使用者提供交易市场。李文谦等在分析了农村宅基地流转的现实需求及合理性基础上，构想了农村宅基地流转的原则、模式，指出农村宅基地流转模式多样，各有利弊，需要建立相应的法律和政策。在宅基地流转的意义方面，洪增林分析了宅基地流转的重要性，指出宅基地置换有利于公共资源的集约利用、城市土地的整理和村民观念的改变。用制度经济学解析江都市宅基地流转，可以得出宅基地使用权具有强烈现实需求的结论。在宅基地流转的福利效应方面，诸培新（2009）分析了现行禁止农村宅基地流转制度对农村宅基地利用效率与公平性的制度绩效，指出禁止农村宅基地流转的制度导致了农村宅基地超标利用、居民点布局分散和村容村貌差，存在严重的宅基地利用效率损失，同时在城乡居民市场主体地位、城乡土地产权地位、农民土地权益等方面存在严重的不公平，应取消农村宅基地流转的限制，允许农村宅基地入市交易，对农村宅基地加以严格的管理。陈利根、程成立足于现有宅基地流转模式，从能够代表公平的农民福利角度出发，对宅基地流转进行研究，认为推行集体推动宅基地流转模式需要具备一定条件，因此有条件的地区可优先选择集体推动宅基地流转模式，而不具备条件的地区仍可选择政府主导或农民自发宅基地流转，但需要通过提高拆迁补偿标准或规范隐形流转来增加农民福利。

（2）关于集体农用地流转制度及其福利效应的研究

国内学术界在我国农地流转制度及其改革问题上有大量研究成果。从1986年开始，为推动农地流转，中国开始在贵州湄潭、山东平度和广东南海等地进行农地使用权制度创新实验，1992年又增加了怀化地区的林地建设和陕西延安的"四荒地"拍卖，与此同时，一些地区实施了"反租倒包制"，绍兴县实施了"土地信托制"，这样就形成了"反租倒包制"和"土地股份合作制"等较为典型的农地流转方式（刘克春，2007）。洪增林综观全国各省集体土地流转的实践，归纳现有农地流转方式主要有自发转包、重新发包、反租倒包、托管、土地互换、租赁制、土地股份合作制、股田制等。

在众多农地使用权制度创新中，土地股份合作制是建立土地流转机制的主要制度形式。通过分离土地的价值占有权与实物占有权来放开土地的经营权，构建一个全新的土地要素流转市场（金永思，1997）。肖屹、钱忠好（2006）运用科斯的分析思路详细解析了农地股份制度，并指出当事人对外部利润的追逐及由此形成的制度创新的高度赞同是农地股份合作制的制度创新源。外部利润和效率损失之间的对比导致农地股份合作制的生成、发展或衰败，而农地股份合作制的效率损失则源于农地股份合作制制度规则上的不完善。必须提升农地股份合作制的外部利润，减少效率损失，以推动其生成和发展。在实际操作上，张笑寒（2009）以苏南上林村为例，分析了农村土地股份合作社的产生背景、运行特征、现实困境（政社不分、股权集中度低、股权封闭性强、入股要素及用途单一、收益分配制度尚待完善等），并提出相应的对策出路在于政社分开、明晰产权、完善股权流通机制、健全激励和监督机制、完善收益分配制度以及加强立法建设。

农地租赁也是农地流转的一个重要且较普遍的方式，姚洋（2000）指出，一个运行良好的土地租赁市场的发育同其他市场（比如借贷市场）的发展紧密相连，而这些市场在发展中国家经常是不完善的。马元（2009）从土地的专有性及专用性角度分析了地租决定机制，认为农村"亲戚社会"的专有性关系及农业生产的专用性特征是导致低地租的主要原因，并指出改变这一现状的关键在于消除农地转租的外部约束条件，培育农民的市场意识，增强农地转租方的转租意愿。

关于农地流转对农民福利的影响，高进云等（2010）在森的可行能力框架下讨论了农地城市流转过程中农民的福利变化，提出了构成农民福利的功能性活动和指标，使用模糊评判法对农地城市流转前后的农民福利变化进行了衡量。结果显示，农地城市流转导致农户的总体福利水平略有下降。其中，从功能指标来看，除居住条件有所改善外，农民的经济状况、社会保障、社区生活、环境、心理状况都有不同程度的恶化；从转换因素来看，农地城市流转前后，农民家庭被抚养人口比重、受教育程度、所处地区的社会经济发展水平都是农民福利变化产生差异的显著影响因素。胡初枝等（2008）基于对常熟市、如东县和铜山县 329 户农户的调查数据，使用 Tobit 模型对农户农地流转的福利经济效果进行实证分析。研究结果表明，农户农地流转提高了家庭人均年收入和人均年消费，改善了家庭就业结构，显著提高了农户家庭的福利水平。林乐芬、金媛（2012）对农地流转的供求双方选择何种流转方式进行土地流转能够实现福利改善进行了理论分析。研究结果显示：在流转供求双方理性人假设和流转成本与收益的约束条件下，农地流转的供给方（农地供给者）进行股权投资的分红收益与流出土地的机会成本（主要是土地的基本保障效用）大小是其对流转方式做出选择的依据；农地流转的需求方选择专业化合作组织参与的流转方式（以股权投资为例）可以为其减少交易成本，并取得生产的规模效用，福利得到改善。

3. 关于农地被征用为城市用地制度及其福利效应的研究

在我国社会主义经济建设的过程中，农地被征用为城市用地已是普遍现象，与此同时产生大量的被征地农民。对农民来说，土地是重要的生产和生活资料来源，中国农民对土地普遍具有很强的依赖感。当然，伴随着我国工业化和城市化速度的不断加快，这种依赖会不断减弱，但在农民从土地上彻底转移出去之前，土地还会是农民最重要的资产。国家现行的征地补偿安置政策常常无法使农民继续保持征地前的生活水平，有些农民的生产和生活甚至因为征地而陷于困境，许多社会和经济问题由此引发。

（1）我国征地现状

农地征用是与工业化、城市化相伴而生的。《国家新型城镇化规划（2014～2020年）》数据显示，2010～2012年，全国建设用地年均增加953万亩，其中城镇建设用地年均增加515万亩。根据国务院发展研究中心课题组提供的数据，1987～2001年，全国非农建设占用耕地3394.6亩，其中70%以上是征地。根据《全国土地利用总体规划纲要》，2000～2030年占用耕地将超过5459亩。1987～2001年有接近千万农民的土地被征收，而未来30年，将会有4500万农民失去土地。但是，我国的土地征用制度存在很多缺陷，导致东西部地区损害农民土地权益的现象频繁发生，引起失地农民的强烈不满，造成农民大量上访，失地农民这一社会新群体也成为社会稳定的巨大隐患和经济发展的重大难题。前面已经提到，国内研究农民与土地问题的学者最关心的就是征地制度及失地农民补偿问题，这方面的研究成果也最多。

（2）关于征地制度及其福利效应的研究

征地过程中应当最先考虑的问题是如何界定公共利益，普遍的观点是，在征地过程中确实产生了征地范围扩大化、公共利益界定不清的情况。农民土地权益的保障机制应当把行使征地权严格限定在公共利益的范畴下，并且将土地征用的范围明确区分为两种，将"公共利益"与"非公共利益"界定开。但汪振江认为，争论公共利益的价值判断并不能维护农地征收中的农民权益，加之公共利益的界定并无准确的方法，以公益用地和非公益用地来划分被征收土地从而差别补偿（前者补偿低，后者按市场价格补偿）本身就缺乏合理性，这一观点仍然是牺牲农民利益来成全公共利益，可操作性也非常差，很容易成为伤害农民在征地过程中的利益的方式或借口。取而代之的是，应当由市场来确定公共利益用地和非公共利益用地的价格，虽然市场机制存在局限性（如保护耕地等方面），但市场定价仍然是必经之路。

鉴于征地过程中有巨大的利润空间，所以对其利益的分配方式需要综合考虑。在征地过程中，国家管理机关、集体经济组织和农民个体之间普遍存在利益冲突，有必要对现有土地流转制度做出新的制度安排（黄朝明，2004）。黄朝明（2004）指出土地等级差别和由此产生的级差地租理论，是阐明土地在各种相互替代的用途之间如何分配的理论基础，也是认识土地经济价值差异的有力工具，应在征地收益分配中区分不同的投资和征用前后的土地用途，以此决定让各利益主体分享哪部分收益。梁爽（2009）以河北省涿州市为例，研究土地非农化过程中的增值收益分配的结构形式，并基于公平标准测算农民的基本生产资料价格、最低生活保障费和再就业培训费，以此检验、评价现有的收益分配格局。结果显示，在土地非农化收益分配过程中，农民集体和个人得到的收益占比最小，大部分收益被土地使用者及地方政府获得。因而指出，当前的城市化进程是由低成本的土地非农化推动的，而这种低成本是以农民集体及个人利益受损为代价的。袁枫朝（2009）建立了地方政府、农村集体组织、用地企业三方博弈模型，发现模型均衡结果取决于风险成本、交易成本、收益分成比例等参数的大小，且上述参数值的大小受地方政府政策取向的影响，然后指出土地收益合理分配是集体建设用地流转的核心，降低交易成本是流转的关键。鲍海君（2002）借鉴美国等发达国家农地转用增值利益分配经验，提出农民有权参与分配土地转用增值和分享城市化发展成果，分享的比例应为30%～50%。这30%～50%的土地转用增值可以通过提高土地补偿费、安置补助费、社会保障补偿费、教育培训费等形式让农民分享，并从中划出一部分补贴新政实施前的被征地农民，确保纵向平衡。

现行的分配制度表明，造成失地农民利益问题的根本原因之一就是目前的土地产权问题。在我国，土地所有权和经营权分离，实行农民家庭联产承包经营与集体经营相结合的双层经营体制。从法律规范来看，集体土地所有权和国有土地所有权界限不明晰，集体土地的产权制度面临建设完善的问题。征地制度改革的核心内容就是科学合理地确定补偿费标准。在征地的历史过程中产生了多种针对失地农民的补偿制度，包括招工安置（计划经济时期）、货币安置（现有最普遍的方式）、留地安置（如温州、佛山、顺德等地）、社会保障安置（东部或经济相对发达的地区）（黄季焜，2009）。以上各种补偿方式，都是企图用某些事物来换取农民的土地承包经营权，因而，如何对失地农民进行合理补偿成为许多学者关注的问题。《中华人民共和国土地管理法》第47条规定："征收土地的，按照被征收土地的原用途给予补偿。征收耕地的补偿费用包括土地补偿费、安置补助费以及地上附着物和青苗的补偿费。"朱林兴（2004）指出，我国现在实行的是社会主义市场经济，一切产品的生产和交易应体现市场经济规律，征用集体土地实际上是商品的买卖行为，也应体现市场经济规律，以土地市场价格为基础来确定征地补偿费。赵小风（2004）则认为，在确定征地补偿标准时，应充分考虑我国的具体国情，对公益性征地采用不完全补偿原则，征地费用以农用土地基准地价为标准测算；对于经营性征地，则应采用完全补偿原则，按市价水平计算购地费。对此，有的学者认为，农民获得的土地权利不是单纯的经济权利，主要还是社会保障权利，它的放弃不以获得土地本身所具有的市场价值为条件，而是以获得新的社会保障体系为条件，当前的问题在于没有区分农民的土地权利和社会权利，农民在失地的同时也失去了附着于土地上的社会保障权利，在进行征地补偿时应充分考虑农民的社会保障问题（金永思，1997；陈会广，2009）。

　　然而，对于东部或经济相对发达的地区出现的社会保障安置方式，黄季焜指出这一方案基本上还是由政府主导的，在社保范围、标准等方面农民缺乏发言权，普遍存在保障不足的问题，而且实际上土地换社保的方法往往成为地方政府规避短期政府财政支出的一种手段。王瑞雪（2009）从现代社保理论、社会保障价格法假设前提、征地实质、操作中存在的潜在问题四个方面论述了社会保障价格法测算征地补偿存在的缺陷与不足，指出虽然社会保障价格法能够妥善处理征地中复杂的利益关系，但不能为失地农民提供长久可靠的社会保障。面对这些传统征地补偿制度的弊端，黄朝明（2004）建议，在征地制度改革中仍然维持国家垄断一级市场的特征，把征地价和买价之间的差价，统一由国家建立"无地农民社保基金"，专门用于无地农民的社保开支（养老、医疗、失业保险）。汪振江（2008）则主张树立市场化价值取向，变农地征收为开发建设用地购买，摆脱公共利益界定困境并探索农地征收市场替代机制。其在《农村土地产权与征收补偿问题研究》一书的最后，着重探讨了城乡统一建设用地市场的构建，指出城乡统一建设用地市场的目标是构建多元、合理、多层次的城乡统一建设用地市场。其中，"多元"是指此建设用地市场应当由农村建设用地市场、城乡建设用地市场以及用于联合上述两类市场的农村用地向城市用地转换的市场，即集体土地征收市场三个部分组成。"多层次"是指前两类市场在纵向上能够分解为不同层次的土地市场体系。以农村建设用地市场为例，其可以分解成农村非农业建设用地市场和农村建设用地准入市场，前者又可分解为租赁市场和转租、入股、抵押市场等。城市建设用地市场能够分解为三级土地市场：一级市场是国有土地划拨、出让市场；二级市场是取得国有土地使用权的建设单位转让土地的市场；三级市场是建设用地使用者之间处分（转让、出租、入股、抵押）建设用地使用权的市场。

关于征地对农民福利的影响，沈飞等（2004）从寻租经济学的视角，重点分析了土地征用－出让市场，他指出这一土地制度存在破坏土地市场潜在均衡的危害，可能损害农村集体经济福利，从而建议政府对集体土地入市的管理工作应当从"介入经济关系"转向"只管理、不介入"，通过引入竞争机制来改善农村集体经济福利。吴群（2008）利用经济分析方法探讨了土地征收利用过程中的福利与效率问题，他们认为，我国在土地征收利用过程中普遍存在福利与效率损失。杨大森（2009）基于最优控制理论的梳理分析法，针对土地征收过程中地方政府动态最优征地路径的选择问题，建立了预算约束条件下政府最优征地路径模型，并对最优征地路径进行求解和绘制相关相图，发现预算约束的存在会影响最优征地路径的形态和性质，并可能造成福利损失，应通过更为灵活的征地指标管理策略和地方政府融资手段，最大限度地减少预算约束的不利影响，更好地实现社会福利。高建伟（2009）探讨了土地征收中公共利益的内涵，并运用福利经济学分析该法律问题，发现土地征收是一种建立在个人选择基础上的社会选择，是政府替代市场直接分配土地资源，但需要满足一个经济条件（市场失灵）和三个法律要件（公共利益、合理补偿、正当程序）。最后指出土地征收中的公共利益是卡尔多-希克斯效率，土地征收后提高了土地资源的配置效率，最终有可能通过加快经济发展来补偿土地被征收者的损失并改善他们的福利。一些学者还从实证的角度分析了征地对农民福利的影响。高进云、乔荣锋（2006）讨论了土地之于农民的福利，并利用对湖北省的调研数据进行实证研究，探讨土地资源禀赋的变化所导致的农民福利变动的情况。结果发现，在经济福利方面，被征地农民受到的影响并不大，78.7%的农户家庭纯收入在征地后上升或没有明显变化；而受征地影响显著的是农民的非经济福利，包括农民个人自由程度、社会公平状态、生活方式和生活状态、环境状况及心理状态等都发生了明显变化，被征地农民的非经济福利明显变差。袁方、蔡银莺（2012）以武汉市江夏区五里界镇为实例，应用阿马蒂亚·森的可行能力理论和模糊综合评价方法研究城市近郊被征地农民土地征收前后的福利变化。研究表明，征地后城市近郊的农民福利水平得到一定程度的改善，评价指数从 0.296 上升到 0.363，但仍处于较低水平，征地过程中政府增加道路等基础设施的投资是被征地农民的福利得以改善的主要原因。从功能指标来看，社会保障、生活条件和景观环境均有不同程度的改善，其中社会保障和生活条件的改善尤其明显，但农民的经济状况和心理因素有所恶化。

总的来说，政府大量圈地并低价转让的制度基础是非市场化的土地征收政策，征地政策所体现的思想是农民利益需服从国家利益，通过牺牲农业和农民的利益，以巨额的农业地租来保护工业、发展经济。不仅如此，试图通过中央规范征地补偿标准的方式不仅将因地价上升而很快导致补偿标准过时，还将因地价在不同区域的巨大差异而难以操作，即使是考虑了社会保障因素的补偿制度创新，也很难彻底解决农民的长久保障问题。根本改革应该是在征地制度中引入市场机制，建立被征地农民的土地增值收益可持续保障机制。

2.2.3　关于土地金融问题的研究

近年来，越来越多的国内学者涉足我国土地金融制度的建立和土地证券化实施的研究。大量学者指出，实施土地证券化改革并且相应地构建一些全国性、区域性的土地证券市场，能够在很大程度上解决土地资产收益性、流动性和融资性的困难，为土地流转、劳动力转移、规模经营和大资本流入农业找出一条农业发展的准金融式道路（范恒森，1995；吴文杰，1997；黄小彪，2005；李海涛，2004）。然而，学者们对于我国现在是否可以推行土地证券化存在争议。邓大才（2000）表示我国的土地制度经过多次调整，已经基本上具备了证券化的条件，理应抓住机会，适时推动农村土地承包经营权证券化。王燕通过分析我国目前的农村土地流转制度，并结合农村、农民、农业的现状分析目前实行这项制度的可行性，建议在条件尚未完备的情况下选择一些条件好的乡村进行试点。也有学者认为，我国的土地金融制度的发展时机尚未成熟。高汉（2005）认为，由于我国土地制度的缺陷，农村土地金融一直无法在我国得到发展，所以，先对农地制度进行改革，是建立农村土地金融的一个重要内容。姜新旺（2007）表示，农业的弱质性决定了农业生产的高风险性，随着农地金融制度的推行，农业保险的滞后、农村社会保障的缺失以及土地对中国农户的特殊性将使农业风险很容易转化为经济风险，进而转化为社会风险与伦理道德风险。因此，农地金融制度在目前的中国缺乏可行性。臧波等指出中国有必要通过农村土地证券化试点，从现实层面验证其可行性和可推广性。

关于土地金融制度的建立，吴文杰早在1997年就根据土地金融的基本理论和国外的经验，按照土地金融应遵循的基本原则，结合我国的实际情况，对农地金融业务的开展做出了以下探讨性设计：农村土地金融机构的建立；土地债券化及债券的发行；土地抵押贷款的发放；土地抵押贷款的偿还。张艳（2009）分析了《物权法》对土地承包经营权的物权化改造的讨论，指出土地承包经营权作为一种特殊的用益物权，应当允许其抵押。

但是，吴文杰（1997）指出发展以土地抵押为特征的农村土地金融制度存在诸多疑虑：土地使用权能否抵押；以土地为抵押发行证券，证券上市流通转让后，会不会引起土地使用权的频繁流动，从而影响农业生产的正常进行；由土地抵押引起的土地流转是否会破坏农村集体经济组织"统"的功能的发挥；农地抵押债券能否吸引投资者的购买。

在土地证券化的具体操作上，施晓琳（2002）根据我国的实际情况指出，可以考虑在消除现有法律障碍的基础上，设立类似于外国土地银行的政策性银行，主管我国的土地承包经营权抵押贷款金融制度，但在具体的抵押权规定方面，如对土地附着物的效力及抵押权实现方面应与一般抵押权制度相区别。范恒森（1995）列举了土地证券化的操作原则：先试点，后推广；群众自愿、典型示范；明确土地证券持有者的权利和义务；以规范的土地管理制度为基础。毕继业等解释了农村土地证券流程：农村集体经济组织以承包为主的形式，将农村土地经营权承包给农村实体（包含农村个人承包组织、乡镇企业等）；农村实体出于融资的目的，将土地所能产生的未来一定时期内的现金收入交由农村土地基金管理，由农村土地中心代为发行土地债券取得融资；农村土地基金管理中心以竞价承购包销的形式将土地证券交给作为承销商的投资银行，并从投资银行手中得到资金；作为承销商的投资银行将土地证券促销给投资者，并从投资者手中获得资金。邓大才（2000）对完善土地承包经营权证券化的制度配套措施提出了相关政策建议：制定土地财产法，明确土地承包经营权是农民的个人财产，神圣不可侵犯；逐步推动家庭承包经营制向家庭永包制过渡，规范土地经营模式，减少土地定期调整的社会成本和土地所有权代理人的寻租机会；所有权逐步由集体所有向国家所有转变；建立土地保障的替代机制，逐步恢复土地生产要素性质。此外，黄小彪（2005）指出根据我国现阶段市场经济和金融市场的发育程度，我国次等级土地证券化宜采取次等级土地开发贷款证券化的模式，当前推行次等级土地证券化仍然存在很多困难，我们必须大胆创新，为次等级土地证券化打造好环境。张娟（2013）分析了我国推行农村土地权益证券化的可行性，提出了我国的农村土地权益证券化的基本模式，并指定农村信用社担任特殊目的机构（SPV）一职。在我国想要顺利地推行土地权益证券化还需要政府的大力支持，首先要从法理上确定土地财产权；其次要对农村信用社的职能和权限进行重新界定和补充，使其有足够的能力担当特殊目的机构的角色；最后要健全各中介机构和法律制度，充分服务于土地权益证券化。

1. 农地直接融资的相关研究

国内外关于农地直接融资的研究主要集中于农地直接融资的现状、农地交易对土地经营规模和经营效益的影响、农地直接交易方式及其影响因素和农地交易的福利效应等方面。鉴于本书的实证重点是从福利改进的视角分析农地股权投资的制度绩效，下面将对农地股权投资和农地交易的福利效应的相关研究进行简要回顾。

（1）农地股权投资的相关研究

在我国，农地股权投资的制度基础是农地股份合作制，其主要实现途径是农户将土地入股土地股份合作社，极少数个例是农户以农地对农业企业进行股权投资，如广东省长教村的"股田制"（胡冬生等，2010）。

关于农地股份合作制的产生背景，Engerman 和 Sokoloff（2003）指出，一个国家的土地持有方式是由农业技术水平决定的，而且土地持有方式有效是推动经济的一个重要因素。他们认为土地集中度很高的经济体（如大农场），能在社员农业产出低的情况下保证他们的租金收入。这些利益团体的作用机制是各学者争论的重点，一些学者〔如 Acemoglu、Johnson 和 Robinson（2005）〕认为其调解机制是政治手段，精明的利益团体可以通过制定强制性的政治条例以使其有能力适应新的经济环境。另一些人则认为一个独立的社团足够适应新的经济环境。王天义（2005）指出，相对于农村土地私有化和国有化，在不改变现有农地所有制的基础上发展的土地股份合作制是我国面临的重大选择。不少学者在个案分析的基础上总结我国农地股份合作制的产生和发展具有特定的环境和社会经济背景：一是地方自然资源禀赋优越、交通便利；二是农村劳动力大量转移，人均非农收入达到一定比例；三是工业化、城镇化程度较高，农民拥有较多非农就业机会；四是受到地方政府部门的大力扶持和村干部的积极推动（杜伟，2006；杨扬，2007；徐朴、王启有，2008；张笑寒，2009）。贾春梅、葛扬（2012）运用广东省佛山市南海区、顺德区、高明区、三水区1992～2009年的相关社会经济数据，采用双重差分模型的计量方法，对农地股份合作制的增收效应进行估计。研究结果发现，农地股份合作制在实施当年及之后的三年内，在促进农民增收方面发挥了显著的正向作用。但是在以后的年份里增收效果逐年降低甚至为负，且影响作用在统计上均不显著，表明农地股份合作制不具备持续的增收效应。其根源可能在于村集体经济组织和农民之间的利益分配冲突。因此，只有协调两者之间的利益分配，让农民真正分享经济发展成果，才能使该制度安排走得更远。

关于农地股份合作制的制度绩效，王小映（2008）在分析了土地股份合作制的南海模式和上海模式后指出，土地股份合作制以股份化与合作化实现了组织和管理形式上的统一，其收益分配形式满足了相关利益主体的需要，分散了市场风险，而决策权的集中也在最大程度上挖掘和分享了土地增值收益等各类潜在收益。李敏（2007）指出，土地股份合作制促进了土地流转，优化了农业产业结构，实现了土地规模效应和集约经营，并且有利于将劳动力、资金等生产要素转移到非农产业。姜爱林等（2007）指出土地股份合作制的产生节约了分工、专业化的交易费用，并形成一种新的激励机制，有助于克服集体生产经营和分配上的短期行为。此外，土地股份合作制还有利于统筹城乡社会经济发展，促进农村物质文明、精神文明和政治文明建设（万宝瑞，2004）。

关于农地股份合作社的发展困境及制度缺陷，不少学者研究发现，虽然农地股份合作社的产生带来了诸多益处，但是该组织在性质界定、社员经济参与、收益分配和治理结构等方面存在问题。例如，卢向虎、张正河（2006）认为，股份合作制组织在法律性质、股权设置、组织规范性等方面存在问题，许多农村地区的农地股份合作制改革没有较好地遵循"农民自愿、公开公正"的原则。杜伟（2006）着重分析了土地股权，指出农地股份合作社社员拥有的股权在很大程度上仅仅是一种单纯的福利分配权，而没有所有权，不准买卖、转让和继承，限制了股权功能的进一步发挥。

邓立和黄文（2009）也指出，股份合作组织具有较强的区域性和封闭性。杨桂云（2011）指出农村土地股份合作制在实施过程中存在诸多问题，如产权结构不明晰、农村土地承包经营权入股估价不科学、收益分配制度不规范、风险防范机制不健全、相关配套制度建设滞后等，直接影响了农村土地股份合作制制度绩效的充分发挥。

孔祥智（2010）在浙江省平湖市渡船桥村土地股份合作社调查报告中指出，目前农地股份合作社的问题包括：连片规模小，集中困难；难以与外来用地主体形成合理的收益分配机制；土地承包经营权流转信息沟通不顺畅。并指出完善农地股份合作制的对策：注意培养人才队伍；建立完善运行机制，保障农民权益；创新金融服务，支持农地规模经营。

关于进一步完善农村土地股份合作制的对策，总结国内学者们的研究成果，应从以下几个方面着手：减少政府对土地股份合作组织的干预；进一步增强股权的流动性；健全激励机制；坚持因时因地制宜，稳步推进农村土地股份合作制改革；完善农村土地股份合作制的配套措施，如健全农村土地流转机制，加强农村社会保障建设，加快农村剩余劳动力转移等（杜伟、黄善明，2006；欧阳宗丽等，2008；徐朴、王启有，2008；张笑寒，2009；陈会广，2009）。

（2）农地直接融资交易福利效应的相关研究

福利效应的改善与否是衡量一种新的制度是否具有存在价值的判断标准之一，农地直接融资制度的改革也应如此。国外经济学家大多从国家制度和经济绩效的角度分析农地交易及其改革问题，而较少从农民个人福利和土地社会福利角度进行研究。Timothy Besley 和 Robin Burgess 使用印度各州 1958～1992 年的截面数据，着重研究了印度土地租佃改革和取消中间人地主这两类法律改革对减贫的影响。结果显示，在样本期间印度整体贫困度有显著降低，全印度农村贫困人口发生率（贫困人口占全部人口的比例）从 55% 下降到 40%，农村贫困差距从 19% 降至 10% 左右。Maya Kant Awasthi 在分析印度有关租赁限制的国家层面数据和全国性的抽样调查基础上，指出土地租赁限制缩小了可以使贫困生产者获益的土地租赁交易的交易范围。Martin Ravallion 和 Dominique van de Walle 使用 1992～1993 年越南生活水平普查的数据，对越南土地产权分散改革 5 年后，土地分配结果对农户家庭消费水平的影响进行了研究。结果显示，最大化总消费的 95%～99% 是通过降低土地分配的不均等性而实现的，最穷居民的生活质量明显得到改善。此后，Quy-Toan Do 和 Lakshmi Iyer（2003）的研究认为，1993 年越南颁布的新土地法增加的土地租赁条款以及土地使用证的继承权使农民的土地权益得到了更切实的保障，提高了农村地区居民的福利水平。

2. 农地间接融资的相关研究

（1）国外农地间接融资的相关研究

土地金融制度始于德国，以后传至丹麦、法国、意大利、美国、日本等国家，如今发达国家和地区都建立了较为完善的土地金融制度，其中以德国、美国最为典型。德国的土地金融组织机构主要是民间的土地抵押信用合作社。自耕农或地主可以自行联合起来组织一个合作社，将土地交给合作社作为抵押品，合作社以这些组织起来的土地为保证发行土地债券，获得资金后借给本社社员使用。美国的土地金融制度采取双层制：上层采用银行体制，即设立联邦土地银行和联邦土地银行联合会；基层采用合作社制，即按合作社原则组织起来的信贷合作社，其功能与德国土地抵押信用合作社类似（曲福田，1991）。

可见，对于小农户经营土地的融资问题，不管是德国还是美国，农村土地金融的开展机构都不是银行或普通的信贷机构，而是通过农户集体组建的土地信用合作社和专门设立的土地银行来开办农地融资业务。对此，学者们存在不同观点。一种观点是，银行与农户间存在信息不对称（Haney，1914），"这类信贷业务需要严谨的监管，甚至包括指导承租农户的作业，而这种知识技能和关注度是央行所无法提供的"。另一种观点是，普通信贷的供给是通过法律来人为约束的，Gropp、Scholz 和 White（1997）指出法律会设置一个贷款利率的最高限，穷人可以用于抵押的资产很稀缺（除了他们的房子），而且穷人的贷款风险一般比较高，以低于限定水平的利率贷款给他们是无利可图的，因而银行对此类信贷没有兴趣，需要设立专门的土地金融机构来为农民提供土地间接融资服务。

（2）国内农地间接融资的相关研究

近些年来，国内越来越多的学者也开始致力于在我国建立土地间接融资制度，相关研究主要集中在农村土地间接融资制度的功能、必要性、可行性、构建设想、风险分析、发展困境及其对策等几个方面。鉴于本书主要研究农地抵押信贷，下面笔者就已有相关研究进行简要回顾。

在农地间接金融的创建方面，一般学者都认为建立和完善农地间接金融制度是必要的。早在20世纪90年代曲福田（1991）和尹云松（1995）就强调，如果缺乏农地间接金融制度，农村土地制度的完整性就会受到破坏，其制度目标也将难以实现。杨庆宁（2005）、高汉（2005）、杜方（2008）和韩曙平（2005）的研究分析表明，发展农地间接金融具有现实意义：一是能为农业发展提供更多资金支持，二是有利于优化农地资源配置，三是有利于促进农村土地市场的形成，四是有利于政府推行相应的农业政策。

但是，目前我国是否适合发展土地抵押信贷尚存在争议。吴文杰（1997）、姜新旺（2007）、陈锡文（2011）等对我国发展农村土地抵押持反对意见，认为以土地抵押为特征的农村土地金融制度存在诸多疑虑：是否一定要允许农地抵押，失地农户问题如何解决，银行是否会出现大量不良资产等。然而，李昌平、杜润生、郭书田、曹景清等则抱有"不妨一试"的观点，认为在有条件的地区可以适当试行农地抵押。孔祥智（2011）认为土地抵押协会是有效解决农民贷款难问题的创举。还进一步建议法律法规要区分土地承包经营权、承包权和经营权，允许土地经营权抵押；完善配套制度，规范土地经营权抵押贷款办法。并且，政府可以以发展土地经营权抵押协会为切入点，推进农村信用建设。张龙耀、杨军（2011）认为农地抵押并不是当前我国开展农村金融创新和解决农民贷款难的必然选择，而是一项可选政策。

在农村土地金融的参与主体方面，农村土地金融的主要参与主体是作为供给方的金融机构和作为需求方的农户。从农户的视角来讲，高汉（2005）分析了近几年农户对资金的需求情况和信贷获取情况后指出，发展以农地抵押为特征的农地金融具有现实意义。林乐芬等（2012）基于泰州市农村土地流转的现状，对农户承包地抵押贷款需求意愿进行了实证分析，并提出了推进农村承包地抵押贷款制度的政策建议。刘卫锋（2009）分析了农户融资需求的现状和特征以及产生融资困境的原因，从农村金融制度必须适应农户需求这一视角，提出有必要拓展农村金融业务范围，发展农地抵押业务。从金融机构的视角来看，罗真（2006）分析了商业银行开展土地金融的试点情况，发现商业银行对发展土地金融业务的重要性认识不足，存在农地抵押业务种类单一、农地价值评估标准不一等问题。朱英刚等（2009）调查了我国 5 个地区土地金融的实践情况，总结了试点开展农村土地承包经营权抵押业务的制约因素和有利条件。曾庆芬（2014）通过合约理论模型解释了农地抵押的重要性和试验困境的产生原因，揭示了因农地抵押而明显改善的融资主体不是普通农户，而是资金实力较弱、经营规模较大、从事项目附加价值较高的农业新型经营主体。

关于在我国发展农地抵押信贷的障碍与风险，郑杰等（2007）指出我国开展土地金融的主要障碍来自法律对农村集体土地使用权抵押的限制，此限制的理由受到质疑。俞敏等（2007）指出开展农地抵押业务的现实约束因素还包括农村土地产权主体虚置、农村土地产权不明确和农地估价体制不完善等。而开展农地抵押信贷的风险，则主要包括抵押品拍卖变现问题可能引致的抵押品处置风险（俞敏等，2007）和风险管理与担保机制不健全可能引发的信贷风险（陈雪梅等，2009）。

针对上述我国发展农村土地抵押信贷的困难与风险，学者们提出了相应的对策，如：加快相关法律的修改和完善，降低经济活动中的交易费用；建立科学合理的农地价格评估体系；制定土地金融业务的评审标准和业务管理办法；建立规范化的土地流转平台；健全农村社会保障体系和农业保险体系；加强道德风险的防范；规范政府行为，转变政府职能等（黄天柱等，2003；中国人民银行永安市支行课题组，2006；罗真，2006；俞敏等，2007；杜方，2008）。

2.2.4　农地制度与农地金融的相关研究

1. 土地流转与农地金融的关系研究

关于土地流转与农地金融的关系，学者们主要强调农地金融制度对土地流转的重要性。尹云松（1995）认为，作为一种物权，农村土地的使用权已经是商品，农地使用权的流转（出租、转让、出让等）本质上就是商品流通，但是商品流通依赖于货币媒介，即"钱随物走"，倘若失去农地金融制度所提供的资金保障，农地使用权流转市场的培育将无法持续。罗剑朝（2005）指出农地金融可以从外源融资渠道解决农业投资的不足，有利于推动农地适度规模经营，还可以分散农业生产经营风险，促进农业可持续发展。

有的学者从土地流转对农地金融的促进作用这个角度进行理论和实证分析。钟甫宁（2007）指出，如果没有非农就业机会，土地产权、土地买卖和租赁本身并不会扩大农户的土地经营规模并刺激农业投资。由于农户土地规模小、农业用地的价值低，即使改革土地产权和抵押制度，金融机构也不愿意接受农业用地作为贷款抵押物。Carter 等的研究表明，在农场规模较小的情况下不存在地权稳定的信用供给效应。以上学者的观点进一步佐证了土地流转、农地规模化经营是农地金融开展的重要条件。孙全亮指出农村土地流转与农地金融是农村土地制度与农村金融体系的重要组成部分，二者既互为条件又相互制约，具有重要的效应关系。利用以土地为信用进行抵押的资金融通方式，通过土地与金融的制度创新，可以实现二者双向互动与共赢的价值目标。

2. 关于土地抵押与农地金融的关系研究

目前我国是否适合发展土地抵押信贷尚存在争议。疑虑主要在于我国农村土地公有制下土地是否可以抵押，以及土地抵押后失地农户的问题如何解决，银行是否会出现大量不良资产等（姜新旺，2007）。吴文杰（1997）指出土地的抵押包括土地所有权抵押和土地使用权抵押两种形式，土地使用权可以作为抵押品进行资金融通。宋文献（2003）进一步指出土地使用权在法律许可的范围内可以采取多种方式流转，是独立于所有权的一种财产权利，因而可以在信用方面代替所有权，成为资金融通的保证。

然而，农村土地金融是否应该开展以及如何开展不仅建立在农户单方面的需求上，还与农村金融机构是否愿意供给农村土地金融业务存在密切关系。林乐芬从农村金融机构的视角，以土地规模化、产业化较高，农户专业或者兼业情况普遍的浙江省宁波市为研究对象，对当地农村的金融机构开展农村土地金融业务的意愿及其影响因素进行实证分析。研究结果表明：农村金融机构对承包地抵押和土地股权抵押的供给意愿高于宅基地抵押；法律法规的限制是阻碍农村金融机构开展农地抵押业务的主要原因。

3. 关于各地农地金融实践的研究

已有的农地金融的试点实践可以分为以农地抵押为特征的农地间接金融和以农地股份化、租赁化为主的农地直接金融。农地抵押间接金融的试点最早来自 1988 年成立的贵州湄潭县土地金融公司，在业务运营上，缺乏一整套规避与分散农地金融风险的有效的运行机制与制度安排，最终导致试验失败（罗剑朝，2003）。梅哲等（2011）对重庆市牌坊村、山东省徐庄镇和福建省三明市的农地金融实践进行案例分析，研究结果表明农地金融运行较成功的试点地区大都存在以下特征：农地金融的对象是规模经营方，土地流转市场活跃，并且拥有良好的政策支持和担保机构。

目前各地的土地规模流转，大多是当地农村经济组织和政府部门推动下的土地流转，其运作载体体现为农地股份合作社，是以农地股权化为特征的农地直接金融。在实践中产生了广东南海模式、上海模式、昆山模式等可资借鉴的模式（蒋省三等，2003）。江苏的土地流转也是以政府推动的土地股份合作为主要模式，由于地处我国沿海经济发达地区，农民非农收入比重高，对土地经营收入的依赖程度低，具备土地流转的客观条件，在政府的推动下土地股份合作社发展良好。据统计，2009 年底，江苏省土地股份合作社总数已经达到 1130 家（孙中华，2010）。土地股份合作制使分散经营的土地得以合并，提高了土地经营效率，增加了农民的土地收益（黄少安，1995；黄祖辉，2008）。但是，以农户自发交易为主的场内土地流转交易市场还没有形成，缺少相应的专门机构来处理土地承包经营权流转的确权、登记和评估，因而难以形成土地权属变更清晰的规范合约，导致农户交易成本提高，流转纠纷频发，投融资需求难以得到满足（吴群，2008；刘向南等，2010；张军，2007）。刘欣欣（2012）在对各地农地金融实践进行考察的基础上，总结出四种主要模式。第一种是"农户＋地方政府＋土地金融机构"模式，有学者将其称为"湄潭实验"；第二种是"农户＋村委会＋金融机构"模式，以山东省寿光市为例；第三种是"农户＋土地协会＋金融机构"模式，宁夏回族自治区同心县是这种模式的代表；第四种是"农户＋专业合作社＋金融机构"模式，辽宁省法库县在东北地区率先启动农地使用权抵押贷款采用的就是这一模式。从理论上看，以上四种农地金融实践模式各有利弊。从实践效果来看，第一种模式以失败告终，后面几种模式从短期来看比较成功，但也隐藏风险。中国的农地金融试点刚刚起步，建立和完善农地金融制度还有很长的路要走。

4. 关于农地金融组织创新的研究

关于农地金融组织创新的研究主要集中于在现有农村金融体系中开设农地金融业务或者专设农地金融机构的讨论。罗剑朝（2005）、李延敏（2005）、李爱喜（2007）等认为，应该长期由农村信用社承担农地使用权抵押业务；肖艳霞认为，目前应通过农村信用社开展农地使用权抵押贷款的发放与回收等具体业务，待条件成熟时再发展专营性的土地金融银行；尹云松（1995）认为可以在对农业发展银行和农村合作银行进行整合的基础上开展农地金融业务；俞敏（2007）、董建华（2009）认为可以将农业发展银行改革为国家控制、具有金融融资功能和从事产业投资的政策性土地银行。

另一部分研究则倾向于新建金融机构来承担农地金融业务。吴文杰（1997）认为，应在各省、自治区、计划单列市建立全新的土地银行，在各县成立土地抵押信用联社，在各乡成立土地抵押信用合作社；孟丽萍（2001）认为可由中国人民银行、国家土地管理局、农业部出面筹建土地银行，由各地土地银行协助农民组建土地抵押合作社来开展农地金融业务。汪丽丽（2012）对各种不同涉农金融机构的优劣进行比较，考虑到不同的经济发展程度、农民外出务工情况、土地流转规模和现代化农业程度，不同农村应设立不同的金融机构。如在一些村镇银行、小额贷款公司及农村资金互助社建立较多的村，尽量发挥其信息对称、贴近农民生活的优势，做一些小额贷款；经济发展程度高、农业规模化经营程度高的乡村则适合运用土地信用合作社（土地银行）；中国农业发展银行作为政策性银行，可以于初期政府投入资金时运用，待农地金融发展成熟时考虑退出，以便商业性金融机构的介入。

2.3　简要评述

已有文献研究的方法大多从制度经济学角度分析农地制度变迁产生的原因及其对经济、农业的绩效影响，几乎没有文献从福利经济学角度分析农地制度变迁的过程。研究大多依据历史的沿革对农地制度变迁进行分析，而较少针对城乡统筹发展背景下农地流转和农地征用的土地制度变迁进行分析。研究对象主要集中在家庭承包经营制度，而从金融手段的引入解决城乡统筹发展背景下农村土地制度变迁所存在问题的研究甚少出现。

现有的关于构建我国农地间接融资制度的研究成果大多停留在理论层面，少数涉及实证的研究也是针对农地间接金融业务试点的经验教训的总结与改革建议，对于农村土地金融制度的整体构建缺乏微观层面的实证检验与探索。因此，有必要基于我国农村已具备的条件，在实地考察的基础上，探寻在目前或不久的将来有实践意义的农村土地金融制度。

已有的几篇关于开展农地间接金融业务的实证研究主要从农户的视角出发，而从农村金融机构视角进行实证分析的研究成果几乎没有，鲜有学者研究农村金融机构对农地间接金融业务的供给意愿。农地间接金融业务是否应该开展以及如何开展不仅建立在农户单方面的需求上，还与农村金融机构是否愿意供给农地间接金融业务存在密切关系。因而，有必要基于农地间接金融业务供给方的视角，实地调查分析农村金融机构对供给农村土地间接融资业务的意愿及其影响因素。

关于农地金融市场的创新，现有研究主要针对大规模有组织的集体土地股权投资，形成以农地股份合作社为载体的农地股权投资市场，而对适合土地流转中不同类型（专业大户、龙头企业、农民专业合作社）、不同规模（大农户、中小农户）的流转主体的不同层次的投融资需求的农地金融市场缺乏系统研究，更没有从农地金融创新的视角分析农地流转和农地征用大中小农户的土地权益保障问题。

关于土地流转与农地金融的关系，学者们主要讨论土地规模经营后为农地可抵押担保创造了条件，但是少有学者对农地金融体系构建的另一个基础条件——土地抵押担保的变现流动能力，即关于土地抵押品的流转市场——农地金融市场如何构建进行研究，没有深入分析农地"三权"中不同权属的权利在农地金融市场中的运用边界。

综上所述，本书将基于前人的理论研究基础，对城乡统筹发展背景下农地流转和农地征用中的土地福利效应进行分析，试图通过土地金融工具的创新为我国经济转型阶段农地制度的创新提供依据，从农地金融创新的视角保障农地流转和征用中大中小农户的土地权益。

3　我国农村土地制度变迁

改革开放前30年,中国的农村土地制度历经几次大变革:20世纪50年代初期由封建地主土地所有制向农民土地所有制转变;20世纪50年代中期实行农民所有、集体经营的土地制度;20世纪50年代中后期实行高级农业合作社;1957年至20世纪70年代末实行人民公社制度,农村土地制度由农民所有、集体经营转变为集体所有、集体统一经营;1978年末家庭联产承包责任制自发地在农村地区产生,之后便迅速推广到全中国。归纳起来,新中国成立以来的农村土地制度主要分为新中国成立初期的土地制度和改革开放后的农村土地家庭承包两个时期。

3.1　新中国成立后农村土地制度变迁:历史回顾

中共六届三中全会确立了"土地归农民私有"的基本制度,新中国成立以来,农地制度经历了由地主私有到农民私有,由农民私营到农民社营,由农民社营到集体公有公营,由集体公有公营到家庭承包经营四次变革。

3.1.1　第一次变革(1949~1952年):没收地主土地归农民私有的土地制度

没收地主土地是铲除阻碍农村生产力发展的基本障碍,消除农民贫穷、愚昧和社会落后、动荡重要根源的伟大革命,而土地归农民私有是改变农民命运和农村面貌的伟大变革。新中国成立初期,这场变革使3亿多无地、少地的农民获得了 4667 万公顷（7 亿亩）的土地，从而带来了农村史无前例的变化。1952 年，全国农业总产值比 1949 年增加 48.5%，年均增长 14.1%。这次土地改革是中国自土地私有以来耕地分配最彻底、最平均的一次改革，满足了新中国农民对土地制度变迁的强烈需求，改变了土地所有权和土地使用权相分离的状况，实现了农业生产者与农业生产资料的直接结合，是一种自下而上的诱致性土地制度改革。它完全消灭了租佃制，农民有了对剩余产品的索取权，大大提高了广大农民的生产积极性，从而使农业生产在生产力水平和外在条件没有多大改善的条件下连年大幅度增产。这一次土地改革的主要特征是使"耕者有其田"，农民获得了土地的所有权和经营权，使得农民阶级的平均主义思想得到了极大的满足，并且适应了当时的农业生产条件以及农民的利益偏好，满足了广大农民群众的需求。

3.1.2 第二次变革（1953～1956 年）：私有土地联合使用的合作化土地制度

合作化是指将农民私有的土地制度改革为农民私有、集体统一经营使用的土地制度，这是一种自上而下的强制性土地制度变迁。改革最初是在保护农民财产所有权的基础上自愿组织、建立互助组，没有施加强制力，各成员之间以劳动互助为主，以促进生产效率的提高为目的。互助组的建立推动了农村经济的发展，对农民福利的改善有积极作用。之后，互助组转变为农村合作社（初级社→高级社）。私有土地联合使用的初级合作社，将土地的农有私营制创新为私有土地的联合使用制，保留了农民对土地的所有权，没有剥夺农民的利益，实行土地入股，并按土地和劳动的适当比例进行分配，能够较好地实现具有不同生产资料和劳动力的各阶层农民的利益。合作社的交易费用小于分散的个体农民之间的市场交易费用，私有土地联合使用因此成为一种有效率的土地制度。这一农地股份合作制比较好地把农民对个体经济和互助合作的积极性结合起来，生产上因地制宜，使地尽其用；劳动力分工分业，使人尽其才；物质资源统筹安排，使财尽其力。这个时期实行的私有土地由合作社统一经营的制度，相当于现代企业制度中公司对股东投资所形成的法人财产的统一经营,而私有农地入股并据以取得分红收入,相当于公司股东投资入股并据以分配股息和红利,与目前我国正在兴起的农地股份合作社的基本点极为相似。实际上,这就是今天农地股份合作经济的制度根源。"农地私有,入股经营"的初级合作社制度适应了当时的农业生产力发展水平,取得了良好的经济效益和社会效益。但是,1956 年之后初级合作社发展为高级社,高级社把社员私有的土地转为合作社集体所有,取消了土地参加合作社收入分配的权利。这一制度实质上使农民失去自主经营并受益的权利,挫伤了农民的生产积极性。

3.1.3 第三次变革(1957～1978 年):集体公有公营的人民公社化土地制度

高级社的存续期限虽然极为短暂,但却是中国历史上延续了几千年的土地私有制彻底崩溃以及社会主义农业集体经济制度得以确立的标志。它实现了人们对工业化的共识,促进了农业集体化的最终完成,提供了统购统销制度的组织保障,为国家工业化的积累做好了铺垫。然而,由于过早、过快地废除了农民土地私有制,超越阶段地实行了土地集体公有公营,高级社孕育着一系列潜在矛盾:一是没有给农民任何经济补偿,就将他们的私有土地转为合作社集体所有,实质上是对农民的一种剥夺;二是不能保证社员从根本上关心集体资产的保值增值,造成个人努力程度与自身福利后果的松散联系;三是高级社的代理人没有"剩余索取权",监督动力先天不足。

1957 年之后的农村人民公社的母体是高级社,但它已不再是农业生产方面的专业性合作社,而是"工农兵学商"五位一体的综合性合作社。它也不再是纯粹的经济合作组织,而是取消了社员的入退社自由并与地方政权组织合二为一的地域性社会单位。人民公社化是将农民私有、集体统一使用的土地制度改变为集体所有、统一经营的土地制度,是一种自上而下的强制性制度变迁。人民公社以政社合一为中心特征,作为农业经济组织与经营单位,经过一段时间的发展,形成了"三级所有,队为基础"的经营管理体制。在这种体制下，大多数公社不是完全由自己直接经营，而是把大部分经营权下放到生产大队与生产队；农户不再是生产的基本单位，农民们组成了一个大集体，由公社或者生产大队根据国家统一规定进行劳动果实及其分配方式的核算。这一土地制度改革的初衷是为国家完成工业化原始积累和适应国家当时优先发展重工业的战略，但是这一土地经营制度和分配制度，不仅超出了当时的生产力水平，而且否定了按劳分配原则，造成了公社内部社员之间的平均主义和"大锅饭"，造成了严重的人、财、物的浪费现象，严重挫伤了社员的生产积极性。

3.1.4　第四次变革（1978 年以后）：集体公有、家庭承包、双层经营的土地家庭联产承包责任制

1978 年 12 月，安徽省凤阳县小岗村 18 户农民立下了一张把人民公社的集体土地"包产到户"的契约。他们苦干了一年，1979 年粮食获得大丰收。这种"包产到户"的做法，后来被称为家庭联产承包责任制，开启了中国改革开放后的土地制度改革。1979 年以来的土地家庭联产承包责任制，把集体所有、统一经营使用的土地制度，变革为集体公有、家庭承包、双层经营的土地制度。这种先由农民发起，后经政府认可和因势利导的农地制度，大大地发展了生产力，有力推动了我国农业和农村经济的发展（罗剑朝，2005）。

3.2　改革开放后中国农村土地制度改革情况

3.2.1　家庭承包责任制度的变迁过程

家庭联产承包责任制是把集体所有的、统一经营使用的土地制度，改变成集体所有的、家庭承包经营的土地制度。这一制度是在考虑农民自身意愿的前提下提出并实施的，是顺应民意的，是一种先自下而上，后自上而下强制性推进的土地制度变迁。这一制度的发展至今经历了四个阶段。

1. 第一阶段（1979～1984 年）：家庭联产承包责任制确立

这一阶段经历了"联产责任制—包产到组—包产到户—包干到户"的

土地制度变迁。但与 20 世纪 50 年代初期的"包产到户"不同的是，这一次产权不是私有，而仍是公有，农民获得的只是承包经营权。1980 年 9 月 27 日中共中央在《关于进一步加强和完善农业生产责任制的几个问题》中初步肯定了包产到户，并指出，"在生产队领导下实行包产到户是依存于社会主义经济，而不会脱离社会主义轨道的，没有什么复辟资本主义的危险，因而并不可怕。在那些边远山区和贫困地区，群众要求包产到户的，应该支持群众的要求，可以包产到户，也可以包干到户，并在一个较长的时期内保持稳定"。1984 年 1 月 1 日，中共中央颁发了《关于 1984 年农村工作的通知》，该通知提出，"土地承包期一般应在 15 年以上，生产周期长的和开发性的项目，如果树、林木、荒山、荒地等，承包期应当更长一些"。对于广大农民而言，这两个中央文件解放了农民，也使土地发挥了其应有的作用，并且赋予农民土地的生产经营权，这有利于调动农民的生产积极性。

2. 第二阶段（1985～1992 年）：土地承包期延长至 15 年不变

这一阶段以法律形式确立了家庭联产承包责任制"土地的承包经营权受法律保护"，土地承包期延长至 15 年不变。但在这一阶段我国的粮食产量跌入低谷，农业的发展势头受到抑制。其原因主要是在实行了家庭承包制之后，人民公社制度下的生产队的土地以及其他生产资料都被以家庭人口数平均分配到户，造成地块狭小、分割细碎的特点。根据国务院农村发展研究中心 1986 年对全国 280 个村（固定观察点）的调查，平均每个农户的土地规模为 9.2 亩，分为 8.99 块，平均每块面积为 1.02 亩，其中经营 10 亩以下土地的农户占调查户数的 68.82%。

3. 第三阶段（1993～2007 年）：土地承包期延长至 30 年不变

1993 年，针对一些较早实行家庭承包经营的地方第一轮土地承包即将到期的实际情况，中共中央、国务院在《关于当前农业和农村经济发展的若干政策措施》中明确提出，"为了稳定土地承包关系，鼓励农民增加投入，提高土地的生产率，在原定的耕地承包期到期之后，再延长 30 年不变"，自此第二轮土地承包制度开始实施。1997 年 8 月 27 日中共中央《关于进一步稳定和完善农村土地承包关系的通知》指出，"认真做好延长土地承包期的工作"。在第一轮土地承包即将到期之前，中央就明确宣布，土地承包期再延长 30 年不变，营造林地和"四荒地"治理等开发性生产的承包期可以更长，并对土地使用权的流转制度做出了具体的规定。1998 年 10 月 14 日中共中央十五届三中全会通过的《中共中央关于农业和农村工作若干重大问题的决定》提出，"要坚定不移地贯彻土地承包期再延长 30 年的政策，同时要抓紧制定确保农村土地承包关系长期稳定的法律法规，赋予农民长期而有保障的土地使用权"。这一举措是为了稳定土地承包关系、提高农民的积极性、促进农业发展而实施的。第九届全国人民代表大会常务委员会第四次会议于 1998 年 8 月 29 日修订通过《中华人民共和国土地管理法》，以法律的形式规定：土地承包经营的期限是 30 年，农民的土地承包经营权受法律保护。2001 年 6 月 28 日举行的第九届全国人大常委会第二十二次会议审议的《农村土地承包法（草案）》更是以法律的形式规定，实行家庭承包的农村土地，承包期至少 30 年。这一系列重要的法律和规定足以体现延长第二轮承包期的紧迫性和重要性。

但是家庭承包制发展到这个阶段，其不足之处逐渐显露。一是土地承包权属不充分，无法实现土地流转，影响资源配置效率。农户耕作的土地具有分散化、细碎化的特点，不利于先进技术的推广和风险的防范，不利于规模经济的实现。二是土地收益分配机制不规范。作为弱势群体的农民承担了过多负担，降低了现有农地制度对农业生产的激励。因此这一时期先后出现了口粮田与责任田并存互补的"两田制"，对集体现有未开发利用的荒山、荒滩、荒水、荒地等使用权进行拍卖的"四荒地"，以及以土地使用权入股的土地股份合作制等形式。这些新出现的土地改革形式，对地块狭小、分割细碎的土地制度进行了调整，促进了土地流转，改善了农民福利。

同时，这一时期技术有了进步，农民的种田意识增强，而且生产力水平提高，致使农村产生大量过剩劳动力。由于户籍制度的逐渐宽松、非农产业的发展和城乡一体化的发展要求，这些劳动力由农业逐渐向非农产业转移，从而导致土地自发流转，这是符合新农村建设中现代农业规模化经营的客观要求的。但是由于自发的土地流转主要发生在散户和散户之间，这样的流转方式速度慢、规模小，并使散户和大户之间出现信息不对称现象，最终阻碍了土地的有效集中，不利于现代农业的发展，因此提出了土地制度再次变迁的客观必要性。

4. 第四阶段（2007 年之后）：土地承包期延长至长久不变

2008 年 10 月 12 日党的十七届三中全会通过《中共中央关于推进农村改革发展若干重大问题的决定》，该决定明确提出"现有土地承包关系要保持稳定并长久不变"，实施这一制度实际上是赋予了农民长期、有保障的土地使用权，将以家庭承包经营为基础、统分结合的双层经营体制确立为我国农业发展的重要方针政策。为农民对土地进行长期投资提供了动力机制和收益保障机制，有利于调动农民兴建农田基础设施的积极性，提高农业综合生产能力，为农业组织的形成创造条件。2014 年中央一号文件提出，"稳定农村土地承包关系并保持长久不变，在坚持和完善最严格的耕地保护制度前提下，赋予农民对承包地占有、使用、收益、流转及承包经营权抵押、担保权能。在落实农村土地集体所有权的基础上，稳定农户承包权、放活土地经营权，允许承包土地的经营权向金融机构抵押融资"，这预示着我国农村土地改革开始向纵深推进。

3.2.2 家庭联产承包责任制度的创新与演变

土地家庭承包制度的变迁和创新是制度本身在公平与效率之间权衡的结果。学者们主要从以下两个方面进行分析：一是家庭承包经营制度按人口均分实现公平性目标的同时，却面临土地细碎造成的规模经济效益损失；二是从家庭承包经营制度的潜在收益实现的自发变迁。

农村土地产权制度不断完善的过程主要还是根源于制度本身在公平与效率之间的权衡（邓大才，2000）。公平与效率之间如何权衡，影响着制度变迁。因为土地承包制未能也难以完全克服外部性，例如，在承包制度下，根据人口变动进行土地调整依旧会影响农户所承包的土地，农户承包土地的期限依旧受制于国家政策等。地权的变动性在一定程度上导致了农户的土地投入往往带来不对称的回报以及不稳定的预期，从而造成农户的土地投入不断减少（姚洋，2000）。值得一提的是，承包制是按照人口均分土地，因此很难直接实现规模经济收益。在管理实践中，部分地区提出"两田制"、土地股份合作制、规模经济和"四荒地"拍卖等一系列土地制度创新措施，也是出于追求上述潜在收益的目的。这些创新以现实视角暴露了现有土地承包制的改进空间、收益来源和获利机会。其中"两田制"中口粮田的设计，其目的是取得基于公平和保障的收益，而责任田的设计目的则是取得规模经济和市场配置收益。土地股份合作制分离了土地实物和土地价值，希望在兼顾公平和效率的基础上实现规模经济。规模经营的目的是取得规模经济收益，大面积"四荒地"拍卖能够取得规模经济收益，同时因为其方式是拍卖而非发包，实际上赋予了农户更多的土地权利，较之承包制更为强调土地利用的激励机制，因此更加有利于取得外部性内在化收益（王小映，2008）。

以土地承包权的出租、转让、转包、代耕等形式出现的土地流转市场的兴起是家庭承包责任制后的农地制度的创新形式。骆友生等（1995）指出，由于中国客观存在的区域差别以及农地经营上存在的资源、劳动力、资本、技术的比较优势差异，不同农地制度的创新和制度安排也表现出明显的区域差别。如"两田制"集中于中部地区，"规模经营"在大城市郊区和沿海发达地区有强烈的制度供给冲动，"四荒地"使用权拍卖主要发生于西部山区和欠发达地区。而在南海地区，农村的非农产业发达，农业劳动力能够较大规模地向非农产业转移，以规模经济偏好改变目前紧张的人地关系与劳地关系，构建了土地股份合作制的发生条件（郭剑雄等，2000）。同时兴起的土地股份合作制度是在特定条件下主要由土地增值收益所诱致的一种过渡性制度安排，其主要目的是保障农民参与分享农地转用过程中的土地增值收益（王小映，2008）。虽然其目前只是出现在一些经济较发达地区和农业生产规模化较高的地区，但仍不失为一种创新尝试，是对现有的农村土地产权制度的新发展（王玉霞、朱艳，2009）。

3.3 农业现代化背景下的农地流转制度兴起

2008年10月12日党的十七届三中全会通过的《中共中央关于推进农村改革发展若干重大问题的决定》不仅明确了"现有土地承包关系要保持稳定并长久不变",而且还提出要"建立健全土地承包经营权流转市场,按照依法自愿有偿原则,允许农民以转包、出租、互换、转让、股份合作等形式流转土地承包经营权,发展多种形式的适度规模经营。有条件的地方可以发展专业大户、家庭农场、农民专业合作社等规模经营主体","依法征收农村集体土地,按照同地同价原则及时足额给农村集体组织和农民合理补偿,解决好被征地农民就业、住房、社会保障","在土地利用规划确定的城镇建设用地范围外,经批准占用农村集体土地建设非公益性项目,允许农民依法通过多种方式参与开发经营并保障农民合法权益"。之后,十八大、十八届三中全会以及每年的中央一号文件都强调了土地流转推进农业现代化的重要性。2014年中央一号文件再次强调,"稳定农村土地承包关系并保持长久不变,在坚持和完善最严格的耕地保护制度前提下,赋予农民对承包地占有、使用、收益、流转及承包经营权抵押、担保权能","鼓励有条件的农户流转承包土地的经营权,加快健全土地经营权流转市场,完善县乡村三级服务和管理网络。探索建立工商企业流转农业用地风险保障金制度,严禁农用地非农化。有条件的地方,可对流转土地给予奖补"。

3.3.1 我国农地流转现状分析

2000年前,土地流转主要以自发流转为主,农户之间自发进行土地流转的也不多,流转率为1%~3%,而且不同地区之间还存在一定的差异。农业部曾就农村土地承包经营权流转的耕地面积占总耕地面积的比率做过专门统计,统计数据显示,沿海地区的流转比率为5%~6%,其中发达地区的比率为8%~10%,某些县市甚至达到了20%~30%;与沿海地区相比,内地的流转率要低得多,只有1%~2%(陈锡文,2011)。但是,自

2008年以来，工业化、城镇化和农业现代化快速推进，农村劳动力向第二、第三产业转移，加快了农地的流转速度。2008年底，全国农村地区耕地经营权发生流转的已达到1.06亿亩，较2007年增长66%，占承包耕地总面积的8.7%。2009年底这一面积为1.5亿亩，比上年增长了41.5%，占承包耕地总面积的12%。2011年上半年，全国农村耕地使用权流转的总面积达1.5亿亩，全国约有1/6的农村耕地使用权发生了流转。另外，有800多个县（市）、12000多个乡镇建立了土地承包经营权流转服务中心。农业部提供的数据显示，截至2012年12月底，农业部确定的33个农村土地流转规范化管理和服务试点地区，已有家庭农场6670多个；全国土地流转出的面积约为2.7亿亩，占家庭承包耕地面积的21.5%。到2013年11月底，农民承包土地的经营权流转面积已达26%左右，全国农村承包50亩土地以上的大户达287万家，家庭农场的平均面积达200亩，流入工商企业的土地面积约有2800万亩。通过土地流转，实现了集中连片种植和集约化、规模化经营，节约了生产成本，促进了农业发展和农民增收。

从流转模式来看，据农业部的统计，目前的土地流转主要有同村内转包、对外转让、土地互换、出租、以土地承包经营权作价入股5种模式。此外，一些地方还有分季流转、土地托管等细分模式。土地的集中，造就了众多种粮大户和规模农场，也吸引了更多工商资本和外资的介入，农地的经营主体日益多元化。从流转的市场程度来看，随着土地流转的蓬勃展开，中国正在形成一个庞大的农村土地市场。以目前中国每公顷农地538美元的租金中位数、30年租期、5%的回报率计算，每公顷农地的价值约为1万美元，全国1.2亿公顷耕地的总市值则约为1.2万亿美元。以其中11%完成流转计，市场规模已达1320亿美元。

3.3.2 农地流转制度的国内外研究

国外研究主要集中在农地交易的状况、农地规模经营与农业绩效关系、农地交易方式以及农地交易的影响因素等方面（Kung，2002）。关于农地流转状况的研究主要集中在苏联、中东欧以及发展中国家。自1990年实行土地私有化改革以来，俄罗斯的农地交易比较活跃。据统计，1995年约有25%的乡村农户从事了农地交易，中东欧国家（如斯洛伐克）在土地私有化改革后并没有建立起有效的土地流转市场，土地集中经营的规模化程度不高（Joshua M. Duke，2004）。1977～1999年，印度的土地买卖并不活跃，但土地租赁市场比较活跃（Vikas，2001）。20世纪90年代中期以前，中国农地流转率比较低。近几年，中国农地流转速度加快，但农地流转市场并不十分活跃。基于新制度经济学的视角，清晰界定产权和自愿交易会提高交易效率，自愿交易农地产权对农地资源的利用和交易效率的提高有利。Carter和Yao（1998）的研究表明，中国农地流转具有边际拉平效应和交易收益效应。Terry（2003）认为，在中欧国家的土地私营化过程中，解决土地细碎化问题离不开土地流转市场。Juliano和Maitreesh（2003）研究证实了小农户的土地产出率要高于大农户的土地产出率，农地经营规模与土地产出率成反比的关系，这种反向关系可能是由不完善的信贷市场和农民技能的差异所导致的。但多数学者认为土地流转促进土地规模经营，带来规模经济和效率的提高。Basu（2002）认为，在土地资源配置过程中，土地利用开发最普通的方式是土地租赁。土地租赁是带来土地资源分配效率的有效方式，而且这种方式被认为比土地买卖市场更有效率。

对农村土地流转动因的研究。许恒周（2007）等认为，农村土地流转是社会经济发展和产业结构调整的必然结果。许恒周（2007）、胡小平（2005）、扈红英（2008）等指出，农村土地流转是发展现代农业，进行土地规模经营的客观需要。蒋满元（2006）、陈永志（2007）等认为，农村土地流转是参与土地流转的各方出于自身利益的考虑而选择的行为结果。徐凤真（2007）、扈红英（2008）等指出，农村土地流转是农村劳动力转移的客观要求。

对农村土地流转障碍因素的探讨。刘向南、吴群（2010）认为农村承包地的权属登记和变更管理尚未成为一种常态和有效的权利转移凭证，难以有效保障农地的流转集中和规模经营，这在其他地区也得到了不同程度的验证。张军（2007）、曾新明（2006）等指出，农村土地产权不明确是影响农村土地流转的主要障碍。蒋满元（2006）、马晓河（2002）等认为，相关制度不完善及操作不规范影响农村土地流转。冷淑莲（2008）、孙瑞玲（2008）等认为，土地流转市场体系的不健全影响农村土地流转。蒋满元（2006）、徐凤真（2007）等同时认为，农业生产的比较收益低造成农村土地流转缓慢。而白志礼（2008）、陈永志（2007）、覃美英（2007）等则认为，农村社会保障水平低也是影响农村土地流转的一个重要原因。

关于完善农村土地流转的对策建议，王志利（2007）、许恒富（2007）、刘克春（2008）、朱光（2007）、朱红宇（2008）、曾新明（2006）、许恒周（2007）、孟勤国（2009）等专家学者试图从正确把握农村土地流转原则、创新农村土地产权制度、加强农村土地流转政策法律法规与制度建设、完善农村土地流转市场体系以及建立健全农村社会保障体系以弱化农村土地社会保障功能等不同的角度来寻找完善农地流转的对策与途径。

国外学者大多是从农地产权制度、交易费用、制度环境等方面对农地交易的影响因素进行研究，国内学者则大多关注农地流转产生的动因以及流转的障碍因素，但很少有人从福利的角度系统地分析供求双方在流转过程中的福利变化。已有研究较多地从整体上关注农地流转的绩效，而较少关注农地流转中不同流转方式的绩效，从福利角度研究不同流转方式的绩效的文献甚少出现。

3.4 工业化、城镇化背景下的农地征用制度兴起

随着城市化、工业化进程的加速，市场经济的价格机制和竞争机制客观上要求将土地资源由低边际收益的农地向高边际收益的市地转移，农民赖以生存与保障的农地被大量征用转化为非农用地，失地农民的数量不断增加。按照《全国土地利用总体规划纲要》，2000～2030年的30年间，占用耕地将超过5450万亩，每年要新增失地农民200多万人，预计到2030年将超过1亿人。在这些以提高土地利用效率为目标的政策背景下，有的地方却违背农民的意愿强拆强建、强迫流转农民承包地，农地的所有权与使用权被迫以较

低廉的价格转让，损害了农民的利益。在社会保障机制不完善的情况下，农民"失地失业"现象普遍，由此造成农民更加相对贫困，农地转用中产生的巨额土地增值收益分配问题成为各种矛盾和冲突的焦点。

2011年12月28日中央农村工作会议首次明确指出，"推进集体土地征收制度改革，关键在于保障农民的土地财产权，分配好土地非农化和城镇化产生的增值收益。我国经济发展水平有了很大提高，不能再靠牺牲农民土地财产权利降低工业化城镇化成本，有必要也有条件大幅度提高农民在土地增值收益中的分配比例"。与此同时，中央征地补偿政策在不间断地完善，失地农民的社会保障体系也在积极建立中，然而，一系列过激的征地纠纷和群体性事件仍屡屡发生。农业部提供的数据显示，我国的群体性事件从2000年的8.6万起陡增到2010年的18.7万起。这显然与我国现有征地制度自身存在的问题相关。

3.4.1　被征农地出让数量相对值分省比较分析

《土地管理法》第四条规定，"国家实行土地用途管制制度，国家编制土地利用总体规划规定土地用途，将土地分为农用地、建设用地和未利用地。严格限制农用地转为建设用地，控制建设用地总量，对耕地实行特殊保护"。法律严格控制农用地转为建设用地，但在城市存量土地有限的情况下，地方政府通过不断增加农用地的转用以弥补城市存量建设用地的不足。土地出让总量既包括城市存量土地，又包括农用地非农化后转用的数量，本书着重考察土地出让中来自农用地非农转用的部分，进而对协议出让和招拍挂出让中来自农用地非农化的土地数量和价格特征进行分析。为了分析现阶段我国农用地非农化的程度，本书通过2003～2009年不同省份土地出让总量中被征农地数量的相对值比重来刻画这一趋势。

为使以下统计描述能更直观地反映数据的变化特点，本书引入统计指标"平均增长率"和"增长1%的绝对值"来进行描述分析。平均增长率用于描述现象在整个观察期内的平均增长变化程度，平均增长率公式为：

$$\bar{g} = \sqrt[n]{\frac{Y_1}{Y_0} \times \frac{Y_2}{Y_1} \times \cdots \times \frac{Y_n}{Y_{n-1}}} - 1 = \sqrt[n]{\frac{Y_n}{Y_0}} - 1 \qquad (3-1)$$

g 为平均增长率，Y_n 为 2003～2009 年每年需要衡量的某个变量的数值，n 为环比值的个数，因为样本研究区间是 2003～2009 年，所以此处的 n 赋值为 6。但是，由于增长率是相对值，与对比的基期值有很大关系，增长率较大可能是隐含了较小的绝对值，而增长率较小可能是绝对值较大。因此，需要将增长率与绝对水平同时结合分析，故引入统计学上比较绝对值的指标——"增长 1% 的绝对值"进行比较，其公式表达为：

$$增长 1\% 的绝对值 = \frac{前期水平}{100} \qquad (3-2)$$

从表 3-1 可以看出在 2003～2009 年这一时间段，除了上海市和浙江省土地出让总量中被征农地比重的平均增长率为负数，其他省份或直辖市都是正数。由此可见在这一时间段里大部分省份通过占用农地并转为非农用地出让的趋势在递增，这也说明了在各个地区城市存量土地有限的前提下，地方政府通过农地的非农转用来满足城市化建设对建设用地的需求。其中增长趋势最明显的是内蒙古（平均增长率为 103.32%）、青海（平均增长率为 35.17%）、黑龙江（平均增长率为 30.40%）。2003～2009 年浙江省和上海市土地出让总量中被征农地比重的平均增长率为负数，其主要原因是上海和浙江属于东部经济最发达地区，城市化可能基本完成，可供出让的被征农地数量减少，因而出现农地非农转用比重下降的特征。

表 3-1 土地出让总量中被征农地数量的比重

单位:%

	2003 年	2004 年	2005 年	2006 年	2007 年	2008 年	2009 年	平均增长率
北　京	52.40	54.08	32.08	56.14	52.97	33.35	54.53	0.67
天　津	10.63	30.62	14.15	25.75	32.57	35.82	49.43	29.19
河　北	30.95	35.52	27.54	46.42	27.54	36.20	55.11	10.09
山　西	26.63	38.09	37.43	55.22	54.26	61.68	80.50	20.25
内蒙古	0.92	13.13	30.90	30.05	25.47	32.90	64.99	103.32
辽　宁	24.77	27.47	20.03	16.77	50.90	43.19	67.39	18.15
吉　林	8.63	25.70	17.01	35.66	26.66	30.37	41.38	29.86
黑龙江	9.00	22.61	26.72	27.86	24.63	29.22	44.25	30.40

续表

	2003 年	2004 年	2005 年	2006 年	2007 年	2008 年	2009 年	平均增长率
上　海	56.84	58.22	32.34	53.45	35.37	41.62	42.24	-4.83
江　苏	50.17	50.41	38.13	39.08	40.70	45.62	60.50	3.17
浙　江	76.73	80.65	40.10	47.09	50.09	53.59	76.30	-0.09
安　徽	22.58	26.38	38.62	57.61	60.93	40.16	64.23	19.03
福　建	40.78	56.85	54.66	61.98	63.04	65.37	69.56	9.31
江　西	32.31	13.70	37.90	35.27	48.47	65.59	82.72	16.96
山　东	34.77	38.39	39.03	40.92	27.83	35.30	62.50	10.27
河　南	48.48	45.34	37.70	53.68	55.80	48.26	55.07	2.15
湖　北	39.06	30.21	23.00	53.43	47.36	43.05	70.42	10.32
湖　南	25.48	28.49	36.64	33.61	50.96	53.51	51.21	12.34
广　东	16.85	15.17	15.99	13.13	21.66	46.30	47.93	19.03
广　西	11.67	30.19	12.29	11.61	17.77	30.56	46.08	25.72
海　南	23.34	28.53	8.76	22.53	29.20	27.44	37.08	8.02
重　庆	15.68	14.35	12.66	20.03	9.95	31.53	60.99	25.41
四　川	12.46	6.87	5.29	19.06	29.71	22.86	57.02	28.85
贵　州	15.77	15.04	32.12	54.20	55.39	49.45	49.72	21.09
云　南	25.74	25.90	42.01	36.71	40.42	34.62	69.41	17.98
陕　西	51.89	59.91	43.57	55.14	56.18	47.69	72.40	5.71
甘　肃	36.37	22.69	10.22	25.81	23.84	21.20	55.26	7.22
青　海	11.38	14.85	19.60	69.48	21.46	36.35	69.41	35.17
宁　夏	20.68	35.70	66.38	67.14	42.88	14.96	64.50	20.87
新　疆	20.48	27.39	22.38	56.80	16.58	19.52	32.02	7.73

资料来源：根据《国土资源统计年鉴》（2004～2010 年）、《中国国土资源统计年鉴》（2005～2010 年）整理所得。由于西藏自治区数据不全，故不包括西藏自治区。

3.4.2　被征农地出让数量绝对值分省比较

表 3-1 反映的是土地出让总量中被征农地数量的比重，那么土地出让总量中被征农地数量绝对值又具有什么特征？有必要对各省区土地非农化的绝对数量变化进行比较，统计结果见表 3-2。由于仅用平均增长率不能完全反映各省区绝对出让数量的变化，所以引入"增长 1% 绝对值"这个指标予以统计。

表3-2　土地出让总量中被征农地数量绝对值变化特征

单位：公顷

	2003年	2004年	2005年	2006年	2007年	2008年	2009年	平均增长率（%）	增长1%绝对值
北京	2453.2	3366.43	515.32	1412.26	1291.91	739.96	987.31	-14.07	9.87
天津	571.83	1622.12	629.76	995.69	1286.45	1224.7	2814.3	30.42	28.14
河北	2196.09	2597.31	1776.7	4304.38	2433.63	3085.88	7592.23	22.97	75.92
山西	757.9	737.18	788.25	1405.26	2491.26	1477.16	3033.06	26.00	30.33
内蒙古	21.4	444.58	947.67	945.03	2100.95	1901.73	7038.07	162.73	70.38
辽宁	1544.86	2169.27	1465.99	3578.5	5577.13	3406.63	10001.05	36.52	100.01
吉林	173.89	554.62	517.65	1740.02	1092.68	1125.41	1327.69	40.33	13.28
黑龙江	173.07	534.55	483.53	1001.6	795.62	753.69	1659.96	45.76	16.60
上海	3970.7	4154.32	2099.31	4105.03	771.35	1027.14	1039.18	-20.02	10.39
江苏	15379.47	8297.96	8648.6	10129.54	12121.76	9884.14	15793.45	0.44	157.93
浙江	24199.42	14531.01	5626.21	8754.05	9115.15	5717.08	9671.47	-14.17	96.71
安徽	1640.06	2201.98	2190.29	7679.23	7826.82	3941.44	5931.94	23.90	59.32
福建	2098.51	4481.16	3118.43	6879.48	6273.43	2616.21	3191.8	7.24	31.92
江西	1038.6	601.96	1646.83	2099.53	2993.22	2935.09	6320.71	35.12	63.21
山东	8271.02	7432.97	7009.61	9976.21	5620.14	5498.97	19883.85	15.74	198.84
河南	2339.64	2809.89	1697.57	3782.56	4579.7	3500.88	4630.56	12.05	46.31

续表

	2003 年	2004 年	2005 年	2006 年	2007 年	2008 年	2009 年	平均增长率（%）	增长 1% 绝对值
湖 北	1979.94	2204.04	1102.08	4184.37	4063.19	2822.47	4934.56	16.44	49.35
湖 南	1221.25	1942.3	2225.9	1962.92	4136.68	2542.53	2338.21	11.43	23.38
广 东	1730.28	1622.08	2138.78	1898.47	3801.24	3798.25	4645.46	17.89	46.45
广 西	347.66	1428.92	405.24	556.14	1033.36	1354.58	2611.68	39.95	26.12
海 南	174.51	106.14	63.21	220.96	516.32	557.54	604.7	23.01	6.05
重 庆	556.25	616.51	511.04	1192.23	601.69	875.26	2247.54	26.20	22.48
四 川	1055.51	575.89	452.22	1685.7	2901.94	1695.73	5628.9	32.18	56.29
贵 州	188.53	210.62	283.34	838.17	1043.63	807.95	871.14	29.06	8.71
云 南	902.65	897.48	1054.01	1400.6	2437.66	1662.6	3896.23	27.60	38.96
陕 西	1113.39	1737.48	904.81	1298.18	1687.6	1241.4	2137.27	11.48	21.37
甘 肃	453.39	375.29	316.55	637.92	554.39	469.86	947.89	13.08	9.48
青 海	39.16	31.06	98.11	480.49	26	200.35	492.48	52.50	4.92
宁 夏	117.48	306.9	526.11	1099.51	1816.36	270.11	1135.53	45.95	11.36
新 疆	565.3	1093.84	766.33	3632.64	936.69	663.2	1112.33	11.94	11.12

数据来源：根据《国土资源统计年鉴》（2004～2010 年）、《中国国土资源统计年鉴》（2005～2010 年）整理所得。增长 1% 绝对值＝前期水平/100，此处以 2009 年为前期水平。由于西藏自治区数据不全，故不包括西藏自治区。

从表3-2可以看出发达的东部省份被征农地出让的绝对数量大，但在时间序列上体现出增长率低于中部地区或西部地区的规律，有的甚至出现负增长的情况，最典型的是浙江省出让的绝对数量虽然很大，但增长率为负数。与此类似，江苏省出让被征农地的绝对数量几乎一直处于全国之首，而在2003~2009年，年平均增长率只有0.44%。北京、上海两地也呈现负增长率的特征。而一些中西部省份虽然出让被征农地的基数小，但是平均增长率较大，最明显的是内蒙古在2003~2009年年平均增长率达162.73%，青海省年平均增长率高达52.50%，宁夏为45.95%，黑龙江为45.76%，吉林为40.33%，辽宁为36.52%，广西为39.95%。虽然这些省区被征农地出让数量的年平均增长率很大，但是年平均增长率是一个相对值，它与对比的基期值的大小有很大关系。大的增长率背后隐含的绝对值可能很小，较小的增长率背后隐含的绝对值可能很大。因此，需要同时比较绝对数量的变化，利用增长1%绝对值来补充平均增长率分析的不足。

从增长1%绝对值的数量变化来看，排在第一位的是山东省。山东省被征农地出让数量增加1个百分点，被征农地出让绝对数量将增加198.84公顷；江苏省被征农地出让数量增加1个百分点，绝对数量增加157.93公顷；而青海省被征农地出让数量增加1个百分点，绝对数量仅仅增加4.92公顷，虽然其平均增长率较高，但是增长的绝对值较低。同样，增长1%绝对值较低的省区还包括黑龙江、吉林、宁夏。综上所述，基本规律是东部地区被征农地出让数量绝对值年平均增长率较低，但是增长1%绝对值远远大于中西部地区。

1. 被征农地出让数量绝对值分省排序

表3-2对各省区土地非农化的绝对数量进行了比较，为更直观地看出不同省区土地非农化的规模在时间序列上的变化特征，按从大到小的顺序将30个省（直辖市、自治区）在2003~2009年各年份中土地出让总量中被征农地数量的绝对值进行位次排序，结果见表3-3。

表 3 - 3　土地出让总量中被征农地数量绝对值排序（按从大到小的顺序）

位次	2003 年	2004 年	2005 年	2006 年	2007 年	2008 年	2009 年
1	浙江	浙江	江苏	江苏	江苏	江苏	山东
2	江苏	江苏	山东	山东	浙江	浙江	江苏
3	山东	山东	浙江	浙江	安徽	山东	辽宁
4	上海	福建	福建	安徽	福建	安徽	浙江
5	北京	上海	湖南	福建	山东	广东	河北
6	河南	北京	安徽	河北	辽宁	河南	内蒙古
7	河北	河南	广东	湖北	河南	辽宁	江西
8	福建	河北	上海	上海	湖南	河北	安徽
9	湖北	湖北	河北	河南	湖北	江西	四川
10	广东	安徽	河南	新疆	广东	湖北	湖北
11	安徽	辽宁	江西	辽宁	江西	福建	广东
12	辽宁	湖南	辽宁	江西	四川	湖南	河南
13	湖南	陕西	湖北	湖南	山西	内蒙古	云南
14	陕西	天津	云南	广东	云南	四川	福建
15	四川	广东	内蒙古	吉林	河北	云南	山西
16	江西	广西	陕西	四川	内蒙古	山西	天津
17	云南	新疆	山西	北京	宁夏	广西	广西
18	山西	云南	新疆	山西	陕西	陕西	湖南
19	天津	山西	天津	云南	北京	天津	重庆
20	新疆	重庆	宁夏	陕西	天津	吉林	陕西
21	重庆	江西	吉林	重庆	吉林	上海	黑龙江
22	甘肃	四川	北京	宁夏	贵州	重庆	吉林
23	广西	吉林	重庆	黑龙江	广西	贵州	宁夏
24	贵州	黑龙江	黑龙江	天津	新疆	黑龙江	新疆
25	海南	内蒙古	四川	内蒙古	黑龙江	北京	上海
26	吉林	甘肃	广西	贵州	上海	新疆	北京
27	黑龙江	宁夏	甘肃	甘肃	重庆	海南	甘肃
28	宁夏	贵州	贵州	广西	甘肃	甘肃	贵州
29	青海	海南	青海	青海	海南	宁夏	海南
30	内蒙古	青海	海南	海南	青海	青海	青海

数据来源：根据《国土资源统计年鉴》（2004～2010 年）、《中国国土资源统计年鉴》（2005～2010 年）整理所得。由于西藏自治区数据不全，故不包括西藏自治区。

由表 3 - 3 可知,一直排在全国前 5 位的都是东部省份(包括浙江、江苏、山东、福建、广东),上海市土地出让总量中被征农地数量的绝对值在 2006 年之后递减明显,2005 年和 2006 年位列第 8 位,2007 年位列第 26 位,2008 年位列第 21 位,2009 年位列第 25 位。具有类似规律的还包括北京市,北京市土地出让总量中被征农地数量的绝对值在 2005 年之前位列前 6 位,之后迅速减少,到 2009 年位列全国第 26 位。其原因主要是北京市和上海市为我国经济最发达地区,工业化、城镇化发展已经基本完成,可供转用的农地数量可能已经接近饱和,因此,土地出让总量中被征农地数量的绝对值在全国范围来看处于下降趋势。

排序大幅上升的省区是内蒙古(从 2003 年的第 30 位上升到 2009 年的第 6 位)、辽宁省(从 2003 年的第 12 位上升到 2009 年的第 3 位)、四川省(从 2003 年的第 15 位上升到 2009 年的第 9 位)和江西省(从 2003 年的第 16 位上升到 2009 年的第 7 位)。这些省区所表现出的共同特征是具有工业资源禀赋优势,大多是能源、矿产富地。

综上所述,发达地区在工业化、城镇化初期的土地出让总量中被征农地数量绝对值较高,因此,即使平均增长率不高,其出让的绝对数量也较高。但随着工业化、城镇化的逐步完成,土地非农化的速度逐渐放慢,土地出让总量中被征农地数量的绝对值逐渐回落。而对于工业化处于发展阶段的中西部地区,土地出让总量中被征农地数量的绝对值增长迅速。

2. 被征农地出让数量绝对值的东中西部比较

为了从区域分布上更进一步了解不同地区土地出让总量中被征农地数量绝对值的变化特征,我们依据国家统计局的分类标准将全国 30 个省(直辖市、自治区)分成东部、中部、西部三个区域,东部地区包括北京、天津、河北、辽宁、上海、江苏、浙江、广东、福建、山东、海南;中部地区包括山西、吉林、黑龙江、安徽、江西、河南、湖北、湖南;西部地区包括内蒙古、广西、四川、重庆、贵州、云南、陕西、甘肃、青海、宁夏、新疆,然后比较三个区域的被征农地出让数量的地区差异。表 3 - 4 中的每一年份的增长率以上一年为基期进行计算,然后将所属区域中的各个省(直辖市、自治区)的增长率取平均值。

表 3 - 4　东、中、西部地区被征农地出让数量增长率比较

单位:%

	2004 年	2005 年	2006 年	2007 年	2008 年	2009 年
东部地区	23.29	- 32.83	98.91	14.28	- 12.25	86.12
中部地区	63.47	11.10	136.29	24.12	- 23.40	63.56
西部地区	230.72	22.61	153.59	22.05	44.15	145.60

注：根据样本数据整理所得，其中每一年份的增长率都是以上一年份为基期进行计算，然后将区域中各个省份的增长率取平均值而得到。

　　为了更形象地呈现表 3 - 4 的变化特征，将表 3 - 4 中的数据绘制成图 3 - 1 进行比较。从图 3 - 1 可以看出，在样本区间，东部、中部、西部三个地区的增长率变化趋势相同，2004 年、2006 年以及 2009 年的年增长率较高，但是变化幅度不同，体现的规律是西部地区出让被征农地数量的增长率变化幅度大于中部和东部地区。

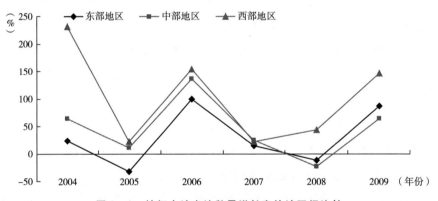

图 3 - 1　被征农地出让数量增长率的地区间比较

3.5　本章小结

　　从对新中国成立以来我国土地制度变迁所历经的四次大变革的历史回顾中可以看出，1979 年之后所确立的现行农村土地制度属于先自下而上后自上而下的制度变迁，也经历了四个阶段，并且还没有完成，仍处在改革进程中。在此基础上，本章重点介绍了农业现代化背景下的农地流转制度的兴起与发展，工业化、城镇化背景下的农地征用制度的兴起，并对我国

30个省（直辖市、自治区）在2003～2009年各年份中的土地出让总量中被征农地数量的绝对值和相对值进行了省际和东、中、西部地区之间的比较分析。但是，伴随着工业化、城镇化和农业现代化的进一步发展，农地征用和农地流转中因农民土地福利损失而导致的矛盾和问题越来越突出，因此，本书接下来将进一步分析农村土地制度变迁中社会福利阶段性的现状特征。

4 农村土地制度变迁的社会福利阶段性现状分析

4.1 福利效应的界定

在福利经济学中，福利（Welfare）是指个人需求得到满足之后的心理主观感受，又叫作效用（Utility）。先有个人效用，后有社会福利。所谓社会福利就是指全体社会成员个体在个人需求得到满足后的个人效用的总和（郭伟和，2006）。同样，农地福利应当也包括农地的个体福利和农地的社会福利。因此，本书所指的农地福利效应是在农地流转和征用过程中供求双方的福利效应。

帕累托标准（Pareto Criterion）是福利经济学中最重要的福利标准之一。帕累托认为，因为某一很小的变动当且仅当所有人的福利都增加了，该状态就是好的；当且仅当所有人的福利都减少了，或者部分人福利增进的同时部分人福利减少了，这两种状态就都是不好的。农地制度变迁应该以农地福利效应的改进为目标。本书以福利的改进为制度改革的判断标准，主要分析改革开放30多年来我国农村土地制度变迁中的福利效应。

在现阶段城乡统筹发展的背景下，农村土地制度是以农地流转和农地征用为主要表现形式，农地流转中的制度障碍可能导致农地流转供求双方的福利损失，而农地征用中不合理的土地收益分配在不同程度上导致了被征地农民的福利损失。因为土地在农业生产和农村经济中具有特殊地位，所以农业和农村经济制度设计选择均有必要极大地重视农村土地制度这一基础载体；倘若农村土地制度的设计存在不合理性或者创新性迟滞，则农业经济政策实施和农村经济制度选择都必将受到极大的影响，从而不能实现预期的目标。综观中央宏观政策的发展轨迹，能够明确，中央政府在改革开放以来的30年间高度关注"三农"，截至目前，已下达至少十个以"三农"为主题的中央一号文件，其着力点虽然存在一定的差异，但是农村土地制度始终是这些一号文件反复强调的关键问题：从"肯定家庭联产承包责任制的应有地位"到"延长土地承包期限以稳定与完善联产承包责任制"，从"调整农村产业结构"到"延长土地承包期限30年不变"，从"增加农民收入"到"提高农业综合生产能力"，这些一号文件均涉及农村土地制度的改革和创新。可以看出，农村土地制度的改革和创新不仅奠定了国家宏观农业政策的基础，还为农村土地、资本、技术、劳动力、信息诸多生产要素的优化配置与组合创造了极为有利的组织载体。

4.2　"剪刀差"下的农户福利损失（1949~1978年）

从本质上说，"剪刀差"是工农产品不等价交换的表现，即价格低于价值的农产品与价格高于价值的工业品相互交换所产生的差额。从人民公社时期到家庭联产承包责任制的实行，农地福利以"剪刀差"的形式从农业转向工业，从农村转向城市，从农民转向城镇居民。

据统计，1950~1978年，因为工农"剪刀差"的存在，工业累计从农业获得了1万多亿元的资金积累，造成农业的压力繁重，发展迟缓。除了缴纳公粮，按照国家规定价格、数量交售农产品，为国家做"明贡献"之外，农民还做了大量的"暗贡献"。1962~1964年，农产品收购价格连年下跌，农村工业品价格除了1962年比上年上涨外，1963年、1964年连年下跌，且跌幅大于农产品收购价格。据统计，1962~1964年工农"剪刀差"连年扩大，累计扩大了7.7%。1965~1978年，除了1977年工农"剪刀差"扩大0.3%之外，其余各年均呈缩小趋势，累计缩小了22.3%（曾令秋等，2006）。

1950～1978 年，工农"剪刀差"在价格上略有缩小，但在价格和价值综合上则呈扩大趋势。据统计，1950～1978 年，农产品收购价格累计提高了 1.17 倍，而农村工业品零售价格只上涨 9.8%，1978 年与 1950 年对比，工农产品综合比价指数为 50.5，这说明 1978 年同等数量工业品所能交换的农产品数量比 1950 年减少 49.5%。但由于农业劳动生产率明显低于工业劳动生产率，工农产品"剪刀差"实际上在扩大。据统计，1952～1978 年，工业劳动生产率提高了 2.97 倍，而农业劳动生产率只提高了 39%，工农业劳动生产率比较指数（以农业劳动生产率指数为 100）高达 286.8，致使工农产品"剪刀差"（包括价格和价值）实际扩大了 60.6%（曾令秋等，2006）。

这一时期我国农村的土地制度处于高级合作社和人民公社阶段，农民不仅失去了占全部收入极大比重的土地报酬，还失去了对土地的经营决策权，因而丧失了生产的积极性，使得这一阶段的农业生产效率较低，社会经济福利水平也较低。根据郑仁泉等（2008）的估算，1957～1978 年农业总产值出现大幅波动，有 4 个年度出现负增长，分别是 1959 年、1960 年、1976 年和 1977 年，农业总产值分别比上年下降了 12.4%、8.3%、0.6%、0.6%。进一步分析可以发现，1957～1959 年，人民公社化运动（产权的"一大二公"）导致了较为严重的农业危机。投入到农业生产中的劳动力数量虽然没有减少，但农民对土地的耕种热情极大地减退，使得人均、单位土地产出率极大地下降，还出现了大量的土地抛荒现象。其原因虽然部分归咎于自然灾害，但更多的是产权制度变化造成的负面影响。1960～1978 年全国推行的人民公社制度，虽然从数量上为农业总产值和要素产出率带来了一定程度的增长，但这一时期的增长速度极为迟缓，与要素增长速度不协调。

4.3　家庭联产承包责任制下的社会福利增进

家庭联产承包责任制的推行，在很大层面上提升了制度对农业生产的激励作用。因为农户拥有了较为独立的经营自主权，所以极大地调动了其生产积极性。作为理性的经济人，农民的生产目标是预期收益的最大化，这极大地提高了农业生产资源的配置效率。根据张宏宇（2002）的相关研究，"中国粮食生产能力已经稳定在 5 亿吨左右。粮食、棉花、油料以及肉类、蛋类和水产品总量居世界首位，粮食、肉类等主要农产品人均占有量均超过世界平均水平。"正如世界银行《2020 年的中国》报告中论述的，中国用不到世界十分之一的土地生产出占世界四分之一的粮食，养活世界约 20% 的人口。家庭联产承包责任制的制度安排确保了每个农户成为独立的经营者，确保了其可以获得土地、资本、劳动力投入产出后的剩余和报酬。

从土地的资源配置效率层面来说，家庭联产承包责任制让农户拥有了独立的经营权和处置权，使得农户具备足够的动力来提升土地生产率。第一，耕地的复种指数由 1978 年的 151% 提升至 1997 年的 161%，如果等量换算为土地数量，相当于在二十年左右的时间里扩大了 1000 万公顷。第二，耕地使用结构明显改变。就农作物总播种面积而言，粮食作物比重自 1978 年的 80% 下跌至 1997 年的 73%，而同期经济作物增长了 4 个百分点，瓜菜增长了 6 个百分点。第三，农业区域化布局不断优化。1978～1997 年，北方稻区的水稻面积增长了 7 个百分点，同时华南地区的小麦面积几乎缩减到零。第四，耕地生产率显著提升。以 1978 年不变价格换算，平均每公顷耕地的农作物总产值由 1978 年的 1124 元增长到 1997 年的 3034 元，年均增长 5.4%。这一时期的农作物净产值从每公顷的 782 元增长到 1950 元（张宏宇，2002）。

从劳动力资源的配置情况和效率看，家庭联产承包责任制提高了劳动力资源的配置效率。按照黄季（1999）的统计，粮食、油料、棉花等 7 种主要农作物用工量按加权平均计算，每公顷的用工量由 1978 年的 537 个工作日下降到 1984 年的 331 个工作日，6 年下降幅度为 38%。到 1996 年，7 种作物的单位用工量继续减少到 262 个工作日，不到改革前的一半。劳动生产率的提高产生了农村富余劳动力，乡镇企业成为农村劳动力转移的主要渠道。改革二十多年来，乡镇企业吸纳农业富余劳动力的能力大大增强。到 1999 年，乡镇企业吸纳农业劳动力 1.27 亿，占农村劳动力总数的

27%，占农业富余劳动力的50%以上，全国农民人均从乡镇企业获得工资收入683.4元，工资收入占农民人均纯收入的34%（张宏宇，2002）。

从资金要素配置效率看，二十多年农业资金的运行情况表明，制度变迁与新时期农业资金运行规律高度相关。从资金总量构成看，财政、信贷资金尽管一直是农业资金的主要来源，但实行家庭联产承包责任制后，农户成为农业生产经营的主体，来自农户的资金愈来愈成为农业资金最重要的来源之一。1980～1997年，中国农业资金总量由1250.8亿元增加到5442.9亿元，平均每年增长8.5%；同期来源于农户的资金由59.48亿元增加到1237.89亿元，平均每年增加18.3%，占农业资金总量的22.7%。其中1995年和1996年来自农户的资金总量为2095亿元和1914.1亿元，分别占当年农业资金总量的42.9%和36.4%（刘江，2000）。

4.4　农地流转的社会福利现状分析

4.4.1　农地流转社会福利改进理论分析

社会经济发展的总目标是满足个人的需求，增加个人和社会福利。这也是福利经济学中用以评判现实经济状况及其变动的合意性的主要依据。同样，农地流转也应该以提高农民福利和社会福利为目标。

农地流转的农地社会福利是所有相关农户个人基数效应的加总，而农地的个人福利体现在农地对农民的效应上。在中国的集体土地所有制下，土地对农民而言具有多重效应，包括经济实现效应、基本生活保障效应、就业机会保障效应、子孙对土地的继承权效应、征地后可得补偿功效等（王克强，2004）。

（1）经济实现效应，即承包地对农民的直接经济收益效应。一方面，农民可以选择自己经营承包地来获取土地产出净收益；另一方面，农民还可以通过转包、租赁、股权投资等方式将土地流转给别人，从而获取土地流转收益。对于以农业收入为主的农户，土地的经济实现效应尤为重要。

（2）基本社会保障效应。农民作为集体土地所有者之一，享有所在集体提供的社会保障，也享有国家发放的社会保障。土地的这种社会保障效应与农民的集体成员权紧密联系，正因为拥有土地，农民才得以拥有这种社会保障。

半个世纪以来，中国农村养老、医疗等社会基本保障功能均由土地承担。2003 年起，农村合作医疗大范围推广开来，但普遍存在社会满意度低、保障水平低、手续烦琐、监管不力等问题（华芮等，2008；包国宪等，2010）。虽然 2009 年部分农村试点地区开始推行新型农村社会养老保险制度，但该制度真正发挥保障效力仍存在较长时间的时滞。我国农村基本社会保障制度仍处于起步阶段，农户难以享有和城市居民一样的社会保障待遇（陈波翀、郝寿义，2004）。当前土地对农民的社会保障效用依然十分重要。

（3）就业效用。我国长期以来存在的城乡二元社会结构，使得农村居民的文化素养普遍较低、知识技能水平相对较差，即使能够进入城镇，从事的也大多是低声望、低劳动技能和低社会参与的职业（吴子力，2000）。长期以来，离土农民缺乏就业保障，即使就业了也缺乏失业保障。虽然1999 年 1 月 22 日国务院出台了新的《失业保险条例》，一些大城市也在就业保障方面涉及了一些农民工的失业保险问题，但是相关政策的可操作性不强，实践效果也不理想（肖云、徐艳，2005）。现行的农民工失业保险政策在失业保险待遇资格、给付期限以及一次性给予等方面条件苛刻，很难达到保障农民工生活和促进农民工就业的根本目的，农民工获得的保障福利有限（于洪，2007；丁煜，2008）。土地对离土农民而言成了一条保底的生活退路；而对于务农的农民，经营土地本身就是一种职业，因而，土地具有为农民提供就业机会的效应。

（4）土地对农民的子女而言具有可以继承的效应。作为土地的集体所有者之一，农民有权利要求从本集体公平分得一份土地。农民如果到另外一个集体去承包土地，必须以该集体存在可转让的土地为条件，且必须支付费用、有偿经营；若想获得可以继承的土地所有权，其成本是相当高昂的。因而，土地对本集体农民而言，有土地继承权和避免为重新获得土地继承权而支付高昂成本的效应。

（5）土地具有征地后可使农户获得补偿的效应。作为集体土地所有人，农民的承包地被征用后，能够获得征地补偿。且该补偿内容和金额比农业收入高，对普通农民还是相当有吸引力的。

福利经济学在西方通常作为伦理价值判断的手段和标准，为政策制定者提供分析手段和理论依据。农地流转政策的执行目的是实现土地资源在国民经济各部门的优化配置。借助福利经济学的帕累托法则对该政策进行价值判断，如果农地流转的政策实施使某些利益主体状况变得更好，而没有使其他人的状况变差，那么整个社会的福利就改进了。

农地流转福利应当包括农地流转的供给方（土地流出方）社会福利和农地流转的需求方（土地流入方）社会福利。农地流转供求双方社会福利是所有相关农户个人基数效应的加总，而农地的个人福利体现在农地对农民的效应上。农地流转社会福利是农地流转中所有相关农户个人基数效应的加总，包括农地流转的供给方（土地供给者）的社会福利 $\sum \omega_1^i$ 和农地流转的需求方（土地需求者）的社会福利 $\sum \omega_2^i$。因而，农地流转社会福利可表示为：

$$W = \sum \omega_1^i + \sum \omega_2^i$$

根据帕累托法则，如果某种经济状况变化时使某些人福利状况改善而无其他任何人的福利状况恶化，则整个社会福利状况改善。当农地流转的流出方的福利加总 $\sum \omega_1^i$ 和农地流转的流入方的福利加总 $\sum \omega_2^i$ 都增加，或者其中一个增加另一个不变时，农地社会福利 W 得到改善。

1. 农地流转供给方（土地供给者）社会福利分析

目前农村地区普遍存在的农地转让、出租、股权投资等土地流转方式，使得农户能够改变原有的生产生活状态，从而改变其农地经济实现效应和就业效应。一般而言，农地流转可以在一定程度上保障或改进农民的土地福利：在经济实现效用 u_1 方面，土地流转使得农民能够一次性或定期得到土地的流转收益，保障了农民的土地收益权；在就业效应 u_3 方面，土地承包经营权的转移解放了家庭农业劳动力，使其可以进入非农领域或成为农业企业雇工，增加了农户的就业选择，拓宽了农户的收入渠道，改进了其就业福利；在基本社会保障效应 u_2、子女继承效应 u_4 方面，土地的出租和股权投资并没有剥夺农户作为集体的一分子而享有的对土地的所有权，仍然享有基本社会保障、子女继承的权利。此外，农地股权投资赋予农民土地股份权，土地股份具有金融属性，具有成为融资手段的资格。在农地股权融资投资制度绩效良好的地区，若允许农地股份买卖或抵押，则能使农地股份衍生出融资保障效应 u_5。

在养老保险、医疗保险等社会保障制度比较健全、农村劳动力大量转移到第二、第三产业的地区，农地的基本社会保障效应 u_2 弱化，农民对农地流转方式的选择，主要考虑的是农地经济实现效应和就业效应对家庭收入的综合影响。

2. 农地流转需求方（土地需求者）社会福利分析

农地流转流入方的农户获得了土地经营权后，相应地获得土地的经济实现效应 u_1、就业效应 u_3 以及可以将土地抵押获取贷款的融资保障效应 u_5'，μ 为其他因素，则其个人福利可表示为：

$$\omega_2^i = f(u_1, u_3, u_5) = u_1 + u_3 + u_5' + \mu$$

从农地流转需求方（土地需求者）看，农地流转福利增加的关键在于 u_1。农地流转需求方可以通过农户间土地出租或转让集中大面积土地来达到规模经营的目的，从而获得农地的经济实现效应 u_1、就业效用 u_3 以及可以将土地抵押获取贷款的融资保障效应 u_5'。但这种自发性的农地流转方式存在诸多弊端，如缺乏规范公正的流转合同极易引发纠纷，流转的程序不规范（不少农户土地流转后没有到集体经济组织和土地承包合同管理部门备案）不便于土地管理，流转规模小、地块分散难以连片规模化等。

综上所述，农地流转制度本身具有社会福利改善的特点，并在一定程度上通过要素的重新整合，优化了资源配置，并促进农村土地规模化经营，在很大程度上提高了土地生产效率，促进了农村经济发展。根据希克斯提出的"长期自然的补偿原则"，如果一项经济制度能够提高全社会的生产效率，尽管在短期内某些人会受损，但经过较长时间后所有人的情况都会由于社会生存率的提高而自然而然地得到补偿，那么，这也是社会福利的改进。通过上述理论分析可以看出，农地流转具有福利改善的特性，但是在农地流转具体实践过程中，究竟选择哪种流转方式（农地转让、出租、股权投资等）能够使供求双方实现福利最大化？选择的标准是什么？下面将进一步展开讨论。

4.4.2 各省区市家庭承包耕地流转分析

根据对全国 30 个省（区、市，不含西藏，下同）农村经营管理情况统计年报数据汇总，2011 年农村土地承包经营及管理情况如下。

1. 农村耕地承包情况

统计显示，农村土地承包后续完善工作继续推进，承包经营权证书和承包合同到户率稍有提升。截至 2011 年底，全国实行家庭承包经营的耕地面积达 12.77 亿亩，较 2010 年增长 0.25%；家庭承包经营农户达 2.288 亿户，较 2010 年增长 0.14%。签订家庭承包合同和颁发农村土地承包经营权证分别达 2.22 亿份和 2.08 亿份，分别较 2010 年增长 0.28% 和 0.38%；占家庭承包农户的比重分别达 96.9% 和 91.0%，均较 2010 年提高 0.2 个百分点。村集体经济组织机动地面积达 2393.9 万亩，较 2010 年减少 3.1%。

2. 家庭承包耕地流转情况

（1）家庭承包耕地流转面积保持较快增长。截至 2011 年底，全国家庭承包耕地流转总面积达到 2.28 亿亩，较 2010 年底增长 22.1%，占家庭承包经营耕地面积的 17.8%，较 2010 年提高 3.1 个百分点。分省来看，耕地流转面积占耕地承包面积比重较大的前 10 个省（市）分别是：上海 58.2%、北京 46.2%、江苏 41.2%、浙江 40.3%、重庆 38.2%、黑龙江 30.5%、广东 25.8%、湖南 23.6%、河南 20.6%、福建 19.3%。流转面积比上年增长幅度较大的 10 个省（区）分别是：甘肃 88.3%、河南 50.9%、山西 49.5%、河北 45.8%、宁夏 41.4%、辽宁 39.3%、湖北 35.2%、贵州 29.6%、山东 27.4%、安徽 26.8%。

（2）农户间耕地流转比重呈下降趋势。在全部流转耕地中，流转入农户的占 67.2%，较 2010 年降低 1.6 个百分点；流转入农民专业合作社的占 13.4%，较 2010 年上升 1.5 个百分点；流转入企业的占 8.4%，较 2010 年上升 0.36 个百分点；流转入其他主体的占 10.6%，较 2010 年降低 0.3 个百分点。分省看，流转入合作社面积占流转总面积比重较大的省份依次是：青海 33.4%、江苏 28.9%、上海 28.3%、湖南 19.6%、安徽 18.6%、贵州 16.4%、山东 16.3%、山西 16.3%、浙江 15.4%、重庆 14.1%。

（3）耕地互换、出租面积增长速度较快。耕地流转仍然以转包和出租为主要形式，转包、出租、互换、股份合作、转让流转的比重分别为 51.1%、27.1%、6.4%、5.6% 和 4.4%；另有 5.5% 的耕地通过临时代耕等其他方式流转，较 2010 年下降 0.4 个百分点。以互换和出租方式流转的耕地面积较 2010 年分别增长了 52.5% 和 25.4%。

（4）农村土地流转合同到户率有所提高。截至 2011 年底，全国流转出承包耕地的农户达 3877 万户，占家庭承包农户数的 16.9%，较 2010 年上升 2.4 个百分点；签订流转合同 2520.8 万份，涉及流转耕地面积为 1.39 亿亩，分别较 2010 年增长 24.9% 和 31.5%；签订流转合同的占流转总面积的 61.1%，较 2010 年增加 4.7 个百分点。流转合同签订率在前 10 位的省（区、市）依次是：上海 94.5%、青海 80.6%、新疆 77.7%、江苏 76.8%、北京 76.6%、云南 73.4%、吉林 71.5%、浙江 70.2%、重庆 69.8%、广东 68.6%。

（5）用于种植粮食作物的流转耕地比重呈下降趋势。农户流转出的承包耕地中，用于种植粮食作物的面积为 1.25 亿亩，占流转总面积的 54.7%，较 2010 年降低 0.4 个百分点。分省看，流转出耕地用于种植粮食作物的比重较高的省（区）是：黑龙江 85.8%、吉林 81.5%、安徽 69.5%、内蒙古 68.0%、河南 62.7%、江西 62.4%、湖北 58.5%、宁夏 56.3%、湖南 53.5%、山西 50.1%。

4.5 农地非农化征用的社会福利不确定性分析

4.5.1 农地非农化征用的社会福利理论分析

农民的福利与土地紧密相连，土地是农民福利的主要来源。因此，当农民由于种种外在因素而不是内在的自然因素失去土地时，农民的福利就会发生明显的变化。农民生活在农村有相应的福利"生态"，而当他们失地进入城市后，原来的福利"生态"不复存在，新的福利"生态"尚未形成。在我国城市化快速发展的今天，农民新的福利"生态"的形成需要政府以及相关方面的支持。值得注意的是，经济补偿是失地农民福利实现的重要途径，但失地农民福利的实现又不是仅通过经济补偿就能完成的。社会福利包含更为广泛的含义，这正是我们试图通过福利经济学分析失地农民补偿问题的整体性考虑。

福利经济学认为，社会福利首先取决于所有社会成员的个人福利（或者个人效用）的大小，如果所有社会成员的个人福利都增加，那么社会福利也就增加。如何判断社会福利的高低是福利经济学的核心问题。福利经济学认为，个人福利（Individual Welfare）被看作个人的 Wellbeing（平安、健康、幸福、福利、兴衰）（Y. K. Ng，1983）。但是，并不是任何时候个人效用都可以代表个人福利，有时也可能会出现个人效用和个人福利不一致的情况（姚明霞，2005）。一是当存在外部影响时。个人的偏好或者效用不仅受到他自己福利的影响，而且还受到其他个人福利的影响。因此就可能会出现下面的情况：某人偏好 x 胜于 y，但是他自己在 x 时不如在 y 时快乐。比如，失地农民向往城市，偏好城市生活胜于乡村，但是当他在城市的福利"生态"尚未形成时不如在乡村快乐。二是当存在无知或预见不完全时。个人在某些时候某些情况下可能是无知的（Ignorance），或者预见是不完全的（Imperfect Foresight）。某人可能认为自己在 x 时比在 y 时更快乐，所以偏好 x 胜于 y，但是结果却相反，他在 x 时不如在 y 时快乐。这是因为他真的不知道他在 x 时不如在 y 时快乐，或者事后结果不同于事前预见。同样，失地农民最初知道农地将被征用可能使自己成为城市人的时候，偏好城市胜于乡村，但是结果却相反，当他真正失去土地走进城市之后，却因为不能融入城市生活，在城市的快乐不如以前在乡村时快乐。

帕累托认为，因为某一很小的变动当且仅当所有人的福利都增加了，该状态就是好的；当且仅当所有人的福利都减少了，或者部分人福利增进的同时部分人福利减少了，这两种状态就都是不好的。但是，帕累托没有明确给出"因为社会状态某一很小的变动，使至少一个人的福利增加，而同时又没有使任何一个人的福利减少"状态的价值判断，从而导致实际应用的困难。对此，约翰·希克斯（John Hicks）细化了帕累托的思想，提出"帕累托改进"的思想。他认为，如果对于某种既定的社会资源配置，所有的帕累托改进均不存在，即在该状态上，任意改变都不可能使至少一个人的状态变好而又不使任何人的状态变坏，则称这种社会资源配置状态为"帕累特最优"。换言之，如果对于某种既定的社会资源配置状态，还存在"帕累托改进"，即在该状态上，还存在某种（或某些）改变可以使至少一个人的状态变好而不使任何人的状态变坏，则这种状态就不是"帕累托最优"，只是"帕累托改进"。"帕累托最优"状态是人们追求的终极目标，而"帕累托改进"则是人们在实践中通往"帕累托最优"的有效途径，因此，"帕累托改进"成为一个被广为接受的福利标准。

在此基础上，福利经济学家们提出了各种补偿检验。他们认为，如果让收入增加的人拿出一部分来"弥补"收入减少的人，则每个人的收入仍然可以增加。这种情况被称为"潜在的帕累托改进"。之所以是"潜在"的，是因为它必须在"补偿"之后才可以成为实际的"帕累托改进"。卡尔多于1939年在《经济学的福利命题和人际间的效用比较》一文中提出了卡尔多补偿检验标准来解决这一问题，即如果受到损失的人可以被完全补偿，而其他人的福利仍然比原来有所提高，那么，这一政策就是好的，是可取的。因此，社会保障制度、政府对相关人口的转移支付等物质方面的改善显然是社会福利的重要体现。

自20世纪90年代以来，我国进入了工业化中期和城市化加速发展阶段。城乡接合带大量的农业用地被征用，大批农村人口因此失去土地逐步转变为城镇人口。据我国《国家新型城镇化规划（2014～2020年）》目标，到2020年中国的城镇人口城市化率将达到60%。众所周知，城市是经济、政治和文化中心，是以集聚经济效益、社会效益为目的的集人口、经济、科学、技术和文化的空间地域大系统。城市化是一个国家或地区实现人口集聚、财富集聚、技术集聚和服务集聚的过程，同时也是一个生活方式转变、生产方式转变、组织方式转变和传统方式转变的过程。因此，离开农地、离开乡村、走进城市，曾经是中国农民梦寐以求的愿望。而身处城乡接合带的农民理论上则成为转变身份实现"农民变市民"梦想的最早的幸运者。从这个角度来看，向往城市的失地农民，走进城市后心理满足程度得到提高，意味着在城市比在乡村更快乐，相对福利状况应该更好。根据福利经济学的基本思想，农用地被征用后，既满足了城市工业化和非农用地需要，又实现了失地农民向往城市成为市民的理想，这是一个让土地供求双方都满意的"帕累托最优"的社会资源配置状态。

但是，这种"帕累托最优"状态能否最终实现，至少取决于以下三个前提条件的满足：一是失地农民走进城市必须要有稳定的收入，要有足够的货币支付城市生活必需的衣食住行费用；二是失地农民要有适应城市工作的技能，能够长期稳定从事收入较高、至少能满足高于乡村生活水平的就业岗位；三是失地农民成为城市人后要和城市人享有共同的医疗、养老、最低生活保障、政治权利、社会融入的"市民待遇"。实际上，这三个条件在失地农民市民化的过程中还远远没能满足。就失地农民自身因素来看，一方面由于农业是弱质产业，比较收益低，农民能够在土地上获得的只是维持生存的正常利润，超额利润近乎零，因此进入城市生活第一条件就非常有限；另一方面由于失地农民接受教育较少，素质较低，无法胜任城市中技术含量比较高、工资水平比较高的工作，因而几乎不可能满足第二个条件；而第三个条件目前也只是在经济发展水平较高的少数地区试点得到了满足。此外，就失地农民外在因素来看，地方政府在强制征地过程中居于强势，农民处在被动接受地位，并未享受到真正的"市民待遇"。

自20世纪90年代以来，我国进入了工业化中期，城市化也开始进入加速期。全国城市（镇）数量、规模尤其是城市（镇）面积均呈现高速扩张态势，《中国统计年鉴》（2007年）的数据显示：从1990年到2006年，我国城市建成区面积由12856平方公里增加到33659平方公里，我国地级城市总面积由1990年的26.5万平方公里（仅占全国总面积的2.8%），增加到2006年的61.3万平方公里（占全国总面积的6.4%）。

在工业化和经济现代化过程中，城乡接合带大批土地被征用，土地城市化进程加快，大批农村人口因此逐步转变为城镇人口，从而加快了人口城市化的步伐。《国家新型城镇化规划（2014~2020年）》数据显示，伴随着工业化进程加速，我国城镇化经历了一个起点低、速度快的发展过程。1978~2013年，城镇常住人口从1.7亿人增加到7.3亿人，城镇化率从17.9%提升到53.7%，年均提高1.02个百分点；城市数量从193个增加到658个，建制镇数量从2173个增加到20113个。

中国科学院可持续发展战略研究组在2005的研究报告中指出，"我国未来50年内必须年均有1000万以上的农村人口转化为城市人口，才有望实现现代化，在2050年之前，将城市人口和农村人口比例从现在的30%比70%，转化为至少70%比30%。"面对如此庞大的将转化为市民的农民群体，他们的生存问题将成为社会发展的重要议题。从目前失地农民处境看，一些失去土地的农民既不是传统意义上的农村村民，又没能真正融入城镇居民行列，游离于"农民"和"市民"、"城市"和"乡村"之间。从短期来看，失地农民尚可以依靠一次性安置补偿费维持生计，实际生活水平不至于下降。但从长远来看，在就业市场竞争激烈、社会保障制度不健全的情况下，数额有限的安置费逐渐用完后，失地农民将可能失去基本生活保障，成为"种田无地、就业无岗、社保无份"的"三无游民"，失地农民将可能面临"有路可走，无地生存"的困境。这将给社会留下诸多的安全隐患。

因此，城市化进程中失地农民市民化问题就成为迫切需要学术界、理论界以及各级地方政府研究的课题。张媛媛、贺利军（2004）认为：单纯的城市地理扩张，并不能真正促进农民的市民化，由于征地制度、培训制度、保障制度的缺陷，农民并未真正被城市化。崔红志（2004）认为，失地农民因为人力资本不高等原因在劳动力市场上缺乏竞争力，同时又因为属于农业户口而被排除在城镇社会保障体制之外，结果相当多的农民成了"种田无地，上班无岗，低保无份"的"三无农民"。黄华玲（2005）认为，由于社会保障制度不够完善、就业市场竞争激烈、企业招工门槛高以及吸收就业能力减弱，导致失地农民再就业困难，失地农民生活状况每况愈下。徐成华（2004）认为，失地农民中，真正转化为城镇居民的只是一小部分，大部分仍然是农民，而且成为生活困难的失业农民，如果不能及时化解城乡体制矛盾，革除城乡二元分治的体制弊端，帮助农民跟上现代化的步伐，那么势必会重蹈"拉美陷阱"的覆辙，其结果必然影响我国的经济发展和社会稳定。张思军（2006）认为，农民失地之后，伴随而来的是一系列的问题，包括生活问题、就业问题、子女问题、养老问题、健康问题。造成这一系列问题的原因归纳为，征地过程的制度缺陷、户籍制度、政府政策倾向、城市化中针对农民的就业措施滞后等。

关于失地农民征地补偿的研究。学者们大都从我国征地补偿政策的不科学性、不完善进行讨论：一是征地补偿标准不科学（杨富堂，2011），补偿程序不公平（史清华等，2010）；二是补偿水平低，失地农民难以分享土地的增值收益（梁爽，2009；张成玉，2011）；三是社会保障机制不完善，失地农民无法维持可持续生计，生活水平大幅下降（马新文，2009），这一观点也得到了大量的实证支持。孔祥智（2010）对浙江、山西、内蒙古等省（区）的调研发现，将近70%的农户并无土地征用意愿，较为重要的原因是补偿不到位，抑或补偿数额未能满足农户的要求。调查所显示的土地征用平均补偿与农户平均支付意愿之间相差了5倍，土地征用中的农民越能够充分掌握信息，转让土地的倾向也就会越高。因此，在征地过程中，应充分保障被征地农民的知情权，通过法律赋予农民转让土地的"还价权"。梁爽（2009）以河北省涿州市为例，研究土地非农化过程中的增值收益分配的结构形式，并基于公平标准测算农民的基本生产资料价格、最低生活保障费和再就业培训费，以此评价现有的收益分配格局。结果显示，在土地非农化收益分配过程中，农民集体和个人得到的收益占比最小，大部分收益被土地使用者及地方政府获得。说明当前的城市化进程是由低成本的土地非农化推动的，而这种低成本是以农民集体及个人利益受损为代价的。黄季焜认为，即使东部或经济相对发达的地区出现的社会保障安置方式，基本上还是由政府主导的，在社保范围、标准等方面缺乏农民发言权，普遍存在保障不足的问题。

关于福利效应的研究。谭荣等（2004）从经济学角度对中国土地征用进行了理论分析，就土地使用者和供给者之间的社会福利分配问题，其得出的研究结论认为，就长远而言，应当控制流转速率，使得农地在较为稳定的流转速率下实现非农化，此时社会福利绝对量将会增加，对保护农民长远利益和社会可持续发展也具有较大意义。陈波翀等（2004）重点分析了征地前后农民福利的变化，指出征地补偿应当包含土地持续性收益、被征地农户规避风险的成本以及人力资本提升的成本等三个方面。除此之外，被征地农户还应当享有因土地用途变更而产生的收益增值。沈飞等（2004）从寻租经济学的角度，分析了中国的土地征用制度如何影响农村集体经济福利。通过对土地的征用—出让市场的经济学研究，他指出，这一土地制度部分破坏了土地市场的潜在均衡，会造成农村集体经济的福利损失，因此，他建议政府在处理集体土地入市的管理工作时应当从"介入经济关系"转变为"只管理，不介入"，同时引进竞争机制来改善农村集体经济福利。

可以看到，目前对失地农民问题的研究多数还是偏一般性描述的研究。本研究则侧重于案例研究，对比分析对土地依赖程度存在差异的三个样本村失地农民微观个体对政府补偿政策的满意度、市民化后的就业情况、城市适应状况、自身身份的认知度等，揭示出三地失地农民市民化后的现状问题。并基于此提出一些政策建议，供决策者参考。

4.5.2 农地征用中失地农民福利效应实证分析

上面的理论分析表明，补偿是实现"帕累托改进"的重要途径。不过，根据福利经济学的基本思想，问题的关键在于：补偿的目的是什么？以怎样的方式进行补偿？补偿的效果又是如何？这些问题直接关系到农民进城后的发展。如果一项关于失地农民的补偿政策难以支持农民市民化的发展问题，那么政策本身就存在不断完善的空间。或者说，补偿本身不足以形成失地农民市民化福利"生态"的形成。本研究从福利经济学的视角，通过对比分析对土地依赖程度存在差异的三个样本村失地农民微观个体对政府补偿政策的满意度、市民化后的就业情况、城市适应状况、自身身份的认知度等，对不同经济发展地区失地农民市民化后的福利变化进行系统研究。

本研究通过入户问卷调查的方式对样本地区失地农民市民化后的福利变化进行实证研究。问卷发放考虑了样本地区的异质性、代表性和科学性，设计了配额抽样。课题组在江苏省昆山市自家村、无锡市坊前南田舍村、南京仙林花苑村三个样本地区共发放问卷 200 份。其中昆山、无锡各分发和回收问卷 50 份，南京分发和回收 100 份。有效问卷 173 份，其中昆山市自家村 46 份，无锡市坊前南田舍村 44 份，南京仙林花苑村 83 份。调查的对象是 2002～2005 年土地被一次性全部征完的失地农民。这些失地农民的户口已全部由原来的农业户口转为非农户口，失地农民在城市中已生活了较长时间，并且他们居住地比较集中，便于调查，三地又具有可比性。

这三个地区有一个显著的差别：昆山、无锡两地的农民对土地的依赖性相对于南京的农民来说要小得多。这一显著差别对农民在失去土地以后的城市适应程度产生了较大的影响。

调查分为三个部分：第一部分为个人情况，包括性别、年龄、家庭成员数、文化程度等基本信息；第二部分为征地情况，包括征地前拥有的土地数量、征地前的个人平均年收入、征地的补偿政策、房屋拆迁的补偿政策、补偿的满意度等；第三部分为社会适应情况，包括目前从事的职业、目前个人的平均年收入、目前较征地前的生活状况、有无保险、城市适应度、个人评价等等。调查数据经由 SPSS12.0 统计软件分析，主要结果归纳如下。

1. 失地农民对政府补偿政策的满意度

对于房屋拆迁的补偿形式，南京仙林花苑村主要采用了两种形式：采用拆一还一（房屋有多少面积就补偿多少面积）形式的有 40 户，占南京样本地区的 48.19%；采用货币分房（政府拆农民的住房每平方米需支付一定数额的货币，农民再按每平方米多少货币购买政府提供的经济适用房）形式的有 43 户，占南京样本地区的 51.81%。昆山自家村，农民房屋拆迁的补偿形式全部采用货币分房。无锡市坊前南田舍村农民房屋拆迁的补偿也是两种形式：一是采取分期货币安置；二是对每个家庭劳动人口补偿一定的面积，即每个年满18周岁的劳动人口补偿30平方米，但不包括已经嫁出去的女儿。

在三地的样本村中，政府对失地农民所采用的货币安置方法主要有两种：一种是一次性货币安置，就是对失去土地使用权的农民一次性发放货币补偿；另一种是分期货币安置，即征地单位由村级组织代理发放生活费。在南京仙林地区的83户样本农户中，采用一次性货币安置的有72户，还有11户采用的是一次性安置和分期货币安置相结合的方法，即一次性支付较少金额的安置费，等到一定的年龄后（55岁以后）每月或每年发放一定数额的货币，分期发放的期限通常是10年。在昆山自家村，政府给予失地农民的补偿都是分期货币安置，政府每年给家庭的每个劳动力（18周岁及以上）分发一定数额的补偿费，期间如果家庭劳动力数额增加，则分摊给每个劳动力的数额会相应地减少，但每年家庭得到的总量是不变的，期限也是10年。无锡市坊前南田舍村失地农民所施行的分期货币安置补偿形式，是按照年龄段给予补偿的：18~44岁每月105元，45~49岁每月200元，50~59岁每月240元，60岁及以上的每月350元。

对政府的补偿政策的满意度，三地样本村中，昆山市自家村、无锡市坊前南田舍村的失地农民明显高于南京仙林花苑村（见表4-1）。

表4-1 失地农民对政府补偿政策的满意度

	频　　数			百分比		
	花苑村	自家村	坊前南田舍村	花苑村	自家村	坊前南田舍村
满意	5	18	10	6.0	39.1	22.7
不满意	72	7	8	86.7	15.2	18.2
说不清楚	6	20	25	7.2	43.5	56.8
没有回答	0	1	1	0.0	2.2	2.3
总样本	83	46	44	100.0	100.0	100.0

数据来源：通过实地调查整理获得。

表4-1显示,南京仙林花苑村的失地农民对补偿政策"不满意"远大于"满意"(86.7% > 6%),昆山、无锡地区失地农民对于补偿政策是否满意"说不清楚"的占多数,分别是43.5%和56.8%,但两地失地农民的"满意"还是大于"不满意",分别是39.1% > 15.2%和22.7% > 18.2%。对于这一现象,我们通过调查了解到:昆山、无锡两个样本地区,非农经济发展水平比较高,就业机会比较多,失地前两地分别已有80.43%和90.91%的农民已有农业以外的收入了,土地对于他们可能已经成为一种负担,一旦土地被征用便可以摆脱土地长期加在他们身上的束缚,奔向他们早已向往的城市生活,所以他们对于政府的补偿政策大多数人持满意或无所谓的态度。而南京仙林花苑村,在征地前59.04%的农民没有农业外收入,多数人是依靠土地生活的,缺少进入城市工作的技能,一旦失去土地,就没有了基本的生活保障,仅仅依靠政府给予的有限补偿费不是长远之计。所以他们对于政府的补偿政策不满意,希望政府能改变以土地的原用途为标准的补偿方式,提高补偿标准,改善安置方式。

2. 失地农民市民化后就业与生活保障状况

就失地农民市民化后的就业情况来看,调查数据显示,南京仙林花苑村失地农民的就业状况明显落后于昆山、无锡两个样本地区。

从表4-2我们看出,南京仙林花苑村失地农民市民化后41.0%处于"无业"状态。昆山、无锡两地失地农民市民化后,这一比例分别只有4.3%和22.7%。南京仙林地区征地前完全靠土地生活的农民在失去土地后,就失去了生活保障。男性可以在城里找一些苦活和累活,勉强维持生计;而年纪稍大一些的女性在社会上没有竞争力,失地后就完全失业,因而此地的农民因失地而失业的比例很高。而昆山、无锡两地,一方面,多数农民在失地前已有较稳定的工作;另一方面,这两个地方的就业环境比较好,即使是年纪大的女性也能从事一些技术含量低的职业,比如清洁工之类的。所以这两个地区失地农民的失业率比较低,且收入也比之前从事农业生产高。

表 4 - 2　失地农民市民化后所从事行业

	频　数			百分比		
	花苑村	自家村	坊前南田舍村	花苑村	自家村	坊前南田舍村
无业	34	2	10	41.0	4.3	22.7
种植业	0	1	0	0.0	2.2	0.0
畜牧业	0	5	1	0.0	10.9	2.3
运输业	7	5	1	8.4	10.9	2.3
建筑业	8	13	2	9.6	28.3	4.5
商饮服务业	18	8	6	21.7	17.4	13.6
其他	16	12	24	19.3	26.1	54.5
总样本	83	46	44	100.0	100.0	100.0

数据来源：通过实地调查整理获得。

在目前从事的种植业、畜牧业、运输业、建筑业、商饮服务业和其他行业的选项中，仙林花苑村"商饮服务业"的比例排在第一位，这与该村位于南京仙林大学城有很高的相关性。昆山、无锡地区则是从事"其他"行业的比例最高，从一个侧面说明了这两个样本地区的失地农民市民化后技能水平较高，融入城市的能力较强。因此，政府为失地农民尤其是主要依赖土地生存缺乏非农产业技能的失地农民建立相应的再就业技能培训机制就显得非常重要。

但是，对三地样本村的调查显示，三地政府均未对市民化后的失地农民进行过再就业培训或提供再就业岗位，也没有相应的社会保障政策。

3. 失地农民市民化后对城市生活的适应状况

调查结果显示，昆山市自家村、无锡市坊前南田舍村、南京仙林花苑村这三个样本地区的失地农民市民化后对当前的城市生活的适应状况表现出较大的差异（见表 4 - 3）。

在就失地农民市民化后对城市生活适应感的问卷调查中，失地农民市民化后生活状况"变好"的回答，南京仙林花苑村失地农民的回答只占 7.2%，62.7%的失地农民认为市民化后生活状况"变差"，普遍对现在的市民化生活状况不满意。他们普遍反映政府一次性的劳动力安置费只解决了一时之需，尽管政府提供经济适用房，但每平方米的价格要高于政府给予的补偿，加之房屋装潢等费用，使他们的生活负担很重，再加之没有稳定的工资收入，生活得不到根本的保障。相比之下，同一问题，昆山、无锡两个样本地区，分别只有4.3%和4.5%的失地农民回答"变差"，52.2%和61.4%的失地农民回答市民化后的生活状况较之前的农村生活"变好"，政府提供的经济适用房由于在城镇或城镇周围，离大城市近，交通状况得到改善，就业环境变好，子女受教育环境也得到提高。

表4-3　失地农民市民化后对城市生活的适应状况

		频　数			百分比		
		花苑村	自家村	坊前南田舍村	花苑村	自家村	坊前南田舍村
1. 失地农民市民化后对城市生活的适应感	变　好	6	24	27	7.2	52.2	61.4
	差不多	25	20	15	30.1	43.5	34.1
	变　差	52	2	2	62.7	4.3	4.5
	总样本	83	46	44	100.0	100.0	100.0
2. 失地农民市民化后自身身份的认知度	农民	30	13	4	36.1	28.3	9.1
	市民	15	24	28	18.1	52.2	63.6
	说不清楚	38	8	12	45.8	17.4	27.3
	没有回答	0	1	0	0.0	2.2	0.0
	总样本	83	46	44	100.0	100.0	100.0

数据来源：通过实地调查整理获得。

在关于失地农民市民化后自身身份的认知度问题调查上，失地农民市民化后自身身份是否是市民的认知，三个样本地区的失地农民的回答，差异性也非常明显。昆山、无锡两地52.2%、63.6%的失地农民市民化后认为自己的身份已是"市民"。而南京仙林花苑村只有18.1%的失地农民认为自己已是"市民"，45.8%的失地农民"说不清楚"自己目前的身份，缺乏"市民"身份的自我认可，36.1%的失地农民则认为自己虽生活在城市但仍是"农民"。其理由是，既不能像城市居民一样享受稳定的最低生活保障，也缺乏技能从事高收入的工作，只是一个拥有了城市户籍的生活无保障的边缘群体。

由此可见，要提高失地农民市民化的认知度，关键是要创造条件在社会保障、技能培训、就业岗位提供等多个方面给予这个群体更多平等的

"城市居民待遇"，进而增加他们的城市生存能力，达到改善他们生存福利的目的。否则，就可能给社会带来不和谐的因素。

通过对样本地区失地农民对政府补偿政策的满意度、市民化后就业与生活保障、市民化后对城市生活的适应情况分析可以得出三点基本结论。

（1）三地失地农民市民化后表现出的心理满足感即福利效应水平呈现差异

经济发展水平相对较低、对土地存在严重依赖的南京仙林样本地区，失地农民市民化后适应城市生活的能力比较差，生活存在较大的困难，生活水平较之前不但没有得到提高反而有所下降。相反，经济发展水平比较高的昆山、无锡两个样本地区，非农产业的发展水平高，就业技能比较高，加之当地政府给予的补偿比较多，失地农民市民化后适应城市生活的能力则比较强。

（2）三地失地农民市民化后心理满足感即福利效用平均水平较低

三地样本村失地农民市民化后，从三地总样本的统计结果看，只有19%的农民对政府的补偿政策"满意"，也只有27%的农民认为市民化后城市生活相对于过去"变好"，市民化后从事的职业主要集中在劳动密集型收入较低的运输业、建筑业、商饮服务业等行业，其中28%的失地农民处在"无业"状态。同样，失地农民对自己市民化后自身"市民"身份的认知度也非常低，只有27%。

（3）三地样本村失地农民市民化后均没有再就业培训和医疗养老保障的可持续政策支持

4.5.3 农地征用（协议出让）的社会福利效应分析

在资本要素极其稀缺的工业化发展初期，土地成为替代资本的重要手段，地方政府通过土地价格的优惠吸引企业，达到招商引资迅速累积工业资本的目的。由于低价协议出让被征用农地可以吸引制造业的发展，从而带动第二产业的发展，而制造业主要以缴纳增值税为主，通过对地方政府协议出让被征农地数量与增值税增长、地区经济增长三者之间趋势的分析，间接证明了地方政府通过协议出让土地促进经济增长的社会福利增加。为了区分不同经济发展水平地区协议出让被征农地数量上的差异，以及其引资能力的不同，本研究将全国 30 个省份分成东部、中部、西部三个地区进行分析，并将拟要验证的三个指标在各个省份的位次进行排序，对于某个省份而言，如果三个指标的排序位次越接近，则说明三个指标在该省份体现出一致的趋势。

以下通过具体的数据予以证明被征用农地协议出让数量、增值税以及经济增长 GDP 三者变化趋势（见表 4 - 4）。表 4 - 4 被征用农地中累计出让数量表示各个省份在 2003 ~ 2009 年累计出让的被征用农地数量，公式表达为：

$$累计出让数量 = \sum\nolimits_{i=2003}^{2009} 协议出让数量_i$$

而可比增长数量的计算建立在第 3 章表 3 - 1 平均增长率和表 3 - 2 增长 1% 的绝对值两个指标的基础上，具体的公式表达为：

$$可比增长数量 = 平均增长率 \times 增长 1\% 的绝对值 \qquad (4-1)$$
$$增长 1\% 的绝对值 = 前期水平/100 \qquad (4-2)$$

之所以采用可比增长数量这个指标是因为平均增长率是相对值，单纯比较平均增长率可能由于参考基础的不同而得到不准确的推论，较高的增长率背后有可能是较低的实际增长数量，较小的增长率有可能具有较大的绝对增长数量，因此，本书定义了一个可比增长数量表示在样本研究区间各个省份年平均增长的绝对数量。

表 4 - 4　被征用农地协议出让数量、增值税、GDP 变化省份排序

	被征用农地协议出让				增值税		人均 GDP	
	排　序	累计出让量 （公顷）	排序	可比增长量 （公顷）	排序	可比增长量 （万元）	排序	可比增长量 （亿元）
1	浙　江	49243.68	内蒙古	23.84	江　苏	9842.39	内蒙古	114.54
2	江　苏	43546.22	黑龙江	0.38	广　东	9497.82	北　京	98.78
3	山　东	32634.35	青　海	0.25	浙　江	5723.15	天　津	96.19
4	福　建	19225.58	吉　林	0.19	山　东	5537.00	江　苏	79.30
5	安　徽	14492.68	贵　州	0.12	上　海	5193.45	上　海	72.26

续表

	被征用农地协议出让				增值税		人均 GDP	
	排序	累计出让量 （公顷）	排序	可比增长量 （公顷）	排序	可比增长量 （万元）	排序	可比增长量 （亿元）
6	广 东	10978.32	宁 夏	0.01	山 西	3993.55	广 东	64.39
7	河 北	10619.18	云 南	-0.05	河 北	3533.91	浙 江	63.30
8	湖 北	10470.21	海 南	-0.05	内蒙古	3297.93	山 东	62.70
9	河 南	10426.82	广 西	-0.10	北 京	2806.54	辽 宁	57.36
10	辽 宁	10370.28	甘 肃	-0.17	陕 西	2592.87	吉 林	50.68
11	上 海	9802.43	湖 北	-0.19	河 南	2245.93	福 建	49.23
12	北 京	8922.61	四 川	-0.20	四 川	2118.29	重 庆	48.73
13	湖 南	6770.03	湖 南	-0.20	安 徽	2042.25	陕 西	48.37
14	新 疆	6180.66	江 西	-0.21	福 建	2015.68	宁 夏	47.33
15	山 西	5789.51	天 津	-0.22	湖 北	1877.64	山 西	41.71
16	四 川	5094.4	重 庆	-0.23	辽 宁	1867.85	湖 北	37.71
17	陕 西	4822.47	上 海	-0.25	湖 南	1720.53	河 南	37.39
18	江 西	4516.81	新 疆	-0.31	云 南	1604.28	河 北	37.38
19	内蒙古	4164.17	山 西	-0.35	天 津	1384.97	湖 南	36.84
20	天 津	4037.96	安 徽	-0.36	江 西	1292.65	青 海	34.64
21	吉 林	3107.49	广 东	-0.42	贵 州	1138.90	四 川	31.24
22	云 南	2839.86	福 建	-0.50	黑龙江	1051.81	江 西	29.87
23	重 庆	2363.75	陕 西	-0.51	重 庆	1030.11	海 南	28.92
24	黑龙江	2096.6	辽 宁	-0.59	广 西	949.44	广 西	28.75
25	广 西	2029.98	北 京	-0.77	吉 林	917.08	安 徽	27.60
26	宁 夏	1727.24	河 南	-0.86	新 疆	852.44	黑龙江	26.05
27	甘 肃	1496.27	河 北	-0.93	甘 肃	470.83	新 疆	25.45
28	贵 州	1405.57	浙 江	-1.89	宁 夏	373.57	甘 肃	21.86
29	青 海	641.98	山 东	-2.52	青 海	285.76	云 南	21.17
30	海 南	347.54	江 苏	-3.63	海 南	177.74	贵 州	19.74

注：表中累计出让数量、可比增长数量根据《中国国土资源统计年鉴》（2004~2010 年）相关数据整理计算所得。

同时，由于不同禀赋条件省份在协议出让被征用农地招商引资能力以及对经济增长的促进能力的不同，以省份的人均 GDP 作为标尺衡量，将 2003～2009 年各个省份的人均 GDP 求平均值，然后进行排序得到图 4-1。GDP 小于 8000 元/年的划为低收入地区；小于 15000 元/年且大于 8000 元/年的划为中等收入地区（按照此划分标准将 2003～2009 年 30 个省、自治区、直辖市的经济发展水平求均值进行排序，并排列在图 4-1）。

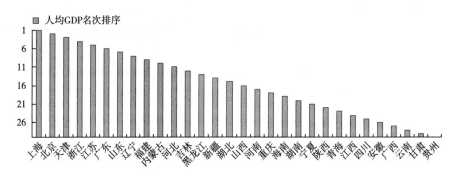

图 4-1 2003～2009 年 30 省份人均 GDP 名次排序

数据来源：根据《中国统计年鉴》（2004～2010 年）整理计算所得。

综合表 4-4 和图 4-1，我们可以看出，由于被征用农地协议出让后对地方政府招商引资产生的作用是长期的，故不同地区禀赋条件的不同决定了其出让数量的程度在时间上有不同的趋势。经济较发达的东部地区地理位置优越，营商环境优于中西部地区（例如北京、上海、广东、江苏、浙江、福建、山东），在地区间都采用协议方式出让土地时，资本首先会被吸引到这些地区，因此，被征用农地协议出让数量的平均增长率，发达的东部地区可能是在下降。这可以从表 4-4 被征用农地协议出让的可比增长数量可以看出。东部经济发达的上海、北京、天津、江苏、山东、浙江在 2003～2009 年，年平均出让增长数量是负数，但是对比第 3 章表 3-1 被征用农地 2003～2009 年协议出让的累计数量，排列在前 10 位的省份中有 7 个是东部省份（分别是浙江、江苏、山东、福建、广东、河北、辽宁），可见东部地区被征农地协议出让可比增长数量虽然在下降，但是其出让的总量仍然位居全国前列。再对比图 4-1 中的经济发展水平省份位次可以发现，排列在前 10 位的省份分别是上海、北京、天津、浙江、江苏、广东、山东、辽宁、福建、内蒙古，除了内蒙古以外，其余 9 个省份都是协议出让数量排列全国前 10 位的省份。由此可知,协议出让数量确实推动了地区经济发展。

表 4-4 中的增值税可比增长数量排列前 10 位的省份是江苏、广东、浙江、山东、上海、山西、河北、内蒙古、北京、陕西,其位次趋势与协议出让总量、人均 GDP 的增长排列趋势基本一致。尤其是内蒙古的增长非常明显,协议出让的可比增长数量排列全国第一,人均 GDP 可比增长量也排列第一,再次证明了协议出让招商引资对地区经济增长的贡献,对社会福利的增进。

4.5.4 农地征用 (招拍挂出让) 的社会福利效应分析

通过低价协议出让工矿用地招商引资、吸引制造业落户该地区生产投资的策略往往需要经过较长时间才能对地区的 GDP 产生显著的影响。若以 5 年为我国地方官员的任期均值来考虑,低价协议出让招商引资显然不能对当地的 GDP 产生立竿见影的效果。而通过招拍挂出让被征用农地主要用途是商住用地,大部分是房地产和建筑行业。房地产和建筑业的发展可以带动数十个行业的发展,并且产生大量的固定资产投资需求,能够在地方 GDP 的增长上得到快速的反映。尤其是当工业化资本积累已经完成时,土地要素成为比资本更为稀缺的要素,地方政府会将土地配置到能够产生更高边际产出的房地产行业。

地方政府通过招拍挂出让被征用农地带动地方 GDP 增长这一逻辑,可以通过人均 GDP 平均增长率与招拍挂出让数量总和的省份排序进行分析。表 4-5、表 4-6、表 4-7 的 GDP 平均增长率计算公式如下:

$$\bar{g} = \sqrt[n]{\frac{Y_1}{Y_0} \times \frac{Y_2}{Y_1} \times \cdots \times \frac{Y_n}{Y_{n-1}}} - 1 = \sqrt[n]{\frac{Y_n}{Y_0}} - 1 \qquad (4-3)$$

当计算人均 GDP 平均增长率时,$\bar{g}$ 为平均增长率,Y_n 为 2003 ~ 2009 年每年各个省份的人均 GDP,n 为环比值的个数,此处为 6。

东部地区被征用农地招拍挂出让数量对地方 GDP 的影响表现出的规律是:经济最发达地区人均 GDP 平均增长率较低、被征用农地招拍挂出让数量总和较低，这里主要表现在上海、北京、天津三地。人均 GDP 绝对水平最高的上海、北京、天津三地被征用农地招拍挂出让数量总和以及人均 GDP 的平均增长率位于东部地区的末 4 位，一方面是因为上海、北京、天津是直辖市，地理面积远小于其他东部省份，另一方面由于其城镇化已经基本完成，可供出让的土地已经接近饱和。由此可以看出，东部最发达地区上海、北京两地大量招拍挂出让被征用农地的区间是在 2003 年以前，而表 4 - 5 选择的时间区间是 2003 ~ 2009 年，上海、北京两地被征用农地招拍挂出让数量已经开始回落。

表 4 - 5　东部地区招拍挂出让数量与人均 GDP 增长比较（2003 ~ 2009 年）

排　序	人均 GDP 均值（元/人）	排　序	人均 GDP 平均增长率（%）	排　序	被征用农地招拍挂出让数量总和（公顷）
上　海	61382	江　苏	17.72	江　苏	86130.07
北　京	50959	山　东	17.47	山　东	69791.3
天　津	42742	辽　宁	16.28	浙　江	50661.89
浙　江	32562	广　东	15.64	辽　宁	35560.54
江　苏	29883	浙　江	15.37	广　东	33570.82
广　东	28799	河　北	15.21	河　北	31936.98
山　东	24466	海　南	15.02	福　建	17047.66
辽　宁	23365	福　建	14.55	上　海	15637.68
福　建	23169	天　津	14.18	天　津	13042.54
河　北	17553	北　京	14.02	海　南	6937.88
海　南	13182	上　海	9.15	北　京	4553.35

注：表中平均值、平均增长率根据《中国统计年鉴》（2004 ~ 2010 年）、《中国国土资源统计年鉴》（2004 ~ 2010 年）相关数据整理计算所得。

东部其他省份表现出被征用农地招拍挂出让总和、人均 GDP 的绝对数量及人均 GDP 的平均增长率相一致的趋势，主要体现在江苏、浙江、广东、山东、辽宁、福建地区。被征用农地招拍挂出让数量总和排列前 5 位的是江苏、山东、浙江、辽宁、广东，而人均 GDP 平均增长率排列前 5 位的也是这 5 个省份，由此可以证实东部地区确实存在地方政府通过招拍挂出让被征用农地促进地方 GDP 增长的行为。

中部地区被征用农地招拍挂出让数量对地方 GDP 的影响表现出的规律是：中部地区人均 GDP 较低的省份人均 GDP 平均增长率和被征用农地招拍挂出让数量较高，并且表现出一致的趋势，主要表现在安徽、江西、湖南、河南 4 个省份（见表 4-6）。

表 4-6 中部地区被征用农地招拍挂出让数量与人均 GDP 增长比较（2003~2009 年）

排　序	人均 GDP 均值（元/人）	排　序	人均 GDP 平均增长率（%）	排　序	被征用农地招拍挂出让数量总和（公顷）
吉　林	16976	安　徽	19.38	安　徽	37703.93
黑龙江	16970	河　南	19.06	江　西	25743.84
湖　北	14712	湖　南	18.15	河　南	25406.52
山　西	14581	江　西	18.03	湖　南	23284
河　南	13986	吉　林	17.23	湖　北	22413.57
湖　南	13070	山　西	16.82	黑龙江	11810.55
江　西	11408	湖　北	16.63	吉　林	10525.84
安　徽	10842	黑龙江	11.61	山　西	8854.04

注：表中平均值、平均增长率根据《中国统计年鉴》（2004~2010 年）、《中国国土资源统计年鉴》（2004~2010 年）相关数据整理计算所得。

中部地区人均 GDP 位列末 4 位的河南、湖南、江西、安徽 4 个省份拥有较高的人均 GDP 平均增长率，安徽列第 1、河南列第 2、湖南列第 3、江西列第 4，与此相一致的是这 4 个省份在被征用农地招拍挂出让数量总和中位列前 4 位。由此可以验证，中部地区经济较落后省份为了促进地方 GDP 较快增长，通过大量招拍挂出让被征用农地实现其政治目标的行为路径。

表 4-7 西部地区招拍挂出让数量与人均 GDP 增长比较（2003~2009 年）

	人均 GDP 均值（元/人）		人均 GDP 平均增长率（%）		被征用农地招拍挂出让数量总和（公顷）
内蒙古	22079	内蒙古	28.43	四　川	28914.23
新　疆	15120	陕　西	22.3	内蒙古	24138.92
重　庆	13694	新　疆	21.74	新　疆	18750.43

续表

	人均GDP 均值（元/人）		人均GDP 平均增长率（%）		被征用农地招拍挂出 让数量总和（公顷）
宁　夏	12996	重　庆	21.26	陕　西	17183.3
陕　西	12974	宁　夏	19.15	重　庆	17110.75
青　海	12684	四　川	18.02	云　南	9920.6
四　川	11392	贵　州	17.92	宁　夏	8998.33
广　西	10831	广　西	17.81	广　西	8727.87
云　南	9409	青　海	16.99	贵　州	6427.49
甘　肃	8936	云　南	15.64	甘　肃	6231.48
贵　州	6386	甘　肃	12.76	青　海	1374.76

注：表中平均值、平均增长率根据《中国统计年鉴》（2004～2010年）、《中国国土资源统计年鉴》（2004～2010年）相关数据整理计算所得。

西部地区被征用农地招拍挂出让数量对地方GDP的影响表现出的基本规律是：经济发展水平较高的省份具有较高的招拍挂出让数量总和人均GDP增长率。内蒙古、新疆、陕西、重庆分别位列被征用农地招拍挂出让数量的第2、第3、第4、第5位，与此同时，这4个省份在人均GDP平均增长率和人均GDP的绝对数量中位列前5位。与中部和东部地区不同的是，招拍挂出让被征用农地对地方GDP增长的促进作用主要体现在经济发展水平较高的省份。其主要原因是招拍挂出让被征用农地主要用于商住用途，经济较落后省份地处偏远、人口较少，对商住用地投资需求较低，即使地方政府希望通过招拍挂出让被征用农地促进地方经济增长，但是出让能力受到限制，这一点从甘肃、青海两地较低的招拍挂出让数量可以得到证明（见表4-7）。

4.6　工业化、城镇化和农业现代化背景下农村土地制度障碍分析

4.6.1　农业现代化背景下农地流转制度障碍导致福利损失

2008年10月12日党的第十七届三中全会通过的《中共中央关于推进农村改革发展若干重大问题的决定》明确提出："允许农民以转包、出租、

互换、转让、股份合作等形式流转土地承包经营权，发展多种形式的适度规模经营。"农村土地流转能够有效促进农村产业结构调整和农业产业化经营，提高土地资源利用效率，增加农民收入。但是，我国农地产权关系的不明晰以及农地流转市场的不健全导致农地流转中存在效率的损失，农村土地流转供求双方福利受到损害。

（1）农村土地产权主体缺位导致农地交易福利损失

目前由于相关法规尚不健全，造成农村集体土地所有权主体虚置，农民集体土地所有权的权能残缺不全，缺位的制度安排使得土地流转处于低水平、零散化的状态。此外，由于土地流转相关规定过于笼统，内容和程序不够明确，缺乏操作性，有法难依的现象较为普遍。立法的滞后无法适应社会现实需要，导致土地纠纷繁多，交易成本提高，土地交易过程中供求双方福利受到损失。

（2）农地流转市场机制不健全导致农地流转双方的福利损失

目前我国农村大部分地区还没有建立农村土地流转市场，已有的试点地区在土地流转的组织结构和运作工具上也存在较多不足，市场供求、价格、竞争等机制尚未形成。同时，由于缺乏土地资产评估、保险、信托、证券等服务机构的参与而导致农地流转在交易、管理、信息等方面缺乏效率，难以保证交易双方的利益，农地流转供求双方的福利受到损失。

4.6.2　工业化、城镇化背景下农地征用中的福利损失

城乡统筹发展的客观背景加速了农地征用的速度，由此产生的失地农民数量也在不断增加，其土地所有权与使用权被迫以较低廉的价格转让，从而造成农民相对更加贫困，围绕农地转用产生的巨额土地增值收益分配问题成为各种矛盾和冲突的焦点。

（1）征用目标的泛化导致农地征用福利损失

与其他国家和地区明确的征地范围相比，中国在进行土地征用时界定的征地范围显然过于宽泛。尽管中国宪法也规定"国家为了公共利益的需要，可以依法对集体所有的土地实行征用"，但相关法律不仅未对什么是

公共利益的需要以及什么是非公共利益的需要做出明确界定，反而规定"任何单位和个人进行建设，需要使用土地的，必须依法申请使用国有土地"，"依法申请使用国有土地包括国家所有的土地和国家征用的原属于农民集体的土地"，这在客观上使得征地成为各类项目取得新增建设用地的唯一途径，公共目的或公共利益限定不足为政府滥用土地征用权创造了条件，导致国家土地征用行为缺乏规范。事实证明，如果国家征用权不能受到很好的限制，将会严重侵犯土地所有者的利益，导致农地福利受到损失。

（2）政府在土地征用过程中的垄断定价造成土地福利损失

我国的农地非农转用，首先要从集体土地所有转变为国家所有，而这个土地交易市场不是按市场定价，是由政府以农地原来的用途进行定价（征地补偿费），而在土地的转用出让过程中，政府却按市场价格出让给用地方（土地出让金），征地成本是指被征土地"原先用途产生的收益"，因此对于转用的农地，征地成本就是指土地的农业产出。这一基准使得征地的需求脱离了征地成本的约束，征地需求建立在非农用地未来的收益基础上，然而征地成本却仅体现了农民放弃土地农业用途的代价。在这一基准下，土地农用与非农用之间的市值差距越大，资源配置的效率损失就越严重，政府垄断定价造成了价格的扭曲，导致土地非农转用中农民土地福利的损失。

（3）征地补偿标准低、安置不完善导致失地农民福利降低

现行的征地补偿标准是农地年产原有 30 倍补偿基础上再提高 20%～30%，并实行补偿机制的动态调整，每 2～3 年对征地补偿标准进行调整（根据国土发〔2010〕第 72 号）。就现行土地制度而言，政府征收得到的土地可以分期批租、永久收益，但是政府给予农民的补偿却以 30 年为最高时限。虽然这一政策在一定程度上反映了农户承包集体土地的年期，但同时忽略了 30 年承包期结束后农村集体仍能够继续将土地发包给农民经营的利益关系。与补偿基准方面的制度歪曲效果相同，征地补偿在年期方面的歪曲，也对效率和公平同时产生不良影响，导致农民的土地福利受到损害（周其仁，2004）。

4.7　本章小结

在城乡统筹发展、城市化进程加快的背景下，以农村土地流转和农地征用为表现形式的农村土地制度体现出特有的土地福利特征。通过转包、出租、互换、转让、股份合作等形式流转土地承包经营权，在一定程度上改善了农户个人福利和社会福利，然而由于制度障碍造成了农地流转中的福利损失。而农地征用改变了农地的使用性质，身处城乡接合带农民离开农地和乡村、走进城市，实现了梦寐以求的愿望。然而伴随着农地征用的速度加快，失地农民的数量不断增加，其土地的所有权与使用权被迫以较低廉的价格转让，造成了农民福利损失。

因此，在具体的土地流转和土地征用过程中，如何改善和提高农地流转和农地征用中的福利效应已经成为急需解决的问题。

5 土地金融视角的理论分析框架

　　2011 年 3 月国务院发布的《中华人民共和国国民经济和社会发展第十二个五年（2011～2015）规划纲要》明确指出，要"同步推进工业化、城镇化和农业现代化"。2012 年党的十八大提出"坚持走中国特色新型工业化、信息化、城镇化、农业现代化道路，推动信息化和工业化深度融合、工业化和城镇化良性互动、城镇化和农业现代化相互协调，促进工业化、信息化、城镇化、农业现代化同步发展"的城乡一体化发展战略目标，强调"坚持和完善农村基本经营制度，依法维护农民土地承包经营权、宅基地使用权、集体收益分配权，壮大集体经济实力，发展农民专业合作和股份合作，培育新型经营主体，发展多种形式的规模经营，构建集约化、专业化、组织化、社会化相结合的新型农业经营体系。改革征地制度，提高农民在土地增值收益中的分配比例。加快完善城乡发展一体化体制机制，着力在城乡规划、基础设施、公共服务等方面推进一体化，促进城乡要素平等交换和公共资源均衡配置，形成以工促农、以城带乡、工农互惠、城乡一体的新型工农、城乡关系"。传统大田作物种植的经营收入不再满足农民日益提高的生活水平需要，随着农业技术的进步，单位面积所需要的劳动力数量不断减少，加之非农就业机会的增多，农村剩余劳动力不断转向城市就业，土地逐渐从分散的小农户转向专业大户、家庭农场、农业龙头企业等新型农业经营主体。土地的适度集中改变了原有小规模经营的现金收入流，原有的小规模经营大多以大田作物生产为主，这一类生产的特点是现金投入产出比不大。由于种苗大多是上一年收成后留存的，农药化肥占用家庭现金收入的比重很小，并且由于收获时的产出回报率不高，小农户的生产借贷资金需求较小。但随着土地的适度集中，生产经营项目种类也不断丰富，规模经营主体往往从事高附加值的农业经营项目（比如水产养殖和林木种植业），这一类农业生产经营的现金收入流在全年的收入流中呈不对称分布：生产周期较长，在收获时节投资回报率极高，但生产投入所需资金量较大，客观上产生了融入资金的需求。而对于规模经营主体，其最大的"资本"就是流转后经营的"土地使用权"，农地流转的背景客观上产生了土地金融的需求。党的十八届三中全会和2014年中央一号文件也已明确提出，"在落实农村土地集体所有权的基础上，稳定农户承包权、放活土地经营权，允许承包土地的经营权向金融机构抵押融资。""允许农村集体经营性建设用地出让、租赁、入股，实行与国有土地同等入市、同权同价，加快建立农村集体经营性建设用地产权流转和增值收益分配制度。"

因此，本书试图建构土地金融化的分析框架，以增进农地福利为目标，以农地征用和农地流转为两条主线，以创新农村土地金融工具为主要手段，进行农村土地金融制度创新，促进农村土地制度的改革，实现城乡统筹、城乡一体化同步发展。首先从农地征用后失地农民市民化后的福利效应和农地征用财政补偿政策效应两个方面分析农地征用中的农地财政补偿效应，其次从福利导向的农地直接金融创新和福利导向的农地间接金融创新两个方面对农地流转中的农地金融福利效应进行实证分析，最后分别就农地征用和农地流转两条主线探索农地金融产品、金融工具、金融制度的创新设计。其理论分析框架见图5-1。

5.1 农地征用中土地权益保障的财政补偿效应分析

5.1.1 农地征用中利益主体的福利分析

农地征用中的利益主体主要是被征地农民（农地征用的供给方）和地方政府（农地征用的需求方）。现分别从被征地农民和地方政府两个不同层面分析农地征用中的福利效应。

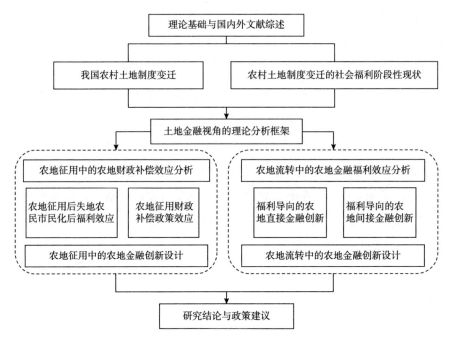

图 5 - 1　土地金融视角的理论分析框架

作为农地征用的供给方，农民的福利与土地紧密相联，土地是农民福利的主要来源。因此当农民由于种种外在因素而不是内在的自然因素失去土地时，农民的福利就会发生明显的变化。农民生活在农村有相应的福利"生态"，而当他们失地进入城市时，原来的福利"生态"不复存在，新的福利"生态"尚未形成。农民新的福利"生态"的形成需要政府以及相关方面的支持，经济补偿是失地农民福利实现的重要途径，但失地农民福利的实现又不仅仅是通过经济补偿就能完成的。社会福利包含更为广泛的含义，这正是我们试图通过福利经济学分析失地农民补偿问题的动因。

地方政府作为农地征用的需求方，同时也是农地征用补偿政策的供给方，已有研究大多集中在被征地农民的福利效应，而忽略了征地补偿这一政策所产生的社会总福利。中央政府在征地过程中追求的是社会公共福利的最大化（土地社会边际效益最大化），中央政府通过征地补偿的方式以实现整个社会福利的最大化；而地方政府追求的是区域经济发展，因此，作为征地补偿政策的具体执行者地方政府在自身利益的驱使下可能难以实现中央政府的社会福利最大化目标，而行为的不一致将有可能直接导致行为主体的福利受损。中央政府在征地过程中主要的行为是制定征地补偿政策对农民进行安置补偿，而真正的政策执行者是地方政府，因而分析农户从安置补偿方案中获得的福利效应可以从侧面反映征地补偿政策的社会福利效应。

5.1.2 农地征用中财政补偿的局限性分析

农地被征用，由于农民是出于非自愿转让，并且在交易中双方不具有平等协商议价的公平地位，被征地农民的利益常常受到损害并引发极端群体事件。2011 年 12 月 27 日召开的中央农村工作会议提出，"推进集体土地征收制度改革，关键在于保障农民的土地财产权，分配好土地非农化和城镇化产生的增值收益。"农村土地制度的完善是要以制度框架下的行为主体的福利改善为导向的，农地征用产生的大量失地农民面临着未来生活的安置保障问题。为了维护失地农民权益，首先需要对现有的以财政补偿为主的"住房＋养老＋医疗"安置补偿政策进行分析，分析现阶段以财政补偿为主的优点与不足，进而从理论上分析通过金融手段——土地资本化的运作分享土地未来的增值收益，建立失地农民权益可持续保障的长效机制。以福利改善为目标，从理论上提出农地被动流转（农地被征用）中失地农民如何分享农地非农化增值收益的可行性以及相关的方案研究。

对于农地主动流转中农民土地权益的保障问题，由于是自愿流转，在交易中双方可以磋商达成协议，因而一方利益被剥夺而引发的极端群体事件发生的概率较小。虽然避免了强制流转的福利损失，但是如果流转后土地经营不善，不能保证稳定的现金收入流（农地流转租金），那么，农地流转的流出方（小农户）的土地权益将受到损害。基于此，本研究将从农地流转中能够产生稳定的现金收入流（农地流转租金）的必要条件分析农地流转中农民土地权益保障的土地金融工具创新。福利改进是农地流转中农民土地权益得到保障的目标导向，那么，农地流转中供求双方福利改进的必要条件是什么？从土地金融的视角来看，农地流转中土地金融工具运用的边界条件是什么？已有的在各地兴起的农地金融工具实施需要什么条件？农地"三权"抵押的不同顺序会对农地金融的供求匹配产生什么影响？这些问题将在后文展开深入分析。

5.2 农地流转中的农地金融福利效应分析

5.2.1 农地直接金融（土地股份合作）的经济分析

在不考虑其他因素的情况下，农地流转的方式主要分为：小规模的农户间自发流转和以专业化合作组织为中介的农户与合作社之间的流转（本研究以土地股份合作社为例）。从福利经济学的角度来看，农地流转实现了农地社会福利的改进，而从可操作的角度来看，本研究将从微观经济学收益成本的角度对农地流转模式的理性选择标准进行深入探讨，以农地流转的供求双方为研究对象，在不同农地流转的模式下对流转双方的净收益进行对比分析。

1. 农地金融供给方（土地供给者）经济分析

（1）农户与专业合作组织间的流转模式

以农地股权流转方式为例，当农户选择农地股权投资流转方式获得的净收益大于或等于承包地自身带给农户的效用时，农户才可能愿意对农业规模经营组织进行农地流转，且二者差额越高，农户的积极性越高。对此，可以用如下理论模型解释：设农户将土地入股农业规模经营组织获得的净收益为 P_1，则

$$P_1 = TR_1 - C_1 = \delta \times A + E - C_1$$

其中，TR_1 指农户选择土地股权流转方式获得的总收益，C_1 是指农户选择土地股权流转方式的交易成本和机会成本，δ 指单位土地的土地股份分红总收益，A 指入股土地总面积，E 是指农户选择土地股权流转方式后参与非农就业或成为农业规模经营组织雇工的总收益。

（2）小规模农户间自发流转模式

设农户自己耕种土地（或私下出租土地）的净收益为 P_2，则

$$P_2 = TR_2 - C_2 = P \times Q + \gamma \times S_1 + k - C_2 = P \times f\,(S_2,\ L,\ K,\ M)\ + \gamma \times S_1 + k - C_2$$

其中，TR_2 指农户自己耕种土地（或私下流转部分或全部土地）的总收益，C_2 是指农户自己耕种土地（或私下出租/转让土地）的生产成本和机会成本，P 指农产品价格，Q 指自耕土地总产量，γ 指单位土地的租金或转让金总额，S_1 指出租/转让土地的面积，k 指政府农业补贴总额，S_2 指自己耕种的土地面积，L 指劳动力要素总投入，K 指资本总投入，M 指管理能力。

由此可知，当 P_1、P_2 的值大于零时，农地流转的供给方（土地供给者）进行农地流转的净收益为正，福利得到改善。是否选择"小规模农户间的自发流转模式"进行流转，取决于农地流转后获得的经济补偿与流转机会成本的比较，并且当 $P_1 - P_2 \geqslant 0$ 时，农户会选择农地股权流转方式流出土地。

2. 农地金融需求方（土地需求者）经济分析

（1）农户与专业合作组织间的流转模式

以农地股权流转方式为例，农地需求者选择该流转模式的标准仍然是净收益大于或等于通过自己联系土地转出农户进行单独交易所需支付的土地获取成本，且二者差额越高，农户选择该流转模式的积极性越高。对此，可以用如下理论模型解释：设农户选择土地股份合作方式流出土地获得的净收益为 P_1，则

$$P_1 = TR_1 - C_1 = P \times Q + k - \delta \times A = P \times f\,(S,\ L,\ K,\ M)\ + k - \delta \times A$$

其中，TR_1 指农户选择土地股权流转方式获得的总收益，C_1 是指农户选择土地股权流转方式流出土地的总成本，δ 指单位土地的土地股份分红总收益，A 指入股土地总面积，P 指农产品价格，Q 指土地总产量，S 指土地的面积，k 指政府农业补贴总额，L 指劳动力要素总投入，K 指资本总投入，M 指管理能力。

（2）小规模农户间自发流转模式

农地流转需求方选择小规模农户间自发流转模式流入土地的净收益为 P_2，则

$$P_2 = TR_2 - C_2 = P \times Q + \gamma \times S_1 + k - C_2 = P \times f\ (S_2,\ L,\ K,\ M)\ + \gamma \times S_1 + k - C_2$$

其中，TR_2 指农地需求者选择私下小规模流入土地的总收益，C_2 是指农地需求者在该流转模式下的总成本，P 指农产品价格，Q 指自耕土地总产量，γ 指单位土地的租金或流转金总额，S_1 指流入土地的面积，k 指政府农业补贴总额，S_2 指自己耕种的土地面积，L 指劳动力要素总投入，K 指资本总投入，M 指管理能力。

由此可知，当 P_1、P_2 的值大于零时，农地流转的需求方（土地需求者）进行农地流转的净收益为正，福利得到改善。取决于农地流转后获得的经济补偿与流转机会成本的比较，并且当 $P_1 - P_2 \geqslant 0$ 时，农户会选择农地股权流转方式流入农地。

选择农地股份流转方式流入土地的方式，可以减少因自己联系土地转出农户进行单独交易所需支付的土地获取成本，而且只需与土地股份合作社签订一份合同，节约了自己联系多个小农户并签订多个合同所需耗费的时间与交易费用，避免了签订多个土地使用期限不同的合同给生产经营造成的不便；另一方面，能够一次性获得大面积连片的土地，便于统一管理与现代化经营，提高了土地的规模效益。

5.2.2 农地间接金融开展的边界条件和可行性分析

农地金融包括农地直接融资和农地间接融资两个方面。受制于我国相关法律对农地所有权性质为集体所有的规定和对农地抵押的限制，目前部分地区的农民和政府已经开始探索、实践的农地金融大多集中于农地直接融资，只有较少地区开展了农地间接金融的实践。在已经付诸实践的农地直接融资方式中，农民将土地入股农村土地股份合作社或农业企业的农地股权投融资方式，成为近年来农地直接金融的主要形式。因此，本研究将以农地股权投资的利益主体的满意度影响因素为实证研究的主要内容判断农地直接融资供求双方福利的改善状况；而农地间接融资则主要从农地金融机构提供给农地间接金融工具的意愿和影响因素进行实证分析，探讨农地间接金融开展的边界条件和可能性。

近年来，随着工业化和城市化进程的加快，农村劳动力大量转移，将自家土地交由同村农户和外村承包户经营的土地承包经营权流转现象越来越普遍，这给农业规模经营、现代化农业创造了有利条件。2008 年 10 月 19 日，党的十七届三中全会审议通过的《中共中央关于推进农村改革发展若干重大问题的决定》指出，"允许农民以转包、出租、互换、转让、股份合作等形式流转土地承包经营权，发展多种形式的适度规模经营。""赋予农民更加充分而有保障的土地承包经营权，现有土地承包经营权要保持稳定和永久不变。"该决定是 1978 年农村土地改革 30 年后的又一重大举措，也是今后一个时期推进农村改革发展的指导性文件。

农业规模化经营必将需要大量的资金，单靠各地农信社小额贷款难以满足农业、农村、农民的生产生活资金需求。但是"融资难，难在无抵押"，农民除了土地承包经营权以外，可用于有效抵押担保的财产有限，规模经营的农户必因资金瓶颈问题使其发展受到制约。土地承包经营权在农民所拥有的全部财产中所占比例极大，理论上是用于担保的最可靠标的物。但我国物权法和农村土地承包法则规定，只有通过招标、拍卖、公开协商等方式取得的农村土地承包经营权才可以抵押，那些集体经济组织成员按家庭承包方式取得的农村土地承包经营权则不可以抵押。显然，允许农民土地承包经营权流转但不允许抵押贷款的法律规定，暴露出的问题和矛盾已经越来越突出。何静（2001）指出，我国现行立法对集体农用土地使用权抵押采取的严格限制的立场是不正确的。不承认抵押，就是不承认土地承包经营权的物权性质和农村土地资源配置的市场趋向，而土地抵押实际上发挥了土地的金融、融资作用。麻昌华、汪安亚（2008）认为，这一规定既是对农民的歧视，也限制了土地承包经营权的流转。曾庆学（2008）认为，农村土地承包经营权作为一项财产权利，应当具有相应的融资功能，但农民土地收益权不完整、不清晰，难以形成土地融资市场，抑制了土地的价值担保功能，限制了土地承包权价值最大化目标的实现。尽管法律禁止农户土地承包经营权抵押贷款，但全国已有一些地区就土地承包经营权抵押贷款的土地金融制度创新进行了有益尝试。

2005 年，国家开发银行重庆分行曾经在重庆江津市仁伟果业有限责任公司进行过试点，尝试以农民的土地经营权为抵押，向公司提供贷款。

2006 年，宁夏同心县农村信用联社选择 8 个沉贷比较少的村作试点，为 750 户农民投放小额土地承包经营权贷款 150 万元。2007 年春又选择另外 2 个村实施重点推进，形成了比较完善的土地经营权抵押贷款管理办法。在推行这项贷款模式的村，选举成立土地承包经营权抵押协会。会长、副会长以及每个常务会员，均需每人拿出 1000 元存入协会账户作为共同偿债基金。农户必须是自愿申请，以不超过自家承包土地总亩数的 2/5 加入协会，每亩获得 3000 元左右的贷款额度，贷款期间土地仍然由农民自己耕种获益。土地承包经营权抵押期限为一年，农户贷款到期不能及时偿还的，承包经营权转让给代其还款的担保人，或者由土地抵押协会转让给有意偿还贷款的其他村民，还清贷款后抵押贷款农户可重新获得承包经营权。目前，这种贷款模式已覆盖 58 个村，受益农民达到 4883 户，贷款超过 4400 万元。这种新型贷款模式给农户带来福音。福建三明农村信用社从 2006 年起探索开展农村土地承包经营权抵押业务，近年来，三明市各地农村信用联社先后探索"公司 + 农村土地经营权抵押"、"基金担保 + 农村土地经营权抵押"和直接以农村土地承包经营权为抵押等方式，解决农民对土地规模化开发的资金需求，主要用于支持种植红豆杉、毛竹、烟叶、果树及养殖业等规模种养户，涉及流转土地近 3000 亩。目前全市农信社累计已发放该类贷款 318 万余元。荆门市东宝区子陵镇建泉村农民陈其发承包耕地 3.6 亩，2008 年 10 月 10 日，他与荆门市邮政储蓄银行信贷部负责人签订合同，用他的土地承包经营权作质押物，成功贷款 10 万元。用土地承包经营权作贷款质押物，这在湖北省尚属首创，标志着荆门市开始在商业银行开展土地承包经营权质押贷款业务。2009 年 4 月 4 日，辽宁省法库县信用联社为该县长岗子辣椒专业合作社发放 30 万元贷款，该贷款的抵押物是合作社农户的承包土地，这标志着农民以农村土地承包经营权为抵押的贷款模式在法库开始启动，从而使土地的潜能得到充分释放，解决农村发展的资金瓶颈问题。

综上所述，如何促进农村土地流转，满足规模化经营所需要的资金缺口，解决抵押难的瓶颈，发展农村用土地金融业务，允许农民用土地承包经营权抵押贷款，是当前新农村建设中土地金融制度创新的一个重要课题。党的十八大首次提出，"稳定农村土地承包关系并保持长久不变，在坚持和完善最严格的耕地保护制度前提下，赋予农民对承包地占有、使用、收益、流转及承包经营权抵押、担保权能，允许农民以承包经营权入股发展农业产业化经营。鼓励承包经营权在公开市场上向专业大户、家庭农场、农民合作社、农业企业流转，发展多种形式规模经营。"2014年中央1号文件进一步明确，"在落实农村土地集体所有权的基础上，稳定农户承包权、放活土地经营权，允许承包土地的经营权向金融机构抵押融资。有关部门要抓紧研究提出规范的实施办法，建立配套的抵押资产处置机制，推动修订相关法律法规。"

本书将基于农地间接金融的供给方（农村金融机构）对农地金融供给意愿和农地间接金融的需求方（农户）对农地金融的需求意愿展开分析，主要从农地间接融资业务种类着手，包括承包地抵押、宅基地抵押和土地股权抵押三类土地金融业务，调查了解农村金融机构供给农地间接金融业务的意愿及其影响因素，并就推进农村土地抵押贷款金融制度创新提出相关建议，从而为相关部门的政策制定提供参考。

5.3　福利导向下农地金融创新的制度设计

本节在对现阶段农地流转和农地征用中利益主体的福利进行理论分析的基础上，仍然从农地流转和农地征用两个方面来分析农民土地权益保障的土地金融创新。

5.3.1　以福利增进为导向的农地流转金融创新工具

作为农村土地制度的主要形式之一，农地流转以不改变农地使用性质为特征。目前农村地区较为普遍的土地流转方式包括农地转让、出租、股权投资等。从福利经济学的理论分析，农地流转在不同程度上改善了农地流转供需双方的社会福利。而对于农地流转的具体方式而言，在供求双方理性人的假设前提下，流转方式的选择取决于流转成本和收益的影响，究竟选择专业合作化方式（以股权投资为例），还是小规模自发流转方式流出，则要取决于进行股权投资的分红收益与流出土地的机会成本（主要是土地的基本保障效用）的比较。作为家庭联产承包责任制后的农地制度创新形式，农地流转改善了农民福利和社会福利，但是福利水平还有待于进一步提高。农村土地流转能够有效促进农村产业结构调整和农业产业化经营，提高土地资源利用效率，增加农民收入。农村土地流转从流转意愿上来看可以分为主动的流转和被动的流转（征地）。在农地流转过程中，由于我国农地产权关系的不明晰以及农地流转市场的不健全可能导致农地流转中存在着效率的损失，农村土地流转供求双方福利受到损害。因此，本书从农地流转供求双方福利改善的角度，理论上探索有利于福利双方改善的农地流转模式以及有效的农地流转金融创新工具。

5.3.2　以福利增进为导向的农地金融创新工具

对农地被动流转（土地征用）而言，由于农民是出于非自愿流转，并且在交易中双方不具有平等协商议价的公平地位，从而导致弱势一方利益受到损害容易引发极端群体事件。"关键在于保障农民的土地财产权，分配好土地非农化和城镇化产生的增值收益。"农村土地制度的完善要以制度框架下的行为主体的福利改善为导向，农地征用产生的大量失地农民面临着失地后未来生活的安置保障问题，为了维护失地农民权益，首先需要对现有的以财政补偿为主的"住房＋养老＋医疗"安置补偿政策进行分析，分析其优点与不足，进而从理论上分析通过金融手段——土地资本化的运作分享土地未来的增值收益，建立失地农民权益可持续保障的长效机制。农地征用将土地非农化，改变了农地的使用性质，土地作为生产要素的传统保障功能弱化，形成了两种失地农民："离农离乡"的失地农民和"离农不离乡"的失地农民，其福利在一定程度上受到损失。

本书将对工业化、城镇化过程中产生的失地农民的福利状况，以及政府实施的征地财政补偿政策效应进行实证分析，在总结出财政补偿政策效应不足的基础上，分析弥补财政补偿不足的农民土地权益保障的农地金融工具，使被征地农民的土地权益得到可持续的保障。

无论是土地流转过程中的福利效应，还是土地征用过程中的福利效应分析都表明，我国现有的二元结构条件下农村土地存在着明显的福利损耗，其根本原因在于缺少解决问题的理论创新工具。农村土地承包经营权一旦出现流转，无论是改变土地农用性质的征地流转，还是不改变农用性质的经营权流转，都将涉及资金问题，可见土地制度问题的本质是金融问题。土地制度创新、农村土地福利的提高，有赖于土地金融理论工具的创新。因此，本书试图从土地金融化的视角，将农村土地的财产性和福利性结合起来进行研究，进行农村土地制度的创新。

6 被征农地权益保障的财政补偿政策效应研究

　　20世纪80年代以来，中国城乡经济逐步进入高速增长时期，城市化进程明显加快。根据《国家新型城镇化规划（2014～2020年）》，到2013年，中国常住人口城市化水平达53.7%，正处于城市化高速发展阶段。城市化是区域经济社会发展在空间上的表现，它不仅体现在区域人口由农业向非农业转化，还体现在城市空间向外扩展，区域用地由农业用地向城市建设用地转化，即土地非农化和"土地城镇化"，并且表现为"土地城镇化"快于人口城镇化的粗放低效问题，如2000～2011年，城镇建成区面积增长76.4%，远高于城镇人口50.5%的增长速度。

　　我国农村土地非农化的主要途径有以下三种：第一，国家以划拨或出让方式直接将国有农地（如国有农场、林场等）转化成非农建设用地；第二，国家首先征用农村集体所有的农业用地，继而以划拨或出让等形式将农地转化为非农建设用地；第三，在保持集体土地所有权前提下，把农地转化为非农建设用地。通过比较不难发现，第一种和第三种方式的转化并不涉及土地所有权的转移，并且整体数量较少；第二种方式的转化涉及土地所有权转移，并且数量较多。由于日益缩小国有土地划拨范围，第二种方式中市场机制的作用显得日趋重要，政府、集体和农民三者之间的利益关系也表现得较为突出。

　　农地城市流转可以看作农村土地在一级市场和二级市场的两次交易，国家在一级市场以一种特殊的土地价格即"征地补偿费"购买农地，并在土地二级市场上按"土地出让金"的价格出让土地。农地城市流转过程中涉及的权利主体包括中央政府、各级地方政府、集体经济组织、土地开发商和农户。本书以农村土地在一级市场上交易（农地征用过程中）涉及的供给方的福利效应（农户）以及征地财政补偿政策的福利效应（政府部门）为研究对象。以财政手段为主的征地补偿政策的完善似乎并没有达到预期的效果，因此，从理论上探讨现行财政补偿政策效应并从金融的角度积极探索"大幅度提高农民在土地增值收益中的分配比例"的可行方案并努力付诸实施，"保障农民的土地财产权，分配好土地非农化和城镇化产生的增值收益"成为目前亟待解决的重大问题。

6.1　近十年各级政府征地财政补偿政策现状分析

近十年来，各地因征地而引发的纠纷和极端群体性事件不断增多，我国的群体性事件从2000年的8.6万起陡增到2010年的18.7万起。据农业部提供的数据显示，2009～2010年关于征地、土地流转等问题的信访量始终占信访总量的一半以上，由此可见，失地农民问题已经是不可回避的重大社会问题。如此尖锐的社会矛盾，使学者们开始审视我国的征地补偿政策，如征地补偿标准不科学、补偿程序不公平、补偿水平低，失地农民社会保障机制不完善等问题。

事实上，国家的征地财政补偿政策一直在不断地完善。征地财政补偿政策可以追溯到解放初期，当然，工业化、城镇化加快导致大量征占农民集体建设用地主要发生在近十年。因此，本研究将政策变迁的范围限定在2000～2010年。这十年，国家在政策和法律层面强化了对土地征收制度的改革力度，除了对征地补偿的标准、范围、方式进行了重大改革，还对土地补偿费的归属、分配以及使用进行了深度介入，从而形成了一系列政策要求与法律规则，其中主要包括法律、行政法规、地方政府规章以及国务院和部委的相关政策文件等。

如果说农民是因为征地补偿过低而不满，那么随着国家征地补偿政策的完善，这种不满引发的社会矛盾应该有所缓和，然而，一系列过激的征地纠纷和群体性事件的屡屡发生表明，补偿政策的完善似乎并没有达到预期的效果。由此可见，征地财政补偿政策效应不如预期的原因可能并非征地补偿标准太低，而有可能是基层政府没有落实中央政府的政策，导致失地农民实际获得的补偿太低。如果是前者导致失地农民不满，那么中央政府将致力于提高标准；如果是后者，中央政府则应加大财政支出的监管力度。缺乏对这个问题的调查和思考，中央政府就难以合理配置征地补偿资源，财政补偿政策的边际投入大于边际收益（失地农民满意程度的边际变化），导致征地财政补偿政策缺乏效率，中央政府的政策福利效应降低。现有的实证研究主要停留在对农民被征地意愿的影响因素探讨（康岚，2009）以及被征地农户意愿受偿价格的影响因素分析（黄贤金等，2011），而从征地财政补偿政策变迁角度探讨中央政府征地财政补偿政策的福利效用的大规模的调查少有出现。基于此，本研究以各类规范性文件的出台时间为序，系统梳理这些征地政策的内容与逻辑，厘清中央政府征地财政补偿政策变迁效应不如预期的影响因素，试发现其深层次的原因，从而为解决失地农民问题、完善征地财政补偿政策提供新的思路。

部分学者认为政府成为土地收益分配中获利最大的利益集团，土地出让金收入成为地方财政的重要收入来源（钱忠好等，2004；郑振源，2000；黄小虎，2002），因而可以设想政府在征地过程中是福利改善的一方，但是，这样的研究没有进一步细化中央政府和地方政府的行为不一致性对征地财政补偿过程中政府福利效应的影响。中央政府在征地过程中追求的是社会公共福利的最大化（土地社会边际效益最大化），中央政府通过征地财政补偿的方式以实现整个社会福利的最大化；而地方政府追求的是区域经济发展，因此，作为征地财政补偿政策的具体执行者，地方政府在自身利益的驱使下很难实现中央政府的社会福利最大化目标，而行为的不一致性将有可能导致行为主体的福利受损。中央政府在征地过程中的主要行为是制定征地财政补偿政策对农民进行安置补偿，财政安置补偿方案的政策效应如何将从侧面反映中央政府的福利效应。因此，该部分将着重探讨中央政府的征地财政补偿政策效应。

2000～2010年，中央一级政府出台法律1部、规范性文件4个。中央政府征地补偿政策主要涉及以下三个方面：第一，补偿标准从不科学的"年产值倍数法"完善到"省、区、市人民政府要制定并公布各市县的统一年产值标准和区片综合地价，制定时要考虑地类、产值、土地区位、农用地等级、人均耕地数量、土地供求关系、当地经济发展水平和城镇居民最低生活保障等多方面内容，保障被征地农民生活水平不被降低"（国土发〔2005〕第 144 号）；第二，货币补偿数量方面从"总计不超过前三年平均产值 30 倍"〔2004 年 8 月 18 日国家出台的《中华人民共和国土地管理法》（第二次修订）〕提高到"在原有补偿基础上再提高 20%～30%，并实行补偿机制的动态调整，每 2～3 年对征地补偿标准进行调整，逐步提高征地补偿水平"（国土发〔2010〕第 72 号）；第三，安置补偿方式从原来单一的货币补偿方式转变到"增加被征地农民的安置途径（农业生产安置、重新择业安置、入股分红安置、异地移民安置）"（国土发〔2004〕第 238 号），以及"将失地农民纳入社会保障体系，确保被征地农民长远生计有保障"（国土发〔2010〕第 72 号）。

中央一级政府制定的法律、规范性文件向下传递过程中将由地方政府制定具体实施办法。由于本部分的实证研究是以江苏镇江市为研究样本，以下将梳理江苏省政府在 2000～2010 年做出的征地补偿政策变动，其中法规性文件 1 个、规章性文件 1 个。一是由江苏省人民政府 2006 年颁布的《江苏省土地管理条例》（省政发〔2006〕），其以中央一级政府 2004 年颁布的《土地管理法》（第二次修订）为依据，并在补偿标准上做了调整，该条例明确指出："耕地补偿费按被征用前三年平均产值的 8～10 倍，安置补偿费为被征用前年平均产值的 5 倍。"从中可以看出江苏省基于地方财力比较雄厚，人均 GDP 较高，在制定补偿标准时也比中央一级政府的标准略高，符合中央文件中提出的"地方政府根据各自经济发展水平在中央制定的标准上适当调整"。二是《江苏省征地补偿和被征地农民基本生活保障办法》（省政发〔2006〕第 26 号），该文件响应了《制定征地统一年产值标准和区片综合地价工作的通知》（国土发〔2005〕第 144 号）的文件精神，补偿原则从传统的年产值倍数法改进到按统一年产值倍数法进行补偿，并初步建成了江苏省内的征地区片综合地价标准。但对于中央一级政府在2004年颁布的《关于完善征地补偿安置制度的指导意见》（国土发〔2004〕第238号）提出的"征地补偿标准尚不足以保证失地农民生活水平不被降低的，从国有土地有偿使用收益中划拨补贴，以及增加被征地农民的安置途径"等内容没有体现。而关于中央一级政府在2010年最新制定《关于进一步做好征地管理工作的通知》（国土发〔2010〕第72号）提到的"将失地农民纳入社会保障体系，不得以新农保代替被征地农民社会保障，要因地制宜采取多元化安置方式"等内容，在江苏省政府的文件中也没有更进一步的反映。截至2011年，江苏省政府关于征地补偿政策的最新文件就是上述提到的2006年颁布的"江苏省人民政府令〔2006〕第26号"。由此不难看出，关于征地补偿政策，省级地方政府的政策要滞后于中央一级政府的政策两年甚至更长，存在时间序列横向的偏离，同时还存在政策内容纵向上的遗漏、偏离。

而征地补偿政策的最终执行主体——基层市级以下国土部门制订的征地补偿安置方案与中央一级政府的法律文件、地方政府的法律规章执行程度如何？下面以江苏省镇江市国土资源部门2011年的一宗征地补偿方案为例，《丹阳市国土资源局征地补偿安置方案公告》（丹国土发〔2010〕第8号）规定："征地补偿按照《中华人民共和国土地管理法》〔2004〕第48条、《江苏省土地管理法实施条例》（省政发〔2006〕）第25条、《江苏省征地补偿和被征地农民基本生活保障办法》（省政发〔2006〕第26号令）和镇江市人民政府《关于调整征地补偿标准的通知》（镇政发〔2004〕31号）。"不难看出，征地年份为2010年，但在具体的征地实践中，征地补偿方案执行标准最多达到2006年的标准，而中央一级政府制定的最新征地补偿标准是2010年，因此，基层政府的征地补偿方案与中央一级政府的补偿标准在内容上滞后，同时也存在时间上的偏离。以上所引实例只是个案，为了能得到更为客观科学的结论，本研究将在以下理论分析的基础上，通过实证的方法对征地补偿政策的变迁效应进行深入分析。

6.2 征地财政补偿政策变迁效应的衡量及影响因素分析

6.2.1 征地财政补偿政策变迁效应衡量

假设征地补偿行为涉及的主体只有政府和失地农民，每一次的政策变迁可以看作征地补偿资源重新配置的不同方案，如何评价征地补偿变迁过程中资源配置的最优方案将以帕累托标准进行分析。在简化的情况下假设有征地补偿方案 A 和方案 B，失地农民甲和乙两人，对于补偿方案 A 和 B 只要甲乙中至少一人认为方案 A＞B（"＞"为优于），而没有人认为 A＜B（"＜"为劣于），则从整个社会的角度看，补偿政策方案 A 优于方案 B。具体包括以下三种情况：

①甲：A＞B，乙：A＞B

②甲：A＞B，乙：A＝B（"＝"为无差异于）

③甲：A＝B，乙：A＞B

当补偿政策从方案 B 变迁到方案 A 时，情况①中甲和乙的境况都得到改善；情况②中补偿政策从方案 B 到方案 A 的变化，在没有使乙的情况变坏的情况下增进了甲的福利；情况③中补偿政策从方案 B 到方案 A 的变化，在增进乙的福利的情况下，而没有减少甲的福利。将上述结论推广到 m 个失地农民在 n 种征地补偿方案中进行选择的一般情况，征地补偿政策发生 n 次变迁对应形成 n 个征地补偿方案 c_1，c_2，…，c_n，对于每一次的政策变迁所对应的补偿方案 c_i，如果 m 个失地农民中至少有一人认为政策变迁后的补偿方案优于政策变迁之前的补偿方案（$c_i > c_{i-1}$），而没有人认为政策变迁后的补偿方案劣于政策变迁之前的补偿方案（$c_i < c_{i-1}$），则认为至少有一个失地农民因为政策变迁而福利得到增进，同时没有降低其他失地农民的福利水平，这就是判断征地补偿政策变迁效应的帕累托标准。

6.2.2 征地财政补偿政策变迁效应影响因素分析

确立了征地补偿政策变迁效应的评价标准后，在中央政府的征地补偿支出一定的情况下，如何使中央政府征地补偿政策变迁实现效应最大化就是值得进一步关注的问题。借鉴基数效用理论，如果中央政府用于征地补偿的财政支出是固定的，每一次的政策变迁相对应形成补偿方案 c_i，对应的补偿方案的财政支出预算 p_i 既定，那么中央政府每一次的政策变迁所产生的失地农民的满意程度的边际变化 MU_i 与该补偿方案的财政支出预算 p_i 之比相等，也就是实现了中央政府征地补偿政策变迁效应最大化的均衡条件。

　　假定中央政府用既定的财政支出 I 用于不同的征地补偿方案 c_1，c_2，…，c_n，p_1，p_2，…，p_n 分别为 n 种征地补偿方案的既定价格（每种方案的财政支出预算），λ 为货币的边际效应。以 MU_1，MU_2，…，MU_n 分别表示每一次征地补偿政策变迁下征地补偿方案对失地农民满意程度产生的边际变化，则上述中央政府部门征地补偿政策变迁效应最大化的均衡条件可以表示为：

$$p_1 c_1 + p_2 c_2 + \cdots + p_n c_n = I \tag{6-1}$$

$$\frac{MU_1}{p_1} = \frac{MU_2}{p_2} = \cdots = \frac{MU_n}{p_n} = \lambda \tag{6-2}$$

　　式（6-1）是限制条件，式（6-2）是在限制条件下实现征地补偿政策变迁效应最大化的均衡条件。式（6-2）表示政府征地补偿政策变迁应该选择最优的征地补偿方案，使得支出于每一次的政策变迁产生的征地补偿方案的最后一元钱给失地农民带来的满意程度的边际变化相同，且等于货币的边际效应。

　　当 $\frac{MU_i}{p_i} < \lambda$，$i = 1$，$2$，…，$n$ 时，说明政府用于补偿方案 c_i 的单位支出产生的失地农民满意程度的边际变化小于这一元钱的边际效用，也就是政府用于该补偿方案的支出太多了，应该减少该补偿方案的支出，增加其他补偿方案的支出，在边际效应递减规律的作用下，直至 $\frac{MU_i}{p_i} = \lambda$，$i = 1$，$2$，…，$n$ 的条件实现为止。

　　相反，当 $\frac{MU_i}{p_i} > \lambda$，$i = 1$，$2$，…，$n$ 时，这说明政府用于补偿方案 c_i

的单位支出产生的失地农民满意程度的边际变化大于这一元钱的边际效应，也就是政府用于该补偿方案的支出不够，应该继续该补偿方案的支出，以获得更多的效应，在边际效应递减的规律作用下，直至 $\frac{MU_i}{p_i} = \lambda$，$i = 1$，$2$，$\cdots$，$n$ 的条件实现为止。

而当 $\frac{MU_i}{p_i} \neq \lambda$，$i = 1$，$2$，$\cdots$，$n$，征地补偿方案的财政预算支出 p_i 既定的情况下，政府部门应该从哪些方面进行政策调整，配置征地补偿资源，需要从补偿方案对失地农民产生的满意程度的边际变化 MU_i 的影响因素作进一步分析。

征地补偿政策变迁对失地农民带来满意程度的边际变化（征地补偿政策变迁效应）不如预期的影响因素探讨，需要从征地补偿政策变迁的目标内容进行分析。根据征地补偿政策提出的"同地同价"原则，就要考虑被征地块的特征因素，包括征地区位（location）、征地年份（year）；"要保障失地农民征地前后生活水平不被降低"，则要涉及被征地农户的家庭特征因素，包括受访者的年龄（age）、受教育程度（edu）、家庭人数（people）、家庭劳动力非农就业比例（percent）；信息非对称下，地方政府的决策行为可能会对政策变迁效应产生影响，用中央政府与地方政府政策执行的偏移（deviation）来表示政策执行的滞后偏离程度。

因此，补偿方案对失地农民产生的满意程度的边际变化 MU_i 可以用一组因素的函数表达：

$$MU = f\,(age、edu、people、percent、location、year、gdp、deviation)$$

基于上述理论分析，下文将围绕上述影响因素提出假说。

6.2.3　研究假说

要实现征地补偿政策效应最大化，在中央政府制定征地补偿政策的边际支出不断增加的前提下，地方政府执行征地补偿政策的边际收益是否增加，也即被征地农户的受偿满意程度是否提高，是本研究关注的重点。1994 年，中国实行了分税制改革，在财政支出的巨大压力下，土地成为地方政府最便捷也是最主要的收入来源，以地生财成为分税制后地方政府的刚性需求（温铁军，2001）。因此，压低征地补偿标准、降低征地成本就成为地方政府理性选择的结果。而这种行为选择的直接体现，则是地方政府实际执行的征地补偿政策，在时间和内容上滞后偏离了中央政府制定的征地补偿政策。那么，在控制了被征地农户家庭特征、被征地块特征和当地经济发展水平等因素的情况下，地方政府征地补偿政策执行滞后偏离程度对被征地农户受偿满意程度影响如何？本研究将进一步分析并提出相应的假说。

（1）地方政府征地补偿政策执行滞后偏离程度对被征地农户受偿满意程度的影响

地方政府实际执行的征地补偿政策与中央政府制定的征地补偿政策越吻合，被征地农户受偿满意程度可能越高。地方政府政策执行滞后偏离程度包括时间上的偏离和内容上的偏离：时间上的偏离是指在年份上地方政府实际执行的征地补偿政策滞后于中央政府更新的征地补偿政策，地方政府没有及时执行最新政策；内容上的偏离是指地方政府在实际执行中央政府制定的征地补偿政策时在补偿内容上有遗漏和截留。

（2）农户家庭特征对被征地农户受偿满意程度的影响

一般而言，被征地农户因为户主年龄、户主受教育程度、家庭人数、家庭劳动力非农就业比重的不同而会对征地补偿政策有不同的认知。①户主年龄。户主年龄对被征地农户受偿满意程度有（非线性）影响。当户主年轻力壮时，他有更多机会选择非农就业以增加收入，土地征用不会对其生活方式产生重大影响；随着户主年龄越长，获得的征地补偿越多，被征地农户受偿满意程度就可能越高。但是，当户主年龄超过一定岁数时，其对土地的依赖程度、恋土情结将会明显高于其他年龄段的农民，失地后将很难适应新的生活方式，而如果地方政府实际执行的征地补偿政策滞后或偏离于中央政府最新的征地补偿政策，不完善的社会保障和征地安置方案就有可能导致户主年龄越大，对征地的排斥程度越大，被征地农户受偿满意程度也就会越低。②户主受教育程度。被征地农户户主受教育程度越高，非农就业能力越强，对土地的依赖程度越低，其受偿满意程度就可能越高。但是，当地方政府实际执行的征地补偿政策滞后或偏离于中央政府最新的征地补偿政策时，户主受教育程度高的被征地农户由于维权意识更强，受偿满意程度就可能更低。③家庭人数。家庭人数代表了家庭规模。一般而言，家庭规模越大，经济负担越重，因而被征地农户受偿满意程度随着家庭人数的增加而降低。④非农就业比重，即农户家庭非农就业人数占家庭人数的比重。一般认为，农户家庭经济状况随非农就业人数的增加而提高，因而被征地农户受偿满意程度随非农就业比重的上升而提高。

（3）被征地块特征对被征地农户受偿满意程度的影响

①征地区位。本研究将被征地块所在区域按距离区（市）中心城区的远近，分为近郊区、中郊区、远郊区。一般而言，相对于中郊区、远郊区，近郊区的地价较高，被征地农户对征地补偿的期望也因此较高，其受偿满意程度也就可能较低；远郊区的被征地农户，由于离中心城区较远，非农就业机会少，对土地的依赖程度高，对征地补偿的期望也可能较高，其受偿满意程度也就可能较低。②征地年份。近十年来，征地补偿标准每年都有不同程度的提高，被征地农户受偿满意程度可能会随征地年份的推移而有所提高。

（4）地区经济发展水平对被征地农户受偿满意程度的影响

经济发展水平越高的地区，被征地农户的补偿期望相对越高。因此，在不存在地方政府征地补偿政策执行滞后偏离的情况下，地方经济发展水平越高，财政收入越高，对被征地农户的补偿就可能越多，从而被征地农户受偿满意程度就可能越高；但是，在存在地方政府征地补偿政策执行滞后或偏离的情况下，经济发展水平较高的地区，被征地农户的补偿需求意愿与实际获得的征地补偿之间的落差就可能较大，进而其受偿满意程度可能会较低。

基于上述分析，本研究提出如下假说。

假说1：地方政府对中央政府征地补偿政策执行的滞后偏离程度对被征地农户受偿满意程度有负向影响，滞后偏离程度越小，被征地农户受偿满意程度越高。

假说2：被征地农户的户主年龄、受教育程度与其受偿满意程度之间存在非线性关系；被征地农户家庭人数越多，非农就业机会越少，对土地依赖程度越高，其受偿满意程度可能越低。

假说3：被征地块所处区位、地区经济发展水平与被征地农户受偿满意程度之间存在相关关系。被征地块所在地区离区（市）中心城区越近，地区经济发展水平越高，被征地农户对补偿的预期越高，其受偿满意程度就相对越低；被征地块所在地区离区（市）中心城区越远，地区经济发展水平越落后，地方政府征地补偿政策执行滞后偏离程度越严重，被征地农户受偿满意程度同样也就越低。

6.3 基于1703个样本农户的征地补偿政策效应实证分析

6.3.1 模型与变量选择

中央政府是征地补偿政策的制定者，地方政府是征地补偿政策的具体执行者，中央政府制定征地补偿政策的目标包括经济发展、粮食安全、生态平衡、社会稳定。而在地方政府官员的晋升与其辖区经济发展水平密切相关的考核机制下（张军，2007），地方政府在执行中央政府征地补偿政策时，是以地方经济发展水平的提高为主要目标，因而可能通过压低对被征地农户的补偿来降低征地成本，进而低价出让土地以招商引资，实现发展地方经济的目的。理论上，中央政府征地补偿政策效应最大化的约束条件，是征地补偿政策制定和执行过程中的边际支出等于边际收益。中央政府不断提高征地补偿标准，完善征地补偿政策，即征地补偿政策制定的边际支出增加。那么，要实现征地补偿政策效应最大化，则要求地方政府执行征地补偿政策的边际收益也增加。而被征地农户的受偿满意程度是地方政府执行中央政府征地补偿政策的直接结果。因此，本研究拟通过被征地农户受偿满意程度这个变量来间接衡量中央政府征地补偿政策效应。

根据理论分析框架和研究假说，征地补偿政策变迁及失地农民满意程度的边际变化是本研究关注的重点。因此，以被征地农户受偿满意程度作为模型的因变量，以可能引起被征地农户受偿满意度变化的一系列因素作为模型的自变量。由于因变量是有序分类变量，所以本研究将选择多元有序 Logistic 回归模型。以 $X = (x_1, x_2, \cdots, x_n)$ 为自变量向量，n 为变量个数，Y 为多分类有序因变量，k 为其水平数（本文 $k = 4$）。令 Y 取 j 水平的概率 $\pi_j = P(Y = j/X)$，$j = 1, 2, \cdots, k$，$\sum \pi_j = 1$，取 P_j 为 π_j 的估计值，建立多元有序 Logistic 回归模型如下：

$$p_1 = \exp(a_1 + \sum_{i=1}^{n} b_i x_i) / [1 + \exp(a_1 + \sum_{i=1}^{n} b_i x_i)] \tag{6-3}$$

$$P_j = \frac{\exp(a_j + \sum_{i=1}^{n} b_i x_i)}{1 + \exp(a_j + \sum_{i=1}^{n} b_i x_i)} - \frac{\exp(a_{j-1} + \sum_{i=1}^{n} b_i x_i)}{1 + \exp(a_{j-1} + \sum_{i=1}^{n} b_i x_i)}; j = 2, 3, \cdots, k-1 \tag{6-4}$$

$$P_k = 1 - \exp(a_{k-1} + \sum_{i=1}^{n} b_i x_i) / [1 + \exp(a_{k-1} + \sum_{i=1}^{n} b_i x_i)] \tag{6-5}$$

在式（6-3）、式（6-4）和式（6-5）中，a_j 为模型截距的估计值，即模型的常数项；$b_1, b_2, \cdots, b_n$ 为回归系数的估计值。结合研究假说，选取以下变量建立多元有序 Logistic 回归模型如下：

$$Y = \frac{\exp(\beta_0 + \beta_1 X_1 + \beta_2 X_2 + \beta_3 X_3 + \beta_4 X_4 + \varepsilon)}{1 + \exp(\beta_0 + \beta_1 X_1 + \beta_2 X_2 + \beta_3 X_3 + \beta_4 X_4 + \varepsilon)} \tag{6-6}$$

在式（6-6）中，Y 为因变量，衡量征地补偿政策变迁后被征地农户受偿满意程度。X_1、X_2、X_3、X_4 分别代表家庭特征组变量、被征地块特征组变量、当地经济发展水平、征地补偿政策滞后偏离程度，ε 为随机扰动项。

（1）被征地农户受偿满意程度（Y）。征地补偿政策变迁效应最大化要求每一次的政策变迁的边际支出与失地农民受偿满意程度的边际变化之比相等，因此，可以用被征地农户受偿满意程度（Y）来衡量征地补偿政策变迁效应，该有序分类变量按满意程度由低到高排序赋值：很不满意 = 1；不满意 = 2；一般 = 3；满意 = 4。

（2）被征地农户家庭特征组变量（X_1）。①年龄为连续变量；②受教育程度（edu）为连续变量，表示劳动力接受正规教育的年限；③家庭人数（people）为连续变量；④非农就业比重为连续变量，用从事非农工作人数占家庭人数的比重表示。

（3）被征地块特征组变量（X_2）。①征地区位为分类变量，以距离镇（区）中心小于10公里的村庄地带表示近郊村；以距离镇（区）中心10~20公里的村庄地带表示中郊村；以距离镇（区）中心20公里以上的村庄地带表示远郊村。变量定义以中郊村为参照项，中郊村=0。近郊村：near = 1，否则 = 0；远郊村：far = 1，否则 = 0。②征地年份（year）为连续变量。

（4）当地经济发展水平（X_3）。以样本村所在地区人均地区生产总值GDP表示。根据样本地区经济发展水平，将人均地区生产总值小于40000元的地区列为发展相对较慢地区，人均地区生产总值在40000~60000元的地区列为中等发展水平地区，将人均地区生产总值在60000元以上的地区列为发展相对较快地区。该变量为分类变量，以中等发展水平地区为参照项，中等发展水平地区=0；发展水平相对较低地区：low = 1，否则 = 0；发展水平相对较高地区：high = 1，否则 = 0。

（5）征地补偿政策滞后偏离程度（X_4）。以征地补偿政策的内容偏离（2010 - 征地年份 t）表示征地补偿政策的滞后程度，以征地补偿政策的时间偏离（征地年份 t - 执行标准年份）表示征地补偿政策的偏离程度，内容偏离与时间偏离之和表示滞后偏离程度。

6.3.2 样本选取与数据来源

本研究选择江苏省镇江市作为样本地区。一是由于镇江市是江苏"万顷良田工程"首批试验区，该工程主要通过将农村居民迁移到城镇，将其宅基地复垦为耕地，集约利用农村建设用地，从而建成大面积、连片的高标准农地，实现农地集中、居住集聚、用地集约。因此，土地征用在镇江市进行较早，且面广量大，选择该地区能够更好地体现征地补偿政策效应在该地区的变化。二是由于镇江市经济发展处于江苏省的中等水平,选择该地区避免了地区经济发展水平过高或者过低对计量结果带来的偏误,所得出的研究成果具有代表性。实证分析所用数据来源于项目组 2011 年 5~8 月对镇江市 7 个县级区(市)42 个行政村的抽样调查(见表 6-1)。

表 6-1 样本选取分类说明

人均地区生产总值(元)	辖区范围(市辖区、县级市)		行政村名称
102202	镇江新区 (4 个行政村)	近郊村	姚桥镇茂华村
		中郊村	丁岗镇纪庄村
		远郊村	姚桥镇红光村、港中新村
56908	京口区 (6 个行政村)	近郊村	京口路社区、谏壁镇粮山村
		中郊村	象山村、迈村、洛阳村
		远郊村	蔡家村
54214	丹徒区 (5 个行政村)	近郊村	东大坝村、高资村、安丰村
		中郊村	姚庄村、长山村
		远郊村	
53336	润州区 (6 个行政村)	近郊村	曙光村、蒋乔镇乔家门村
		中郊村	严庄村、嶂山村、五洲山村
		远郊村	秀山村
53552	丹阳市 (8 个行政村)	近郊村	司徒镇固村、丹阳开发区善巷村
		中郊村	珥陵镇中仙村、延陵镇行宫村、开发区练湖村
		远郊村	新桥镇新中村、开发区门楼村、新桥镇金桥村
64789	扬中市 (5 个行政村)	近郊村	八桥镇万福村、油坊镇会龙村
		中郊村	新坝区联合村、开发区双跃村
		远郊村	西来桥区幸福村
34996	句容市 (5 个行政村)	近郊村	宝华镇和平村
		中郊村	宝华镇鲍亭村、开发区寨里村
		远郊村	茅山镇、天王镇戴庄村

数据来源:根据问卷调查结果、《镇江统计年鉴》(2010 年)整理所得。

这 7 个区(市)分别是润州区、镇江新区、丹徒区、京口区、丹阳市、句容市、扬中市。此次调查采用的抽样方法是分层抽样法，即按镇江市7个区（市）人口数在整个镇江市的权重，分别抽取一定数目的样本村。具体到每个区（市）所抽取的样本村，按照所属区位的不同再分为近郊村、中郊村、远郊村三个层次：以距离区（市）中心城区0~10公里的为近郊村，10~20公里的为中郊村，20公里以上的为远郊村。对每个层次的村庄，课题组在每个区（市）各选几个样本村；在每个样本村按被征地农户名单随机抽取约50个农户进行调查。此次调查共发放问卷1750份，回收并剔除无效问卷后，最终获得有效问卷1703份，包含1703户农户的信息。

需要说明的是，有关当地经济发展水平的数据分组是依据《镇江统计年鉴》（2010年）相关数据进行，有关变量"征地补偿政策偏离程度"中地方政府在补偿中实际执行标准的年份数据获取是通过公布在样本地区所属辖区国土资源局网站的《各市、县国土资源局征地补偿安置方案公告》相关数据整理所得。

此次调查以入户问卷调查的形式进行，问卷内容包含以下几个方面：①被征地农户受偿满意程度；②地方政府征地补偿政策执行滞后偏离程度；③被征地农户家庭基本特征，包括家庭人数、户主年龄、户主受教育程度、非农就业比重；④被征地块特征和经济发展水平，包括征地年份、征地区位、人均地区生产总值。各个变量的描述性统计见表6-2。

表6-2　主要变量的描述性统计

变量		名称	变量含义	变量赋值	均值	标准差
被解释变量		被征地农户受偿满意程度（Y）	失地农民对所获征地补偿的满意程度	很不满意=1；不满意=2；一般=3；满意=4	3.079	0.781
解释变量	关键变量	征地补偿政策执行滞后偏离程度（X_1）	时间偏离 $t_1=2010-$被征地年份t；内容偏离 $t_2=$被征地年份t－执行标准年份	t_1+t_2	4.672	2.008

续表

变 量	名 称	变量含义	变量赋值	均 值	标准差
解释变量 — 关键变量	被征地块特征组变量（X_2）被征地年份	被征地年份的先后（以 2000 年为基数）	被征地年份 t – 2000	9.164	0.816
	征地区位	被征地村距离区（市）中心 0 ~ 10 公里 = 近郊村；10 ~ 20 公里 = 中郊村：20 公里以上 = 远郊村	以"中郊村"为参照 近郊村 = 1，否则 = 0 远郊村 = 1，否则 = 0	0.329 0.264	0.471 0.441
	地区经济发展水平（X_3）人均地区生产总值	人均地区生产总值 0 ~ 40000 元 = 经济发展水平低；40000 ~ 60000 元 = 经济发展水平中等；60000 元以上 = 经济发展水平高	以"经济发展水平中等"为参照 经济发展水平低 = 1，否则 = 0 经济发展水平高 = 1，否则 = 0	0.086 0.228	0.281 0.420
控制变量	家庭特征组变量（X_4）非农就业比重	家庭劳动力非农就业比重	—	0.532	0.296
	家庭人数	家庭人口数	—	3.801	1.244
	户主年龄	户主年龄	—	46.784	49.833
	户主受教育程度	户主接受正规教育的年限	—	6.423	2.938

6.3.3　征地财政补偿政策效应的描述性统计

本研究的征地补偿政策效应主要集中在工业化、城镇化迅速发展的近十年（2000 ~ 2010 年）。在此期间，中央政府出台了相关法律 1 部、规范性文件 4 个。以江苏为例，2000 ~ 2010 年，江苏省政府颁布了征地补偿政策法规性文件 1 个（《江苏省土地管理条例》）、规章性文件 1 个（《江苏省征地补偿和被征地农民基本生活保障办法》）。但是，中央政府关于"征地补偿标准尚不足以保证失地农民生活水平不被降低的，从国有土地有偿使用收益中划拨补贴，以及增加被征地农民的安置途径"[①] 等内容在江苏

[①]　国土资源部第 238 号文件《关于完善征地补偿安置制度的指导意见》，2004。

省政府的相关文件中没有体现，相应的"将失地农民纳入社会保障体系，不得以新农保代替被征地农民社会保障，要因地制宜采取多元化安置方式"①等内容在江苏省政府的地方性文件中也没有体现。地方政府实际执行的征地补偿政策滞后或偏离于中央政府制定的征地补偿政策。

依据上述对中央政府、江苏省政府、镇江市政府征地补偿政策的梳理可知，中央政府征地补偿政策完善的时点主要集中在2004年、2006年、2010年，三个时点征地补偿政策完善的重点内容有所不同，但总体都围绕三个方面进行。第一，提高征地补偿标准。可以从被征地农户所获得的补偿方式（征地补偿政策经历了"一次性货币补偿"到"货币补偿+安置补偿"的改善）来分析，2004年《中华人民共和国土地管理法》（第二次修正）规定征地补偿标准在原有基础上再提高20%～30%，2010年国土资源部第72号文件《关于切实做好征地拆迁管理工作的紧急通知》要求，增加被征地农民的安置途径（农业生产安置、重新择业安置、入股分红安置、异地移民安置）以及将失地农民纳入社会保障体系，确保被征地农民长远生计有保障，而征地补偿标准不断提高的政策效应则由被征地农户受偿满意程度来体现。第二，限制征地用途。可以从被征地农户对被征地用途的了解程度来反映地方政府执行中央政府制定的征地用地管制方面的政策效应，例如，2004年国土资源部发布的238号文件《关于完善征地补偿安置制度的指导意见》明确了土地征收或征用仅限于公益性开发。第三，改善安置补偿方式。2010年国土资源部出台的第72号文件《关于切实做好征地拆迁管理工作的紧急通知》明确提出，将失地农民纳入社会保障体系。因此，可以从被征地农户征地前后养老、医疗、就业保障等方面是否得到改善来体现征地补偿政策效应。本研究拟从样本农户对问卷中相关问题的回答，来间接反映中央政府征地补偿政策效应。

从表6-3可以看出，在征地补偿政策的四个时间段，获得"一次性

----

① 国土资源部第72号文件《关于切实做好征地拆迁管理工作的紧急通知》，2010。

货币补偿"方式的被征地农户比重虽然随时间的推移略有下降，但仍然约占50%。可见，地方政府实际执行的征地补偿政策确实滞后于中央政府制定的征地补偿政策，征地补偿政策效应没有实现最优。

表6－3 样本地区农户实际获得的征地补偿方式统计

单位:%

	2004 年以前	2004～2006 年	2006～2010 年	2010 年以后
一次性货币补偿	76.8	66.8	56.1	49.5
货币＋非货币安置补偿	0.0	3.5	14.5	22.6
定期获得土地租金	23.2	29.7	29.4	21.9

注：2010 年国土资源部第72 号文件《关于切实做好征地拆迁管理工作的紧急通知》增加了更多的安置补偿方式，故表6－3 中2010 年以后所列三种安置补偿方式的比重加总小于100%。
数据来源：根据问卷调查结果整理所得。

2004 年国土资源部发布的238 号文件《关于完善征地补偿安置制度的指导意见》提出要严格区分公益性用地和非公益性用地，明确界定政府土地征用权的使用范围。但是，从表6－4 对被征地农户问卷的统计数据来看，2004 年相关政策颁布后，在三个不同时间段，样本地区认为土地开发用于非公益性用途的被征地农户比重分别达70.5%、84.4%、79%。由此可见，地方政府没有严格执行中央政府对征用土地用途管制的相关政策，中央政府试图通过规范征地用途保护被征地农户权益的政策效应没有达到预期效果。

表6－4 样本地区被征地农户关于被征农地用途开发认知的统计

单位:%

	2004 年以前	2004～2006 年	2006～2010 年	2010 年以后
公益性开发	28.8	29.5	15.6	21.0
工业园区或者农业园区	68.5	45.9	44.9	30.5
房地产或其他商业用途	2.7	24.6	39.5	48.5

数据来源：根据问卷调查结果整理所得。

镇江市政府2006 年颁布的《关于调整征地补偿标准的通知》明确提出"按照不同的年龄段对失地农民实行不同的保障标准"。但是，从表6－

5 的问卷调查数据可知，2006 年镇江市政府颁布相关政策后，没有获得任何养老保障的被征地农户比重达 76%；而 2010 年国土资源部出台的第 72 号文件《关于切实做好征地拆迁管理工作的紧急通知》提出"将失地农民纳入社会保障体系，确保被征地农民长远生计有保障"的相关政策后，样本地区被征地农户获得城镇养老保险的比重仍然为 0。可见，中央政府不断完善的征地补偿政策没有达到预期效果。

表 6 - 5　样本地区被征地农户所获社会保障统计

单位：%

	2004 年以前	2004～2006 年	2006～2010 年	2010 年以后
没有获得任何养老保障	100	92	76	72
城镇养老保险	0	0	0	0
失地养老金	0	8	24	28

数据来源：根据问卷调查结果整理所得。

从表 6 - 6 可以看出，样本地区被征地农户所获补偿对其未来生活的保障程度存在差异，其中，认为自 2004 年以后征地补偿"不能解决"未来生活保障问题的被征地农户比重一直维持在 50% 左右。由此可知，样本地区只有约 1/4 的被征地农户随着时间的推移（征地补偿政策不断完善）享受到了征地补偿政策变迁带来的福利改善。

表 6 - 6　样本地区被征地农户关于所获补偿对未来生活保障程度的认知

单位：%

	2004 年以前	2004～2006 年	2006～2010 年	2010 年以后
暂时性解决	62.6	35.6	28.6	30.5
长久得到保障	2.0	7.5	24.7	26.9
不能解决	35.4	56.9	46.7	48.5

数据来源：根据问卷调查结果整理所得。

从表 6 - 7 可知，样本中不同征地时段的被征地农户，其受偿满意程度基本保持不变，每个时段中对征地补偿"不满意"的被征地农户比重约为 30%，对征地补偿"满意"的被征地农户比重约为 25%。

表 6 - 7　样本地区被征地农户受偿满意程度统计

单位:%

	2004 年以前	2004~2006 年	2006~2010 年	2010 年以后
满　意	26.5	20.4	23.5	27.6
一　般	45.0	48.8	44.8	43.7
不满意	28.5	30.8	31.7	28.7

数据来源:根据问卷调查结果整理所得。

上述统计结果显示,中央政府征地补偿政策不断完善的效应并不明显,被征地农户受偿满意程度并没有因为补偿政策的不断完善而显著提高,存在地方政府征地补偿政策执行滞后偏离现象。对此,本研究将通过计量模型对征地补偿政策效应的影响因素做进一步的实证分析。

6.3.4　征地财政补偿政策变迁效应影响因素实证分析

在上述理论和统计分析的基础上,本文运用 SPSS16.0 软件对上文所建立的多元有序 Logistic 模型进行估计,回归结果见表 6 - 8。

表 6 - 8　被征地农户受偿满意程度影响因素的模型回归结果

变　量	模型 (1)	模型 (2)	模型 (3)	模型 (4)	模型 (5)	模型 (6)
征地补偿政策执行滞后偏离程度	—	—	—	-0.660*** (0.03)	-0.676*** (0.036)	-0.750*** (0.042)
近郊村 (参照组为中郊村)	—	-0.562*** (0.118)	-0.974*** (0.305)	-0.664*** (0.143)	-0.545*** (0.109)	-0.943*** (0.323)
远郊村 (参照组为中郊村)	—	-0.305** (0.13)	-1.637*** (0.338)	-0.246** (0.125)	-0.319** (0.145)	-1.674*** (0.346)
被征地年份	—	0.045 (0.036)	0.034 (0.019)	0.045** (0.018)	0.052** (0.024)	0.069** (0.027)

变　量	模型（1）	模型（2）	模型（3）	模型（4）	模型（5）	模型（6）
经济发展水平低（参照组为经济发展水平中等）	—	—	-0.332 (0.191)	-0.234** (0.104)	-1.386** (0.749)	-0.445** (0.281)
经济发展水平高（参照组为经济发展水平中等）	—	—	-0.252 (0.158)	0.458** (0.239)	0.528* (0.326)	0.219** (0.117)
非农就业比重	0.410** (0.165)	0.402** (0.166)	0.459*** (0.167)	0.419*** (0.178)	0.437*** (0.156)	0.458*** (0.157)
户主受教育程度	6.795** (2.225)	6.385** (2.213)	6.447** (2.982)	6.883** (2.215)	6.347** (3.228)	5.385** (3.106)
户主受教育程度二次方	-0.339* (0.198)	-0.319** (0.103)	-0.397** (0.109)	-0.397** (0.146)	-0.373** (0.185)	-0.354** (0.192)
户主年龄	4.385** (1.863)	4.393* (1.768)	4.736** (1.687)	4.623** (2.484)	4.828** (2.586)	4.974** (2.473)
户主年龄二次方	-0.038** (0.013)	-0.036** (0.018)	-0.045** (0.028)	-0.397*** (0.021)	-0.408*** (0.032)	-0.415*** (0.039)
经济发展水平低与征地补偿政策执行滞后偏离程度交互项	—	—	—	—	-0.742** (0.439)	—
经济发展水平高与征地补偿政策执行滞后偏离程度交互项	—	—	—	—	0.355 (0.221)	—

续表

变　量	模型（1）	模型（2）	模型（3）	模型（4）	模型（5）	模型（6）
近郊村与征地补偿政策执行滞后偏离程度交互项	—	—	—	—	—	-0.109 (0.082)
远郊村与征地补偿政策执行滞后偏离程度交互项	—	—	—	—	—	-0.984*** (0.424)
似然估计值	25.908	374.299	468.756	604.584	658.463	747.255
卡方检验概率值	0.000	0.000	0.000	0.000	0.000	0.000

注：*、**和***分别表示在10%、5%和1%的水平上显著，括号内的数字是该回归系数的标准误差。

模型1、模型2、模型3、模型4分别重点讨论在控制了被征地农户家庭特征、地区经济发展水平、被征地块特征的前提下，地方政府征地补偿政策执行滞后偏离程度对被征地农户受偿满意程度的影响；模型5和模型6则在模型4的基础上分别引入地区经济发展水平、征地区位与地方政府征地补偿政策执行滞后偏离程度的交互项，以考察不同经济发展水平以及不同征地区位下地方政府征地补偿政策执行滞后偏离程度对被征地农户受偿满意程度的影响。

实证分析模型中的卡方检验概率值都小于1%，说明模型是显著的，并且模型似然比统计检验的概率值小于0.001，说明模型拟合度较高，模型整体比较理想。

表6-8的回归结果显示户主年龄和受教育程度与被征地农户受偿满意程度之间存在非线性关系，其二次项系数均为负，并且通过了显著性检验。由此可知，被征地农户的户主年龄和受教育程度对被征地农户受偿满

意程度的影响呈倒 U 形。这是因为虽然被征地农户受偿满意程度随户主离领取养老金年龄越近而越高，但是，由于地方政府实际执行的征地补偿政策滞后或偏离于中央政府最新的征地补偿政策，社会保障和征地补偿安置方案的不完善可能降低户主年纪较大的被征地农户的受偿满意程度。同理，对于户主受教育程度高的被征地农户，获得的征地补偿金可以用于从事非农经营，相对于较低的农业经营收入，较高的非农经营收入能带来家庭收入的增加，被征地农户的受偿满意程度提高。但是，当户主受教育程度达到很高的水平，其获取信息的能力大大增强，能够了解最新的征地补偿政策和各地的征地补偿标准，由此对比自己所获得的征地补偿，当发现自己所获得的补偿低于中央政府制定的补偿标准时，被征地农户受偿满意程度就会降低。非农就业比重在各个模型中均表现出对被征地农户受偿满意程度的正向影响，非农就业比重的高低意味着被征地农户对农地的依赖程度不同，非农就业比重高表示被征地农户对农地依赖程度低，土地征用对被征地农户家庭影响小，而非农就业比重低表示被征地农户对农地依赖程度高，土地征用对被征地农户家庭影响大。

征地区位变量中，近郊村变量和远郊村变量都对被征地农户受偿满意程度存在显著的负向影响。这说明，处于近郊村和远郊村的被征地农户，其受偿满意程度都低于中郊村被征地农户，造成这种差异的主要原因是不同区位征地用途不同。近郊村有地理区位优势，土地被征用后主要用于经营性用途的项目，项目本身具有较高的经济效益，但当被征地农户实际获得的补偿与农地非农化后土地升值预期的差距太大时，失落情绪导致其受偿满意程度降低；而对于远郊村而言，土地被征用后主要用于一些公益性项目，项目的经济效益不高，被征地农户的就业途径与社会保障较差，未来生活失去保障，受偿满意程度降低。

被征地年份变量在模型 1、模型 2、模型 3 中均不显著，但在模型 4 中，当引入了征地补偿政策执行滞后偏离程度变量后，被征地年份成为显著变量，并对被征地农户受偿满意程度产生了正向影响，这正好验证了假说 3。未引入征地补偿政策执行滞后偏离程度变量时，中央政府征地补偿政策因为地方政府执行的滞后或偏离而没有达到预期效果，因此，随着被征地年份的后移，被征地农户受偿满意程度没有显著的提高。而当引入了征地补偿政策执行滞后偏离程度变量后，被征地农户受偿满意程度随着被征地年份的后移（征地补偿政策不断完善）而提高。

地区经济发展水平中的两个变量在模型3中都不显著，但在模型4中，当引入了征地补偿政策执行滞后偏离程度变量后，经济发展水平低变量的系数在5%置信水平上为负，经济发展水平高变量的系数在5%的置信水平上为正，这就验证了假说3。原因解释是模型4中引入了征地补偿政策执行滞后偏离程度变量，在控制了该因素（征地补偿政策滞后偏离程度不变）的情况下，经济发展水平高的地区给被征地农户的安置补偿标准更高，被征地农户满意程度相对更高。而经济发展较落后的地区则是相反的情况。

地方政府征地补偿政策执行滞后偏离程度在模型4、模型5、模型6中都对被征地农户受偿满意程度有显著的负向影响。这进一步说明，地方政府征地补偿政策执行滞后偏离程度的确是被征地农户受偿满意程度的重要影响因素，征地补偿政策执行滞后偏离程度越大，被征地农户受偿满意程度就越低，由此验证了假说1。模型5中引入了地区经济发展水平与征地补偿政策执行滞后偏离程度的交互项后，该变量显著且系数为负，说明与经济发展水平中等地区相比，经济发展水平低的地区征地补偿政策执行滞后偏离程度更严重，被征地农户受偿满意程度更低。原因解释为：一般而言，经济落后地区吸引资本的能力小于经济发达地区，经济落后地区的地方政府为了吸引资本到本地投资往往采用低价出让土地的优惠政策，进而通过压低被征地农户的征地补偿标准来降低征地成本，因此，经济越落后的地区，征地补偿政策执行滞后偏离程度就越严重，被征地农户受偿满意程度越低。模型6中引入了征地区位与征地补偿政策执行滞后偏离程度的交互项后，该变量也显著且系数为负，说明征地区位离区（市）中心远的地区，中央政府制定的征地补偿政策在各级政府的层层传递中确实出现了执行的滞后偏离，中央政府制定的征地补偿标准和内容在向下传递中被截留或遗漏，导致被征地农户实际所获得的补偿低于中央政府制定的征地补偿标准，故在远郊区的被征地农户相对于其他地区受偿满意程度低。

本研究利用江苏省镇江市 7 个区（市）42 个村共 1703 户农户的样本数据，考察了征地补偿政策效应，并从地方政府征地补偿政策执行滞后偏离程度、被征地农户家庭特征、被征地块特征、地区经济发展水平四个方面分析了中央政府征地补偿政策效应的影响因素。从影响因素的重要性来看，可以得出以下结论。

首先，地方政府征地补偿政策执行滞后偏离程度是影响被征地农户受偿满意程度的重要因素。中央政府制定的征地补偿政策在地方政府的具体执行中确实存在滞后和偏离。其中，地区经济发展水平和征地区位对征地补偿政策执行的滞后或偏离会产生影响，经济发展水平越低、征地区位越偏远，政策执行滞后偏离程度越严重。

其次，影响被征地农户受偿满意程度的因素还包括被征地农户家庭特征。户主年龄和受教育程度的差别会影响被征地农户对征地补偿安置方案的偏好，进而直接影响其对补偿方案的认可程度。被征地农户家庭人口较高的非农就业比重意味着这类农户对土地依赖程度较低，征地对其生活方式和生活水平影响相对较小。

最后，被征地块的特征因素（征地区位、征地年份）也会影响被征地农户受偿满意程度。近郊区土地的区位价值明显，被征地农户预期补偿与土地非农开发后增值收益之间的落差成为近郊区被征地农户对征地补偿政策不满意的主要原因。而对于远郊区的被征地农户，在缺乏完善的失地安置途径以及社会保障机制下，他们难以适应土地被征收后的生活。在征地补偿政策执行滞后偏离程度既定的情况下，被征地农户受偿满意程度会随着被征地年份的推移（征地补偿政策不断完善）而提高。

6.4 本章小结

通过对样本地区农地征用供需双方的分析，可以看出，失地农民失去土地后福利效应水平呈现差异性，与当地的经济发展水平、对土地的依赖程度等密切相关；失地农民市民化后的平均福利效应水平较低，并且没有再就业、医疗养老保障等可持续政策的支持。对于农地征用的需求方（中央政府和地方政府）而言，为了实现征地补偿过程中的社会福利最大化，需要不断完善征地补偿政策来提高失地农民的受偿满意度。在征地补偿政策变迁中，本研究认为，地方政府在执行中央政府的征地补偿政策时，要充分考虑被征地农户的个体特征因素（户主年龄和受教育水平、农户非农就业情况），提高被征地农户的人力资本水平，有针对性地制定配套的安置补偿方案（农业生产安置、重新择业安置、入股分红安置、异地移民安置），并创造更多的非农就业机会，从根本上解决被征地农户的未来长久生计。针对一些地区出现的地方政府在执行中央政府政策过程中的滞后或偏离情况，中央政府应该加大对地方政府执行征地补偿政策的监管，构建包括征地补偿方案编制、实施、监管全过程的被征地农户补偿的长效机制，增强补偿过程的信息透明度和公众参与度，尤其要加强对经济发展较落后地区以及较偏远地区地方政府执行征地补偿政策的监管。

上述分析可以看出，农地征用中仅依赖政府财政补贴，不足以解决土地征用中的福利损失。为了提高农地征用和农地流转的福利，需要进行农地制度创新。由于农地问题本质上是金融问题，如何利用农村土地金融工具、创新农村土地金融制度已经成为急需解决的问题。

7　福利导向的农地直接金融创新实证分析

农村土地金融是指通过农村土地的买卖、租赁、股权投资和抵押等来融通资金的经济活动。其实质是发挥土地的财产功能，将固定在土地上的资金动员起来，使其进入流通领域，以扩大社会资金的来源。实际上，这是一个土地金融化的过程。通过土地金融化，可以打通农地市场与资本的对接通道，盘活农业部门的各种资产，并充分调动全社会的各种资源来为农业发展服务，从而促进农业部门生产力的提高。土地金融化还有利于保障农民对土地的合法权益；有利于引入资本要素，为农业发展提供基本的资金支持；有利于农村剩余劳动力的转移；有利于农业土地流转实现适度规模经营和技术变革；有利于最大限度地提升农村土地的福利效应。

农地金融包括农地直接融资和农地间接融资两个方面。受制于我国相关法律对农地所有权性质为集体所有的规定和对农地抵押的限制，目前部分地区的农民和政府已经开始探索、实践的农地金融大多集中于农地直接融资，只有较少地区开展了农地间接金融的实践。在已经付诸实践的农地直接融资方式中，除了较早出现的农地承包经营权转让、租赁之外，农民将土地入股农村土地股份合作社或农业企业的农地股权投融资方式，成为近年来农地直接金融的主要形式，有效地推进了农地流转。在以提高农地直接融资供求双方福利的帕累托标准下，如何构建我国的农地直接金融制度，该部分的研究将从理论上进行分析并通过个案研究进行实证检验。

7.1   文献综述

国内外关于农地直接金融的研究主要集中于农地直接金融的现状、农地交易对土地经营规模和经营效益的影响、农地直接交易方式及其影响因素和农地交易的福利效应等方面。鉴于本研究的实证重点是从福利改进的视角分析农地金融的制度绩效，下面将对农地股权投资和农地交易的福利效应的相关内容进行简要回顾。

在我国，农地股权投资的制度基础是农地股份合作制，其主要实现途径是农户将土地入股土地股份合作社，极少数个例是农户以农地对农业企业进行股权投资（如广东省长教村的"股田制"）。

关于农地股份合作制的产生背景，Engerman 和 Sokoloff（2002）指出，一个国家的土地持有方式，是由农业技术水平决定的，而且土地持有方式有效是推动经济发展的一个重要因素。他们认为土地集中度很高的经济体（如大农场），能在社员农业产出低的情况下保证他们的租金收入。这些利益团体的作用机制是各学者争论的重点，一些学者如 Acemogulu、Johnson 和 Robinson 认为其调解机制是政治手段，精明的利益团体可以通过制定强制性的政治条例来让他们有能力适应新的经济环境。另一些人如 Engerman、Mariscal 和 Sokoloff 则认为一个独立的社团足够应对新的经济环境。王天义指出，相对于农村土地私有化和国有化，在不改变现有农地所有制的基础上发展的土地股份合作制是我国面临的重大选择。不少学者在个案分析的基础上总结出我国农地股份合作制的产生和发展具有特定的环境和社会经济背景：一是地方自然资源禀赋优越、交通便利；二是农村劳动力大量转移，人均非农收入达到一定比例；三是工业化、城镇化程度较高，农民拥有较多非农就业机会；四是受到地方政府部门的大力扶持和村干部的积极倡导。

关于农地股份合作制的制度绩效，王小映分析了土地股份合作制的南海模式和上海模式后指出，土地股份合作制以股份化与合作化实现了组织和管理形式上的统一，其收益分配形式满足了相关利益主体的需要，分散了市场风险，而决策权的集中也在最大限度上挖掘和分享了土地增值收益等各类潜在收益。李敏指出土地股份合作制促进了土地流转、优化了农业产业结构、实现了土地规模效应和集约经营，并且有利于将劳动力、资金等生产要素转移到非农产业。姜爱林等指出，土地股份合作制的产生节约了分工、专业化的交易费用，并形成一种新的激励机制，有助于克服集体生产经营和分配方面的短期行为。张云华等指出，农地股份合作制度通过农地、农机和劳务合作实现规模经营，通过明确责任、绩效挂钩等现代管理方式解决了农业生产中的监督和激励问题，发挥规模经济优势，促进现代农业发展。此外，土地股份合作制还有利于统筹城乡社会经济发展，促进农村物质文明、精神文明和政治文明建设（万宝瑞，2004）。

关于农地股份合作社的发展困境及制度缺陷，不少学者研究发现，虽然农地股份合作社的产生带来了诸多益处，但是该组织在性质界定、社员积极参与、收益分配和治理结构等方面存在一定的问题。如卢向虎、张正河（2006）认为，股份合作制组织在法律性质、股权设置、组织规范性等方面存在问题，许多地区农村的农地股份合作制改革没有较好地遵循"农民自愿、公开公正"的原则。杜伟（2006）着重分析了土地股权，指出农地股份合作社社员拥有的股权在很大程度上仅是一种单纯的福利分配权，而没有所有权，不准买卖、转让和继承，限制了股权功能的进一步发挥。邓立和黄文（2009）指出，股份合作组织具有较强的区域性和封闭性。朱新华等（2010）也指出国家要素的"失灵"导致了土地股份合作制效率出现"短板"；随着国家要素水平的降低，土地股份合作制迅速发展并产生较高绩效；而且在国家要素水平的阈值范围内，股份合作制才是农村土地制度改革的最适模式。

关于进一步完善农村土地股份合作制的对策，归纳国内学者的研究成果，主要集中在减少政府对土地股份合作组织的干预；进一步增强股权的流动性；健全激励机制；坚持因时因地地稳步推进农村土地股份合作制改革；完善农村土地股份合作制的配套措施，如健全农村土地流转机制、加强农村社会保障建设、加快农村剩余劳动力转移等（杜伟、黄善明，

2006；欧阳宗丽等，2008；徐朴、王启有，2008；张笑寒，2009；陈会广，2009；杨莉芸，2011）。

福利效应的改善与否是衡量一种新制度的内在价值的标准之一，农地直接融资制度的改革也应如此。国外经济学家大多从国家制度和经济绩效的角度去分析农地交易及其改革问题，而较少从农民个人福利和土地社会福利角度进行研究。Timothy Besley 和 Robin Burgess（2000）使用印度各州1958 年至 1992 年的截面数据，着重研究了印度土地租佃改革和取消中间人地主这两项法律改革对减贫的影响。结果显示，在样本期间印度整体贫困度显著降低：全印度农村贫困人口发生率（贫困人口占全部人口的比例）从 55% 下降到 40%，农村贫困差距从 19% 降至 10% 左右。Maya Kant Awasthi（2008）在分析印度有关租赁限制的国家层面数据和全国性的抽样调查基础上，指出土地租赁限制缩小了可以使贫困生产者获益的土地租赁交易的交易范围。Martin Ravallion 和 Dominique van de Walle（2001）使用 1992~1993 年越南生活水平普查（Vietnam Living Standards Survey）的数据，对越南土地产权分散改革 5 年后，土地分配结果对农户家庭消费水平的影响进行了研究，结果显示，最大化总消费的 95%~99% 是通过降低土地分配的不均等来实现的，最穷居民的生活质量明显得到改善。此后，Quy-Toan Do 和 Lakshmi Iyer（2003）的研究认为，1993 年越南颁布的新土地法增加的土地租赁条款以及土地使用证的继承权使农民的土地权益得到了更切实的保障，提高了农村地区居民的福利水平。

我国的一些学者也针对农地直接融资交易对农民的福利效应进行了研究。胡初枝等（2008）基于对常熟市、如东县和铜山县 329 户农户调查数据，使用 Tobit 模型对农户农地转让、出租等流转交易的福利经济效果进行的实证分析结果表明，农地流转提高了家庭人均年收入和人均年消费，改善了家庭就业结构，显著提高了农户家庭的福利水平。高进云等（2007）在阿马蒂亚·森的可行能力框架下提出了构成农民福利的功能性活动和指标，使用模糊评判法对农地转让前后的农民福利变化进行了衡量，结果显示，农地的城市化导致农户总体福利水平略有下降。

综上所述，国内外学者对农地直接金融的相关研究在理论和实证方面都取得了很大的进展，但现有研究也有几点不足之处：（1）目前关于农地股权投资的研究主要侧重于制度、产权等宏观层次的分析，而缺乏从农户这个微观角度对现有农地股份合作组织的绩效的实证研究。因此，有必要在对农地股份合作社及其社员进行实地考察的基础上，从微观层面分析农地股份化运作的成效。（2）现有学者的研究，基本停留在农地股份合作社的现实绩效和农地直接金融的农地福利效应两方面，前者多注重土地股份合作组织对农业生产和城乡统筹的贡献，后者多集中于农户间土地买卖和租赁的福利分析，很少有学者研究入股土地股份合作组织对农民土地福利的影响。本研究认为，土地股份合作组织能够在不改变现有土地制度基本框架的基础上改善农民福利和农地社会福利，有必要在理论分析的基础上通过实证分析检验土地股份合作制的农地福利效应。

7.2 我国农地直接金融的实现途径与土地股份的金融属性

7.2.1 我国农地直接金融的实现途径

我国实行的是农地集体所有制，农民能够借以融资的仅仅是农地的承包经营权或使用权，因而这里所谓的农地直接金融是指农户通过放弃农地的承包经营权来获取一次性土地价值补偿，或者通过转移承包地的使用权来取得资金的经济活动，一般由农地交易双方直接建立资金融通关系。

土地直接金融理论，最主要的特点是资金供应者和资金需求者之间建立的是直接融资关系。根据学术界的普遍认知，目前我国农村地区存在的农地流转方式有农地转让、出租、股权投资等，这些土地流转方式实质上就是农户利用其土地承包经营权来获取资本收益的过程，均属于农地直接融资的范畴。

1. 农地转让

农地转让是指农民将承包地剩余期限内的承包经营权转让给其他

农民，即农地买卖，只是这里农户买卖的是其农地承包经营权。在我国，土地转让可以根据农户的主动与否划分为农地主动转让和农地被动转让。

农地被动转让主要是指农地征用，我国农地征用主要是指耕地征用，耕地被征后的使用途径主要有"公益性"和"非公益性"两种，目前法律规定的征地补偿标准并未对此进行区别对待，都是按照农地的原用途来确定（一般是农地年产值的若干倍）的。补偿方式主要有货币安置、入股分红安置①、就业安置、社会保障安置、留地安置、转为城市户口等，其中货币安置是最主要的补偿方式②，其支付方式主要包括一次性支付（最普遍的方式）和分期支付③。

该部分研究侧重于在市场化条件下农户主动转让农地承包经营权以获取资金的融资活动，但是由于目前法律对农地承包经营权转让的限制比较严格，鲜有农户主动出售其农地承包经营权。

2. 农地出租

农地出租是指农民在保留承包权的基础上，将一定期限的土地使用权出租给其他农民，并收取协定的土地租金，平常所说的土地转包也属于土地出租的范畴。这种农地直接融资方式在农村地区最早发展起来，也是农户流转农地的最普遍的途径。

3. 农地股权投资

农地股权投资是我国近年来发展起来的特有的农地融资方式，指农民按一定的折股方式将承包地的使用权折算成股权，农民凭股权向组建

---

① 参照 2004 年 11 月 3 日，国土资源部关于印发《关于完善征地补偿安置制度的指导意见》的通知（国土资发〔2004〕238）："对有长期稳定收益的项目用地，在农户自愿的前提下，被征地农村集体经济组织经与用地单位协商，可以以征地补偿安置费用入股，或以经批准的建设用地土地使用权作价入股。农村集体经济组织和农户通过合同约定以优先股的方式获取收益。"

② 近几年各地上报国务院审批的建设用地项目，90% 采用这种补偿安置方式。2002 年中央财经领导办公室和国土资源部联合开展的完善征地制度的调研结果显示，石家庄、哈尔滨、合肥、兰州、南宁等省会城市 100% 采用货币安置的方式。

③ 许多省市不允许征地补偿费分期支付，如江苏、湖北等，也有部分省市规定"经被征地农户同意，也可以与被征地农户约定分期支付征地补偿费"，如山西、陕西等。

的土地股份合作社或股份合作公司入股，享有定期获得股份分红的权利，并同时享有作为股东代表大会成员对土地股份合作组织的重要事务具有的决策权；土地股份合作社或股份合作公司取得土地使用权后自己经营或将土地出租以获取收益（刘克春，2007；洪增林，2008）。农地股权投资的实质是农户以农地对农地规模经营组织进行非货币财产投资[①]，其中"资金"（这里指农地使用权）需求方是农地规模经营组织，而"资金"供给方是农户。农户将土地使用权转移给农地规模经营组织，而农地规模经营组织负有支付持股农户分红的义务，二者之间是直接融资关系。

4. 农地证券化

农地证券化是指农业企业以土地作为抵押担保发行土地证券或土地受益凭证。本书所指的农地直接证券化是指农业企业不通过金融中介，以自己的名义直接发行土地证券或土地受益凭证。这在我国尚未真正得以实现，也尚无农业企业通过直接发行农地抵押证券来筹资。但是借鉴国外经验，农地占有人可以通过农地抵押信用合作社、信托机构等金融中介发行土地债券，这些属于农地间接融资的范畴。

7.2.2　土地股份的金融属性特征

农地股权投资在集体土地所有权和经营使用权分离的基础上，并未改变家庭承包经营制度的实质，只是进一步将集体土地所有权的占有权、支配权、受益权、处置权分离，土地的支配权和处置权仍属于集体，而土地的占有权和受益权则通过股份分红，一部分归集体所有、一部分归社员所有，从而形成了土地收益按股分配的新机制（杜伟，2006）。可见，持股农户拥有的土地股份代表一种货币化的股权，并不占有土地的实物形态，具有金融属性，具体表现在以下几方面。

1. 土地股份的权益特征

土地股份拥有债权和股权的双重特征。我国目前普遍存在的农户入股

[①] 《公司法》第 27 条规定，可以用实物、知识产权、土地使用权等可以用货币估价并可以依法转让的非货币财产作价出资。

非法人土地股份合作社①，是从土地承包经营权中分离出来的土地经营权入股，不发生物权性土地承包经营权转移的效果，从而属于债权性流转。它与债券的相同点是承诺每年付给持有人一笔固定的收入，在这个意义上土地股份与中长期债券相同。但是它与债券持有人不同的地方是，债券持有人无表决权，而土地股份也是一种股权投资，拥有土地股份就意味着在土地股份合作社或农业企业股东大会上具有合作社事务的表决权，也代表着股份持有人对合作社经营利益的一份要求权，这点与普通股相同。此外，土地股份持有人还拥有选举权和被选举权。

2. 土地股份的价值估计

持股农户的土地股权代表合同期内其对土地收益的持续受益权，承载着未来一段时间的现金流。很多土地股份合作社或农业企业的入股协议都规定土地股份分红包括基本保底分红和盈余分红，保底分红是固定不变的，而盈余分红与土地经营方的经营效益关联，分红金额与土地经营方的盈利水平呈正相关关系，其价值可以通过折现予以估值。

假设，某农户年初以土地入股土地股份合作社或农业企业，获得数量为 m 的土地股份，签订的入股合同期限是 n 年，合同规定每年年底得到的每股保底分红是 A 元，市场利率为 r，土地股份的盈余分红不定，预期未来 n 年内的盈余分红为 $(I_1, I_2, I_3, \cdots, I_n)$，那么，该农户拥有的土地股份在第 t 年年初的价值为基本价值加上盈余价值，即

$$PV = \frac{A}{r}\Big[1 - \frac{1}{(1+r)^{n-t+1}}\Big] + \sum_{t}^{n} \frac{I_n}{(1+r)^{n-t+1}} \qquad (7-1)$$

这样一来，土地股份就有了交易的价格依据，土地股份的供求双方可以在土地股份预期收益的基础上协商交易价格。

---

① 在我国土地所有制结构下，当农户入股法人企业时，必须以作为物权的土地承包经营权本身入股，发生物权转移的效果，属于物权性流转。这也就意味着土地承包经营权入股以土地承包经营权转让为前提，入股之时入股农户丧失了入股期内的土地承包经营权，其他有别于此种法律效果的入股，均不是真正入股，可能会构成公司法上的虚假出资。从租赁关系中拟制出的土地经营权入股合伙等非法人企业不存在商法上出资方式方面的法律障碍，但存在产权不清的弊端。

3. 土地股份的交易风险

根据风险构成因素和发生可能性综合分析，土地股份交易中的典型风险主要包括农业自然风险、市场风险、流动性风险和制度风险。

第一，农业自然风险是客观存在的，但可能通过影响土地经营收益而影响到土地股份投资者的投资预期。

第二，土地股份交易的市场风险主要有三个方面：一是价格风险，从式（7-1）可以看出，土地股份的价值 PV 主要取决于保底分红 A、盈余分红 I_n 和市场利率 r，其中保底分红 A 和盈余分红 I_n 与土地经营方的经营绩效密切相关，因而土地股份的价格风险主要来源于利率风险和土地经营方的经营风险。二是信息不对称风险，即由于交易信息不对称导致的交易缔约、合同履行等方面存在的风险。三是竞争风险，即在交易过程中因竞争对手或新加入者影响造成交易难以实现或价格不合理等。

第三，土地股份交易的流动性风险主要表现在：一是资金流动性风险，若长期持有土地股份而不是为了赚取买卖差价，其收益主要来自持有期每年一次的分红，因而长期投资土地股份的投资者面临一定的资金流动性风险。二是土地股份流动性较差，这种风险主要是由于在土地股份市场初期，土地股份交易平台、服务中介、土地股份供求价格配比等市场机制不健全。随着土地股份市场机制的不断完善，该风险将有望大大降低。

第四，土地股份交易过程中存在的制度风险主要表现在政策风险、管理风险等方面。政策风险指由政策变动频繁、政策实施时滞、政策执行偏误等引致的风险。比如征地补偿政策不健全引发的股权收益和补偿利益分配问题、农地政策是否长久不变、地方政府能否全面贯彻中央政策等。管理风险包括集体对农地资本化进行的管理不全面及其委托代理人行为不规范所可能引发的风险。

因而，从某种意义上讲，土地股份在一定程度上是农民对承包地所拥有的财产权，具有金融属性，可以进行金融交易，比如买卖、抵押等。然而，目前我国农地股份合作制存在一个最为明显的制度缺陷：股份合作组织具有较强的区域性和封闭性（邓立等，2009），土地股份仅限于在社团内部（一般是一个村集体）流通，不允许外界介入。这在很大程度上限制了土地股份的流动性和融资能力。

7.3 农地直接金融实证分析——基于昌惠土地股份合作社的案例研究

随着我国农村经济的发展，农村土地资本化运作有其客观必然性。一方面，改革开放以来，随着经济体制改革的深化，我国农业生产力长期停滞的局面逐渐被打破，农村劳动力开始以空前的规模和速度进行转移。农村劳动力的转移主要有两种途径，一是农村乡镇企业和非农产业的发展，为当地农民提供了大量非农就业岗位，产生了一批"离土不离乡"的农民群体；二是城市建设对劳动力的需求，吸纳了大批农村剩余劳动力，使得农民从乡土转移到城市，产生了一批"离土又离乡"的农民群体。1978 ~ 2001 年，我国农村劳动力中从事非农产业的从 2182 万人增长到 15778 万人，净增 13596 万人，农村劳动力转移人数占农村劳动力总人数的比重从 7.1% 增至 28.2%。至 2004 年，农村劳动力就业人数比重已超过 30%，2006 年达 32.2%（彭连清、周文良，2008），此后这一比例不断上升。伴随农村劳动力的转移，农地作为生产要素进行流转就成为一种必然。土地是农民的一项重要财产，其流转过程必然会产生土地资本收益的分配问题，因而，土地作为实物生产要素的流转必然要过渡到作为资本收益生产要素的流转，从而产生了对土地资本化运作的需求。

另一方面，党的十六届五中全会通过的《十一五规划纲要建议》提出，要扎实推进社会主义新农村建设，其中农业生产发展，是新农村建设的中心环节。而从传统细碎化农业向现代规模化农业转型是促进农业生产发展的重要途径之一，因此产生土地集中规模经营的客观需求。但是，区别于人民公社制度，需要在不改变土地家庭承包经营权制度的基础上，探索符合农民利益、有利于现代化农业发展的土地规模经营的实践形式。而土地的规模经营需要集中，甚至流转农民的土地，这必然要求在保护农民土地作为资本要素流转的利益的基础上，探索较好的土地资本化运作形式。土地股份合作制是在不改变现有土地制度框架的前提下农村土地资本化运作的比较有代表性的实践形式。

土地流转制度的确立，为农村土地的资本化揭开了序幕。一般意义上的土地资本化，是指在土地私有制的情况下，将土地作为资本要素和其他要素一起进行资本运营，实现该资本要素的最大价值，并使之增值。然而，我国实行的是集体土地所有制、家庭承包经营制，土地所有权归农民集体所有，土地承包经营权归承包户，土地不得买卖，能够流转的仅仅是土地的承包经营权。因而，这里所谓的土地资本化指的是土地承包经营权资本化，即土地承包经营权以其物权特性作为一项资产可以凭借一定的市场机制变换成交换价值的一个过程。通俗地讲，就是以土地承包经营权作为"本钱"获取资本的过程（李君友等，2010）。目前，农地资本化的主要方式有土地转包、转让、出租或入股等（陈维，2007），这些土地流转方式实质上就是农户利用其土地承包经营权来获取收益的途径。

1978年以来，中国就在坚定不移地推动农村改革，不断地探索、推广和完善土地承包制度；党的十四大以后，稳定和深化家庭承包经营制度成为农村土地政策的主题；1993年的《宪法》修正案写入"家庭承包经营"，使其成为我国一项基本经济制度。然而，随着改革开放的深入和农村乡镇企业的兴起，第二、第三产业得到快速发展，农民就业渠道拓宽、收入结构发生改变，土地对农民的保障效用有所弱化，沿海发达地区的部分农民甚至愿意放弃承包地，土地流转现象开始出现。20世纪90年代到"十五"期间，农村土地流转现象日益普遍，且以农户间私下自发流转为主。农地自发流转是市场化行为，由农地供求双方根据各自需求直接商讨决定土地流转面积和支付金额，理论上是最符合效率与公平原则的流转方式，也极大地促进了农村经济的发展。但是，农户自发性的土地流转普遍存在诸多弊端，如缺乏规范公正的流转合同极易引发纠纷，不少农户的土地流转后没有到集体经济组织和土地承包合同管理部门备案，流转的程序不规范不便于土地管理，流转规模小、地块分散难以连片规模化等，市场力量无法满足公共利益，即存在"市场失灵"（周学礼等，2008）。至"十一五"期间，农地私下自发流转的弊端日益凸显，政府这只"看得见的手"的重要性逐渐显现。各地政府积极探索解决农户自发流转弊端的途径，逐渐建立起多种土地流转中介组织，如土地流转服务中心、土地银行、土地信用合作社、土地股份合作社等，土地流转规范化、组织化程度逐渐提高。

土地流转服务中心的职能主要包括：提供土地流转中介服务，将符合双方土地流转条件的信息及时通知转出方和受让方，组织流转双方洽谈，指导并公证土地流转合同的签订；土地流转双方发生争议或纠纷，及时组织流转双方进行协商调解；建立土地流转情况信息库，对土地流转合同等资料及时进行整理归类和登记造册，做好档案保管工作。

宁夏罗平县于 2006 年开始探索"土地信用合作社"制度，其主要做法是：在"以贷定存"的原则下，离土农民可以把土地"存"入合作社，合作社向存地农民支付"存地费"，再把土地"贷"给经营大户或企业收取"贷地费"（孙天琦，2008）。尽管部分村庄的土地信用合作社章程中涉及存地证可抵押等条款，但并没有实际的运作，因而这里的"存""贷"并不是传统意义上商业银行领域的存贷款，与信用没有关系（程志强，2008）。成都于 2008 年底开始试行"土地银行"，其具体做法是：最初由合作组织等中介机构根据地理位置、土地肥沃程度、升值潜力等，确定一个比较合理的储存价格；农户在自愿的基础上，将自己的土地定期"存"入土地银行；"土地银行"将农户存入的土地进行适当打包、整合或适度改造，在维持基本农业用途不变的前提下"贷"给其他土地需求者（如农业企业、种植、养殖大户等），土地需求者向土地银行支付土地的储存价值、整理开发价值以及两者之和的同期贷款利息；土地银行赚取差额利息用于自身发展和建立风险资金（陈家泽等，2009）。这两种模式客观上需要的共同制度条件是农地可以抵押，但是现有法律明确规定农地不可以抵押，因此各地试点并不普遍，实际运作中没能涉及土地信用贷款业务，本质上还是土地流转服务中心。

在不改变现有土地制度框架的前提下，相比于土地流转服务中心、土地银行、土地信用合作社等土地流转中介组织，农户将土地入股成立土地股份合作社，从理论上说具有一定的比较优势。首先，农地股份合作社是农民以承包地的经营权作为主要出资方式而设立的农民专业合作社（江苏省农民专业合作社条例，2009）。入股农户的股权代表着对土地规模经营收益的受益权，土地股份分红金额与土地经营状况有着直接的关系，不管是否改变土地的使用方式，农户都可以分享土地的增值收益。其次，该土地制度是从 1992 年由南海区开始试行的，而后在江苏、浙江等长三角发达地区及辽、湘、豫、川等地区推广，各地政府还相继出台推广、扶持土地股份合作社的政策措施，土地股份合作社如雨后春笋般迅速发展，积累了一定的实践经验，易于进一步普及。最后，土地股份合作制有利于土地金融的进一步创新与发展。它在本质上并未改变家庭承包经营制度，只是填补了均田承包的制度缺陷，形成了土地收益按股分配的新机制。土地股权只是一种货币化的股权，并不占有土地的实物形态（杜伟，2006），拥有债权和股权的双重特性，价值可衡量。因而，土地股份合作制为土地金融的发展提供了制度基础。一方面，土地股份合作制这一制度变迁，实现了土地集约经营，对于土地经营方，土地的规模经营一般需要大量资金投入，从而产生融资需求。另一方面，对于土地股份的持有方，土地股份代表了土地未来一段时间（合同期）经营收益的受益权，具有金融属性，存在融通与交易的可能。

那么，土地股份合作制是否能够满足农户追求土地资本化收益的需求？农户是否愿意选择将土地股份化来达到土地资本化的目的？政府又应如何对待这种新型土地资本化形式？本研究将以起步较早的余姚市马渚镇瑶街弄村昌惠土地股份合作社为例，寻找上述问题的答案，以求为我国其他地区农村土地股份合作社和农地资本化的推进提供启示。

7.3.1 数据来源、研究内容及方法

1. 数据来源

浙江省宁波市经济发达，土地制度改革多年来走在浙江的前列，多年前政府积极引入土地股份合作制。余姚市马渚镇瑶街弄村昌惠土地股份合作社于 2005 年 9 月 26 日正式成立，在当地有一定的群众基础，具有考察本书研究内容的条件和价值。因而，项目组选择马渚镇瑶街弄村作为样本地，并于 2010 年 4 月下旬进行了实地走访和问卷调查。关于社员农户土地

股份合作社满意度的相关研究，针对全部社员农户发放 40 份①问卷，样本比 100%，其中有效问卷 36 份，问卷有效率 90%；关于非社员农户加入土地股份合作社意愿的相关研究，主要对瑶街弄村 14 个自然村的非社员农户进行了问卷抽样调查，共发放问卷 105 份，样本比 12%，其中有效问卷 100 份，问卷有效率 95.2%。

2. 研究内容

福利是个人需求得到满足后的心理主观感受，社员农户作为土地股份合作社的直接受益主体，其个人农地福利即表现为对入社的满意度。因而，本研究调查了社员农户对昌惠土地股份合作社各方面的满意度及其微观特征，以便分析社员农户的入社满意度及其影响因素；非社员农户对加入土地股份合作社的意愿能够反映出农户通过加入土地股份合作社来改善土地福利的倾向，因此，项目组调查了非社员农户的入社意愿及其微观特征，以便分析土地股份合作制在当地的潜在需求程度。下文在昌惠土地股份合作社发展背景与历程介绍的基础上，分别针对上述两个方面进行实证分析。

3. 主要研究方法

①李科特量表法

建立指标的通用方法是李科特量表（Likert Scaling），亦称总等级量表。虽然名称上是量表，但常用于创建指标而不是量表。李科特量表法通常用来测量个人的观点或态度。假如用于访谈或调查，要求受访人在等级量表中表明他们对每一个项目陈述同意或不同意的程度。同意量表可以只有两个选择（同意或不同意），也可以由多个选择表示同意或不同意的等级。通用的是五级量表：非常同意、同意、中立或没有看法、不同意、非常不同意。一些表格省略中立的区别，另一些甚至增加类别以便更加细致地区别等级，但建议肯定和否定选项数量均等，不均等会使陈述有偏见。对于等级选项分别赋予分值，如 1、2、3、4、5，1 表示"非常不同意"，5 表示"非常同意"。建立李科特量表的第一步是选择陈述某个问题的项

---

① 截至调查之时，昌惠土地股份合作社共有 40 户社员。

目，这些项目需要与调查人所要了解的问题高度相关，然后将某个受访人对若干个项目的回应分值加总后除以所答项目的数目，这样就得到该受访人的指标值。

李科特类型是指标表现了测量的一个顺序级别，项目没有真正测量特征的数量。通过加总赋予每个项目的回应类别的值，我们将这个测量结果当作定距对待，这样就能够运用更多统计技术进行分析。许多分析者认为，这样对待李科特量表，优点比缺点多。

②二项 Logistic 回归模型

Logistic 回归是对定性变量的回归分析。Logistic 模型有多种形式，包括二元 Logistic 模型、多元 Logistic 模型、配对 Logistic 模型和随机效应 Logistic 模型等。由于本书实证不需要采用配伍对照设计，被解释变量均是二元分类变量，模型中也没有交互效用，故选择二元 Logistic 模型。

二元 Logistic 回归模型是指当因变量为二分类变量（因变量只能取 1 和 0 两个值）时的回归分析模型。设因变量 Y 为一个随机变量，且服从两点分布：当事件发生时，Y 的取值为 1；当事件没有发生时，Y 的取值为 0。遵循经典的假设，我们把 Z 作为对 Y 的取值产生影响的变量的线性函数，则有：

$$Z = \beta + \sum_{i=1}^{n} \alpha_i x_i + \mu$$

其中，μ 为服从极值分布的随机变量，x_i 表示第 i 个影响因素，β 和 α 分别表示待估参数。

根据二项 Logistic 回归模型，有：

$$\log\left[\frac{prop(event)}{prop(nonevent)}\right] = \log\left[\frac{prop(y=1)}{prop(y=0)}\right] = \beta + \sum_{i=1}^{n} \alpha_i x_i \qquad (7-2)$$

其中，$\dfrac{prop(y=1)}{prop(y=0)}$ 称为事件的发生比（或优势比），简记为 Odds。可见，二项 Logistic 回归模型将 Odds 进行对数变换后，转换成了一个线性函数，拟合 Logistic 回归模型的参数问题也就转换为拟合线性模型的参数。

式（7-2）经过变换后，可得：

$$prop(y=1) = \frac{\exp(\beta + \sum_{i=1}^{n} \alpha_i x_i)}{1 + \exp(\beta + \sum_{i=1}^{n} \alpha_i x_i)} = \frac{e^z}{1+e^z} = E(y) \qquad (7-3)$$

对式（7-3）求 Z 的导数，得：$\dfrac{dE(y)}{dZ} = \dfrac{1}{(1+e^z)^2} > 0$，所以 $E(y)$，即 $prop(y=1)$ 的值随 Z 值的增大而单调递增。

若各变量观察值与 Y 大体上呈线性关系，在模型中直接用线性关系表示 Z 就是合适的。这样便可以得到：

$$prop(y=1) = \frac{e^z}{1+e^z}, Z = \beta + \sum_{i=1}^{n} \alpha_i x_i \qquad (7-4)$$

7.3.2 昌惠土地股份合作社的发展背景和发展历程

从农村劳动力转移情况来看，马渚镇是姚西经济重镇，2009 年马渚镇的 GDP 为 147 亿元，其中农业收入 4.2 亿元，占比很小。由于当地第二、第三产业发达，相当多农户离土务工，农村劳动力转移率高达 85%，余下 15% 的农民也有部分人兼业。目前农民人均年收入约 1.3 万元，一般农户的农业收入占家庭总收入的比重相当低。从农村土地流转情况来看，地方农户间土地流转现象普遍，逐渐形成不少规模农业大户：马渚镇共 4.3 万亩农地，承包 50 亩以上土地的农户有 50 户（只包括农田，不包括渔业和花木），共 6252 亩，占农地总面积的 14.54%。瑶街弄村是马渚镇的行政村之一，包括 14 个自然村，共 3300 亩农地，865 户农户，2400 多名村民。村中有 5 户农业大户（20 亩以上），共经营 800 亩农地，占全村农地总面积的 1/4。

上述背景反映出，样本地的农村劳动力大量转移、农地呈现逐渐集中的趋势，这一方面解决了不少农户离土并转让土地经营权的愿望，另一方面满足了部分农户扩大再生产的需求，使得这些农民的土地福利得到了一定程度的改善。通过与农业大户的座谈，我们了解到他们一般是通过自己与小农户联系、商谈的方式流入土地，存在地块分散、不便于农机耕作的问题，限制了农业大户土地福利的进一步增加。因而，为了进一步推动土地连片规模经营和农业现代化，马渚镇瑶街弄村、贺墅村的村民在当地政府的宣传与劝导下，遵循"民办、民管、民受益"的原则，于 2005 年下半年自愿组建了昌惠土地股份合作社，并于 2005 年 9 月 26 日正式成立，社员限本村集体成员。

昌惠土地股份合作社成立之初，共 35 户社员，集中入股了约 85 亩农地，其后又陆续有 5 户农户加入，目前共有 105 亩农地。在农户与合作社签订的合同中，约定一亩折合 1 股，每年年初分红，期限是 10 年，5 年签订一次合约，以便重新协定保底分红。昌惠土地股份合作社设有股东大会、理事会、监事会等决策和管理部门，理事会和监事会成员通过股东大会从社员农户中选出。

昌惠土地股份合作社正式成立后，采取公开招标的方式确定入股土地的经营方式。招标公告里关于土地经营风险利益分担机制的主要规定有：每亩 500 元/年的土地股本保底红利（该价格是由农业大户与社员农户座谈协商的结果）由承包大户出，"每年 1 月 1 日一次性上交当年租赁费"。

昌惠土地股份合作社经营至今，先后有两个土地中标经营方。第一个承包大户主要种植甘蔗和蔬菜，但因经营收益无法偿付土地保底分红，而以经营失败、被迫解除合约告终。于是，合作社进行了二次公开招标。第二个中标经营者是当地著名的种粮能手，主要经营早晚稻，早晚稻季之间种植油菜。在经营合作社的百余亩土地之前，该农业大户就已经靠农户间私下流转承办了 200 多亩土地，但地块相对分散，不利于机械化耕作。昌惠土地股份合作社的 100 多亩土地是连片的，便于现代化经营，规模效益明显提高。该农业大户拥有丰富的种植经验和良好的信用基础，得到地方政府的政策扶持①和地方金融机构的信用贷款支持，而土地规模的进一步

---

① 2008 年 6 月，余姚市农林局和财政局出台了《农村土地承包经营权流转及规模经营扶持实施办法》，对 100 亩以上的规模土地经营者进行多种政策扶持和奖励，该农业大户有条件享受这些优惠政策。

扩大使其得到的政策补贴水平更高，并得到政府的关注和媒体的宣传。

7.3.3 数据的描述统计

1. 农户个人基本情况

如表 7-1 所示，50% 的受访社员农户的年龄为 35～44 岁，其次是 45～54 岁，占样本总量的 27.78%，25～34 岁和 55～65 岁的均在 11% 左右。受访非社员农户的年龄主要集中在 50～59 岁，占 38%。其次为 40～49 岁（占 34%）、60～69 岁（占 17%）和 30～39 岁（8%），70 岁及以上的人最少，占 3%。

表 7-1 社员农户和非社员农户的个人基本情况

社员农户			非社员农户		
特征	分组范围	比例（%）	特征	分组范围	比例（%）
受访人年龄	25～34 岁	11.11	受访人年龄	30～39 岁	8
	35～44 岁	50.00		40～49 岁	34
	45～54 岁	27.78		50～59 岁	38
	55～65 岁	11.11		60～69 岁	17
	66 岁及以上	0		70 岁及以上	3
受访人受教育程度	文盲或半文盲	0	受访人受教育程度	文盲或半文盲	6
	小学	19.44		小学	42
	初中	50		初中	37
	高中	19.44		高中	11
	专科及以上	11.11		专科及以上	4

数据来源：通过实地调查整理获得。

在受教育程度方面，受访社员农户的文化水平普遍不高，其中初中文化水平的占 50%，小学和高中水平的均占 19.44%，专科及以上水平的最少，占样本总量的 11.11%。由于工作类型是可以多选的，有 11% 的受访人是兼业的。受访者中有 55.56% 的人在当地上班，27.78% 的人自主经营，13.89% 的人是农业大户的雇工，有 5.56% 的人是该土地股份合作社的管理者，另有个别人外出打工或赋闲在家。受访非社员农户中受教育程度为小学、初中的分别占 42% 和 37%，高中的占 11%，文盲或半文盲的占 6%，专科及以上的仅占 4%。在有关工作类型的统计中，33% 的人务农或成为农业大户的雇工，其中18%的人属于兼业，如在本地上班、外出打工或自主经营。其余67%的人中有50%是当地上班族、8%自主经营、7%成为农业大户的雇工、2%赋闲在家。可见社员农户和非社员农户在受教育水平上差异不大，但社员农户中自主经营业主较多。

2. 农户家庭结构和就业情况

如表7-2所示，受访社员农户的家庭人口数多集中在3个或4个，占样本总量的比例均为33.33%，其次是5个和6个，分别占13.89%和11.11%，其余家庭人口数量占比都在6%以下；47.22%的家庭拥有的劳动力人数为3人，41.67%的家庭有2个劳动力人口，拥有4个劳动力人口的家庭占比较小，仅为11.11%。受访非社员农户的家庭人口数为4个人的最多，占比达41%，其次是3个和5个，分别占26%和22%，其余家庭人口数量占比都在5%以下；54%的家庭拥有的劳动力人数为2人，36%的家庭有3个劳动力人口，拥有1个、4个和5个劳动力人口的家庭占比较小，分别为7%、2%和1%。该地区农村合作医疗保险和农村养老保险普及率几乎为100%。

表7-2 社员农户和非社员农户的家庭结构和就业情况

社员农户			非社员农户		
特征	分组范围	比例（%）	特征	分组范围	比例（%）
家庭人口数	2	2.78	家庭人口数	2个及以下	3
	3	33.33		3	26
	4	33.33		4	41
	5	13.89		5	22
	6	11.11		6	5
	7	5.56		7	3
劳动力人数	2	41.67	劳动力人数	2个及以下	61
	3	47.22		3	36
	4	11.11		4个及以上	3
家庭非农就业率	25%~50%（不含50%）	11.11	家庭非农就业率	25%~50%（不含50%）	16

社员农户			非社员农户		
特征	分组范围	比例（%）	特征	分组范围	比例（%）
家庭非农就业率	50%～75% （不含75%）	66.67	家庭非农就业率	50%～75% （不含75%）	73
	75%～100%	22.22		75%～100%	11
	均值	61.94		均值	56.64

注：表中家庭非农就业率指家庭非农就业人数占家庭总人口的比重。
数据来源：通过实地调查整理获得。

样本社员农户的家庭非农就业率均在25%以上，其中非农就业比率在50%和75%之间的最多，占样本总量的66.67%；在25%和50%之间的占样本总量的11.11%，在75%以上的样本占样本总量的22.22%。非社员农户的家庭非农就业率也均在25%以上，其中在25%和50%之间的占样本总量的16%，在25%和75%之间的占总样本的73%，非农就业比率在75%以上的占样本总量的11%。社员农户和非社员农户的家庭非农就业率都比较高，说明当地农户非农就业情况比较乐观，农户离土情况也比较普遍，这和当地的制造业和加工业比较发达、中小企业众多有一定的关系。社员农户的家庭非农就业率均值（61.94%）略高于非社员农户（56.64%）。

3. 农户家庭收入和土地禀赋

如表7-3所示，受访农户人均年收入在1万～2万元的最多，占样本总量的77.78%，其次是2万～3万元和1万元以下，均占8.33%，总收入在3万及以上的占5.56%，样本均值为16299元。非社员农户家庭人均年收入1万～2万元的占样本总量的53%，其次是2万～3万元和1万元以下，分别占29%和18%，样本均值为15041元，略低于社员农户的人均年收入均值（16299元）。

有一半的受访社员农户拥有的土地禀赋为2～4亩，拥有1～2亩、4～6亩和6～8亩土地的农户较少，占比分别为19.44%、16.67%和11.11%。受访非社员农户拥有的土地禀赋多为4～6亩，占样本总数的45%；其次是拥有2～4亩承包地，占比为35%；14%的家庭拥有6亩以上的承包地，只有 6% 的家庭拥有的土地在 2 亩以下。

表 7 - 3   社员农户和非社员农户的家庭收入和土地禀赋

社员农户			非社员农户		
特征	分组范围	比例（%）	特征	分组范围	比例（%）
人均年收入	1 万元以下（不含 1）	8.33	人均年收入	1 万元以下（不含 1）	18.00
	1 万~2 万元（不含 2）	77.78		1 万~2 万元（不含 2）	53.00
	2 万~3 万元（不含 3）	8.33		2 万~3 万元（不含 3）	29.00
	3 万元及以上	5.56		3 万元及以上	0.00
	均　值	16299 元		均　值	15041 元
土地禀赋	1~2 亩	19.44	土地禀赋	1~2 亩	6
	2~4 亩	50.00		2~4 亩	35
	4~6 亩	16.67		4~6 亩	45
	6~8 亩	11.11		6~8 亩	11
	9~10 亩	2.78		9~10 亩	3

数据来源：通过实地调查整理获得。

7.3.4　社员农户对土地股份合作社的满意度及其影响因素

本研究采用李科特量表法来构建受访农户对昌惠土地股份合作社满意度的综合指标，并通过农户入社满意度综合指标值与农户微观特征的交叉统计来分析其主要影响因素。

1. 社员农户对土地股份合作社满意程度的衡量

社员农户对加入土地股份合作社的满意度是衡量土地股份合作制改善农民土地福利效果的重要参考。从经济收入效益和生活保障效益来看，入社农户对土地股份合作社普遍比较关心的方面是土地折股方式、土地股份的分红、土地合作社集中起来的土地的经营方式以及入社对家庭生活水平的改变，因而，农户对土地股份合作制的满意程度，主要体现在对土地折股方式、土地股份分红、土地经营方式的满意度，认为土地股份合作社能持续存在下去、土地股份分红能持续派发的可能性等。本书通过李科特量表法来构建受访农户对昌惠土地股份合作社满意度的综合指标。

表 7-4 归纳了社员农户对土地股份合作制的认可情况（由于没有受

访人选择"不同意"和"比较不同意",所以此两项没有列示)。半数以上的受访农户对土地折股方式、土地股份分红和合作社经营方式比较满意,三成左右的受访人满意,另外一成左右的人持中立态度。对于"土地股份合作社能够持续经营""土地股份分红能够持续不断",约65%的人表示"比较同意",近两成的人表示"非常同意",其余中立。受访社员农户表示,他们之所以对土地股份合作制表示满意,还包括其资本收益权能够得到保障,如土地股份分红的确定征求了社员农户的意见、土地股份合作社的经营方式等方面的信息披露比较充分。

表7-4　社员农户对土地股份合作制的满意度归纳表

单位:%

	既没同意也没不同意		比较同意		非常同意	
	样本数	比例	样本数	比例	样本数	比例
您对土地折股方式满意	3	8.3	22	61.1	11	30.6
您对土地股份分红满意	3	8.3	20	55.6	13	36.1
您对合作社土地经营方式满意	4	11.1	21	58.3	11	30.6
土地股份合作社能够持续经营	5	13.9	25	69.4	6	16.7
土地股份分红能够持续不断	5	13.9	24	66.7	7	19.4

数据来源:通过实地调查整理获得。

随后,本研究将每个受访农户对上述五个问题的回答赋值加总,通过加总平均每个受访人的回复分值,得到每个农户对土地股份合作社满意度的综合指标值。

表7-5　社员农户对土地股份合作制的满意度指标值

单位:%

	分组范围	样本数	比例
农户满意度指标值	3.0~3.4	4	11.11
	3.5~3.9	2	5.56
	4.0~4.4	23	63.89
	4.5~5.0	7	19.44

注:例如,某受访农户A对上述五个项目的回复用分值表示分别是4、5、4、4、5,则该农户的指标值为(4+5+4+4+5)/5=4.4。

数据来源:通过实地调查整理获得。

如表 7 - 5 所示，农户满意度的平均指标值是 4.16 分，主要集中在 4.0 ~ 4.4 分，占样本总量的 63.89%，指标值在 4.5 ~ 5.0 的占 19.44%，而指标值在 3.0 ~ 3.4 和 3.5 ~ 3.9 的最少，占比分别为 11.11%、5.56%。

2. 社员农户对土地股份合作社满意程度的影响因素

表 7 - 6 显示了社员农户入社后生活水平的评价（由于没有受访人选择"明显下降"和"有所下降"，所以此两项没有列示）。可见受访农户的家庭生活水平在入社后没有变差的情况发生，近半数的人（44.4%）表示"有所好转"，约 20% 的受访者表示"明显好转"，也有三成（36.1%）的受访者表示"和以前差不多"。

表 7 - 6   社员农户对入社后生活水平的自我评价

单位:%

	和以前差不多（3）		有所好转（4）		明显好转（5）	
	样本数	比例	样本数	比例	样本数	比例
入社后生活水平变化情况	13	36.11	16	44.4	7	19.4

数据来源：通过实地调查整理获得。

表 7 - 7 是社员农户满意度指标值与农户入社后生活水平变化的自我评价、家庭总收入、土地亩收益的交叉制表。农户入社后生活水平变化自我评价的均值随着农户满意度指标值的提高而提高，即加入土地股份合作社对农户生活的改善越明显，农户对土地股份合作社的满意度越高。随着农户家庭总收入的提高，农户满意度指标值也不断提高，说明家庭收入越高的农户对土地股份合作社的满意度越高。农户土地亩收益也随着农户满意度指标值的提高而提高，表明加入土地股份合作社之后家庭土地的生产效益越高，农户对土地股份合作社的满意度越高。

表 7 - 7   农户满意度指标值与入社后生活水平变化自我评价、
家庭总收入、土地亩收益交叉分析

农户满意度指标值	3.0 ~ 3.4	3.5 ~ 3.9	4.0 ~ 4.4	4.5 ~ 5.0
入社后生活水平变化的自我评价均值	3	3.5	3.74	4.71
土地亩收益均值（元）	505	552.5	580.1	617.2

数据来源：通过实地调查整理获得。

7.3.5 非社员农户入社意愿及其影响因素分析

这些非社员农户中有 64% 的人表示愿意入社，而 36% 的受访者不愿意。下面将着重分析其影响因素。

1. 非社员农户入社意愿影响因素的选择依据

对于没有加入土地股份合作社的农户，其土地有两种经营可能：一是自己耕种，二是租赁给他人耕种。不管是哪一种，农户与自己承包的实物土地之间有一对一的直接或间接的关系。而加入土地股份合作社，意味着入社农户将在未来一定的时间内失去土地的经营权，取而代之获得一定的土地收益，但没有失去土地的风险。根据前述对农地福利效应和农地股权投资风险的理论分析，并借鉴国内外关于农地流转影响因素的相关结论，本研究主要从如下几个方面选取解释变量。

①受访农户个人情况

国内外很多意愿研究中，受访人年龄和受教育水平对农户农地流转意向的影响比较显著（Altaf，Jamal，1989；Moran，1994；钱文荣，2004）。一般，受访人年龄越大，其思想往往越保守，对土地的感情也会比较深，放弃土地使用权的期望价格也会更高；而且，农民的年龄与就业机会有着很大关系：就打工而言，45 岁以下的农民打工就业的机会较多，而 45 岁以上的则较少（王克强，2004），土地对他们的就业保障效用更高。因而，年龄高的受访人对于土地股权投资的意愿较低。受访人受教育水平的高低也影响其对土地的依赖程度。一方面，学历越高，非农就业机会越多；另一方面，学历越高，思想越解放，其找寻土地以外的社会保障途径的积极性越高。因而，学历高的人将土地股权投资的意愿也会比较强。

②农户家庭就业情况

Tesfaye Teklu 和 Adugna Lemi（2004）对埃塞俄比亚农地市场的实证研究显示，家庭非农劳动力越多，租出土地的可能性越大；Kung James Kai - Sing（2002）研究了中国非农劳动力市场与农地租赁市场的关系，指出农户对农地租赁的需求取决于农户非农就业发展和劳动力转移。廖洪乐（2002）采用 Logistic 模型进行实证分析也显示，农户家庭成员在第二、第三产业的人数所占家庭人口比重将影响其调地概率。也就是说，农户非农就业情况可能会影响农户土地直接融资需求。再者，根据农地福利理论，农户的家庭非农就业状况（非农就业率）越好，农地提供的经济收入效用、保障效用、就业效用就越低，对土地收益的期望会越低，加入土地股份合作社的倾向会较强。

③农户家庭收入情况

收入始终是意愿研究中一个不可缺少的解释变量（Ready，1997）。根据孔祥智（2008）的研究，农地的效用函数可以表示为 $U = U（Y，Q，S）$，其中 Y 表示收入，Q 表示农地面积，S 表示其他影响因素。一般情况下，农户家庭总收入越高，土地对其经济实现效用、保障效用和就业效用越低，家庭承受失地风险的能力越大，对土地收益的关心程度也会越低，因而加入土地股份合作社的意愿会较强。

④家庭土地经营情况

姚洋（1998）从 Skoufias（1995）和 Carteretal（1995）提出的交易费用模型出发，建立了一个土地租赁模型，其模型假设包括：非农就业市场不完善、土地租赁市场存在交易费用、农户间的生产力水平有差异，研究结果显示土地的产量会对土地的交易意愿产生显著影响。再者，当入股收益大于或等于自己经营土地或通过其他方式进行农地直接融资的净收益时，农户才愿意加入土地股份合作社。马渚镇瑶街弄村的昌惠土地股份合作社，是以每亩土地折合一股来分配土地股份的，因而土地亩收益的高低和"对 500 元①分红的满意度"会影响农户的入社意愿。

除了单位土地的农业收入，史清华等（2003）、朱志泉等（2001）和刘克春等（2005）通过对多个省市的对比调查研究发现，人均农地面积会

---

① 在本研究个例中，"500 元"保底分红从长期来看是一个动态概念，是每 5 年拟定的一个动态金额。在昌惠土地股份合作社成立的前 5 年合同期内是稳定的，之后有可能变动。本书之所以选取"500 元分红"来判断社员农户的入社满意度和非社员农户的入社意愿，一方面由于本书是对该土地股份合作社成立近 5 年的绩效进行评价，另一方面由于笔者进行实地调查时仍处于该 5 年期内，这时的土地股份保底分红仍然是 500 元。

显著影响农户的农地流转意愿。有研究指出，农民的征地受偿意愿还主要受农场面积的制约。农场面积越大，农场越具有规模效益，农民的期望补偿值越高。同理，农场面积越大，农民放弃自己耕种土地转而领取无差异的土地股份收入的期望分红的愿望会越高。但是，由于本书调查的农户属于同一个行政村的村民，人均面积基本相当，拥有的承包地面积也普遍很小，农户之间没有显著的农地规模经济差异，这里不将人均农地面积和农地总面积作为模型的主要变量。

此外，从调查数据统计结果上看，农户自己耕种土地的年收入一般会高于土地股份的保底分红（500元/亩），而土地自发流转的租金一般低于土地股份的保底分红。因而，本研究认为，农户是否自发流转了部分或全部土地，对其加入土地股份合作社的意愿也可能产生显著影响。

⑤对土地股份合作社的认知情况

土地股份合作社与改革开放以前的人民公社存在根本性差异。目前实行的是土地集体所有制，农户拥有自己的承包地，土地股份合作社并不改变现有土地制度框架，只是将土地股份合作社社员的土地承包经营权转化成土地经营收益受益权，且土地经营收益受益权的大小与入股土地面积成正比；而人民公社实行的土地制度是单一的公社一级所有制，社员收益分配机制是评工记分、按劳分配，农户没有自己的承包地，更没有包产到户的土地承包经营权，影响了农户的生产积极性。忽视土地股份合作社与人民公社的区别，会使农户对土地股份合作社这一农民合作组织产生抵制情绪或不信任感，从而影响农民加入土地股份合作社的意愿。

除了上述内生变量之外，土地产权制度、经济发展水平、省际文化差异、国土管理政策的变化等外生变量也可能显著影响农户的农地流转意愿，如 Joshua M. Duke 等（2004）指出土地的高度细碎化、低价值广泛分配的土地产权和政府的市场干预导致了高昂的交易费用，阻碍了交易市场发挥福利改进的功效，资源配置难以达到最优；Dong Xiao-Yuan（1996）研究了交易费用对中国农地流转市场的影响，认为交易成本抑制了农户租入大面积土地进行规模经营的需求；史清华等（2003）对苏、浙、鲁三省的实证研究显示，在影响农地流转的诸多解释变量中，外生因素主要包括省际文化差异和国土管理政策的变化等。鉴于本书研究的样本限于一个村，在上述宏观因素方面不存在差异，故不予以考虑。各变量系数符号假定如表7-8所示。

表7-8 解释变量系数符号假定

变量代号	变量简称	部分封闭型答案	入股土地股份合作社的意愿
AGE	受访人年龄		—
EDU	受访人受教育程度		+
NMR	非农就业率		+
INC	家庭总收入		+
ALE	土地亩收益		—
LTF	是否流转了土地	1是；0否	—
DPC	是否了解土地股份合作社与人民公社的区别	1是；0否	+
SFD	对每年500元/亩分红的满意度	1不满意；2比较不满意；3无所谓；4比较满意；5非常满意	+

注：非农就业率，该变量在本书等于家庭非农就业人数与家庭总人数的比重。

2. 模型设立与变量描述统计

根据上述理论分析和统计分析，结合调查获得的一手数据，本研究建立 Logistic 回归模型如下：

$$prop\ (y = 1) = \frac{e^z}{1 + e^z}\ ,\ Z = \beta + \sum_{i=1}^{n} \alpha_i x_i$$

其中，因变量为 y：当 $y = 0$ 时，非社员农户不愿意加入土地股份合作社；当 $y = 1$ 时，非社员农户愿意加入土地股份合作社。解释变量 x_i 包括：受访农户个人情况（受访人年龄、受访人受教育程度）、农户家庭就业情况（家庭非农就业率）、农户家庭收入（家庭总收入）、土地经营情况（土地亩收益、是否流转了土地）、对土地股份合作社的认知情况（是否了解土地股份合作社与人民公社的区别、对 500 元/亩分红的满意度）。

上述各变量的特征值与取值范围如表 7 - 9 所示。受访人年龄在 35 岁到 72 岁之间，均值为 53 岁；受教育程度主要是小学和初中水平；家庭非农就业率平均 57%，非农程度比较高；家庭总收入在 2 万元到 8 万元之间，平均 5.63 万元；土地亩收益均值为 623 元，方差为 175.36 元，样本间差异较大；51% 的受访人流转了土地。

表 7 - 9　各影响因素的特征值与取值范围

变量代号	变量名称	样本容量	最大值	最小值	均　值	标准差
AGE	受访人年龄	100	72	35	53.07	8.48
EDU	受访人受教育程度	100	5	1	2.65	0.9
NMR	家庭非农就业率	100	1	0.25	0.57	0.14
INC	家庭总收入	100	8	2	5.63	1.21
ALE	土地亩收益	100	1200	300	623.09	175.36
LTF	是否流转了土地	100	1	0	0.51	0.5
DPC	是否了解土地股份合作社与人民公社的区别	100	3	1	1.72	0.51
SFD	对土地分红的满意度	100	5	1	3.53	1.23

3. 回归结果及分析

本研究运用 SPSS 16.0 统计工具，对 100 个农户样本的横截面数据进行了二元 Logistic 回归处理，提取影响非社员农户入社意愿的显著因素。通过 SPSS 软件的 Binary Logistic Regression 分析，并采用向后筛选法筛选变量。

模型的卡方值（Chi - square）是关于自变量是否与所研究事件的对数发生比（log odds）线性相关的检验。表 7 - 10 显示，模型的卡方检验统计值显著（Sig. = 0.000），可以拒绝原假设，模型整体比较理想。

表 7 - 10　最终模型方差检验

		Chi - square	df	Sig.
	Step	- . 625	1	. 429
Step 4	Block	94. 665	5	. 000
	Model	94. 665	5	. 000

表 7 - 11 列示了模型拟合优度的相关指标。- 2 倍的对数似然函数值越小，则模型的拟合优度越高，最终模型的 - 2 Log likelihood = 43. 965，比较小，因而从该指标看模型的拟合度较好。Cox and Snell R² 和 Nagelkerke R² 的取值分别为 0. 612 和 0. 816，说明模型拟合得比较理想 [二者越大（小于 1），模型拟合效果越好]。

表 7 - 11　最终模型情况摘要

步　骤	- 2 对数似然值	Cox & Snell R²	Nagelkerke R²
4	43. 965a	. 612	. 816

表 7 - 12　最终模型分类预测值

观察值			预测值		
			Y		百分比校正
			0	1	
Step 4	Y	0	31	5	86. 1
		1	2	62	96. 9
	总百分比				93. 0

表 7 - 12 显示模型的预测准确率，该模型的总体正确率达 93. 0%，说明该模型比较稳定。逐步回归的 Wald 检验结果同上述一次性引入方程的分析结果大体相同，且变量按影响程度进行排序并未改变。

模型估计结果如表 7 - 13 所示。土地亩收益对非社员农户的入社意愿影响最显著，土地亩收益越低，农户越愿意入社。从统计上看，样本农户的土地净收益平均为 623 元/亩，约三成农户的土地亩收益低于土地股份合作社目前的土地分红——500 元/亩，因而对于土地亩收益较低的家庭，加入土地股份合作社从而提高土地收益的意愿会较强。

表7-13 非社员农户入社意愿模型回归系数表

变　量	变量名称	模型1			最终模型		
		B	S. E.	Sig.	B	S. E.	Sig.
AGE	受访人年龄	-.092	.097	.342			
EDU	受访人受教育程度	.799	.972	.411			
NMR	家庭非农就业率	-4.620	3.954	.243			
INC	家庭总收入	1.079	.447	.016	.739	.389	.057*
ALE	土地亩收益	-.014	.008	.062	-.014	.004	.000***
LTF	是否流转了土地	-2.645	1.251	.034	-2.331	1.014	.021**
DPC	是否了解土地股份合作社与人民公社的区别	1.608	.937	.086	1.548	.839	.065*
SFD	对500元/亩土地分红的满意度	1.548	.841	.066	1.311	.470	.005***
Constant		6.931	10.649	.515			

注：＊表示在10%显著性水平上显著，＊＊表示在5%显著性水平上显著，＊＊＊表示在1%的显著性水平上显著。

"对500元/亩土地分红的满意度"的显著性水平也很高，受访人对500元/亩土地分红的满意度越高，越愿意加入土地股份合作社。对土地分红的金额越满意，说明农户主观上认为其入社后土地福利的改善程度越高，入社意愿也就更强烈。"是否流转了土地"在5%的显著性水平上显著，说明已经将全部或部分土地流转的农户，其入社意愿相对于自己耕种土地的农户要低。虽然自主流转土地的租金收入普遍比入社后的土地分红要低，但仍自发流转土地的农户一般是因各种原因不想自己耕种全部承包地，土地经济实现效用对于这些农户来说，要比自己耕种土地的农户低，因而他们改变现有的土地流转关系转而加入土地股份合作社的积极性相对较小。

回归结果显示家庭总收入越高，农户入社意愿越强。家庭总收入较高的农户，土地的经济实现效用、保障效用和就业效用较低，农户的亲耕意向会较低，其加入土地股份合作社从而解放劳动力的意愿会较强。此外，从数据统计可以发现，社员农户家庭人均年收入整体水平要略高于非社员家庭人均年收入，因而，收入低于平均收入的农户加入土地股份合作社的意愿会较强。

农户"是否了解土地股份合作社与人民公社的区别"通过了10%的显著

性检验，且与农户入社意愿正相关，表明农户对土地股份合作社与人民公社的利益分配和激励机制存在本质区别的认识越深入，对土地股份合作社这一合作组织的抵触越小，越容易接受这一新生的土地制度。

受访人年龄、受教育程度和家庭非农就业率并不是影响非社员农户入社意愿的重要因素。按非社员农户入社意愿与受访人年龄、受教育程度和家庭非农就业率的交叉分析显示，处于不同年龄阶段、不同受教育程度、家庭非农就业率存在明显差异的受访人愿意入社的比例并没有显著差异。这说明作为姚西重镇的马渚镇，农户在对加入土地股份合作社的看法上，青年人与中老年人没有根本区别，文化水平的提高、家庭非农就业情况的差异均未对此产生显著性的影响。

通过对昌惠土地股份合作社的个案分析，可以得出如下结论。

第一，土地股份合作社使社员农户的土地福利得到不同程度的改进。研究结果显示，社员农户中有83%的人对加入土地股份合作社表示比较满意或满意，他们对入社满意的主要原因是：加入土地股份合作社能够在一定程度上提高社员农户的家庭生活水平，入社后的土地股份分红金额较高且收益稳定。说明入股土地股份合作社能够改善农户的土地福利，尤其是在经济收益和生活保障方面。但是，农地股份的法律性质尚不明确，农地股份合作社对入社农户应是本村集体成员以及土地股权不能擅自流转的限制，均抑制了土地股份的融资能力。

第二，土地股份合作社产生的土地规模效益增进了农业大户的土地福利。案例分析显示，土地股份合作社的土地经营方式通过市场化的公开招标方式确定，中标者自愿接受土地分红金额（即土地获取成本），说明其在心理上认为这个价格合适并有利可图，满足了其追求扩大生产的需要；经营土地股份合作社的土地避免了中标经营者自己去联系土地转出农户所产生的合同成本和合同期限不一可能造成的生产障碍；土地股份合作社集中起来的大面积连片的土地，有利于土地规模效益的发挥，促进了农业现代化的推进，提高了土地的农业生产效益，并在一定程度上给予农业大户无形的社会荣誉。总的来说，土地股份合作社改善了农业大户的土地福利。

第三，土地股份合作社在一定程度上改善了农地社会福利。农地社会福利是相关所有农户个体福利的加总，上述结论说明社员农户和中标农业大户的福利都得到了改善，那么农地社会福利也相应地得到了改善。值得注意的是，虽然出现过第一位中标经营方经营失败的情况，但并没有影响到整个土地股份合作制回归良性发展。随着土地股份合作制的日渐成熟，当地村民和农业经济都得到裨益，农地社会福利能够随着土地股份合作制的良好发展而得到进一步改进。

第四，大部分农户愿意通过加入土地股份合作社来改善土地福利。非社员农户中64%的人表示愿意加入土地股份合作社，且其主要影响因素是家庭收入、土地经营收益以及"对500元/亩土地分红的满意度"，基本属于经济收益方面。通过经济背景考察，可以看出当地第二、第三产业比较发达，"离土"农民占85%以上，他们大都从事或兼业非农职业，土地对他们的就业保障效用弱化，因而农户在改善土地福利的选择上主要考虑的是经济效益，而土地股份合作社恰好能够改善农户的土地收益效用。

7.4　本章小结

农地流转过程中的直接金融工具实质上就是农户利用土地承包经营权获取资本收益的过程，表现形式为农地转让、出租、股权投资等，农户既可以通过放弃土地的承包经营权获取一次性价值补偿，也可以通过转移承包地的使用权来获得资金。农地流转直接金融工具以农地股权合作社为主要表现形式。不管是理论分析还是实证检验，通过土地股权投资设立土地股份合作社等土地规模经营组织，是能够有效改善农地流转供需双方的个人福利和社会福利的。

然而，在金融市场上，间接融资工具同样也发挥着重要的作用，通过间接融资工具，资金的供给方和需求方通过金融中介发生融资关系。那么在农地流转的金融创新中，农地间接融资工具发展现状如何、在发展中受到何种制约以及如何影响农地流转供需双方的社会福利等问题同样需要得到应有的研究。其研究进程同样会促进农地流转的开展以及城乡一体化的发展。

8 福利导向的农地间接金融创新实证分析

8.1 农地金融相关研究的不足

如第 2 章相关部分所述，目前国内外学者对农地金融的相关研究在理论和实证方面都取得了较大的进展，但现有研究也有几点不足。

首先，现有的关于构建我国农地间接融资制度的研究成果大都停留在理论层面，少数涉及实证的研究也是针对农地间接金融业务试点的经验教训的总结与改革建议，对于农村土地金融制度的整体构建设想缺乏微观层面的实证检验与探索。因此，有必要基于我国农村已具备的条件，在实地考察的基础上，探寻在目前或不久的将来有实践意义的农村土地金融制度。

其次，已有的少数关于开展农地间接金融业务的实证研究主要从农户的角度出发，而从农村金融机构角度进行实证分析的研究成果却很少，仅有的两篇也属于试点情况分析，鲜有人研究农村金融机构农地间接金融业务供给意愿。农地间接金融业务是否应该开展以及如何开展，不仅建立在农户单方面的需求上，还与农村金融机构是否愿意供给农地间接金融业务存在密切关系。因而，有必要基于农地间接金融业务供给方的视角，实地调查分析农村金融机构对供给农村土地间接融资业务的意愿及其影响因素。

8.2 农地间接金融实现途径与试点现状

8.2.1 农地间接金融的实现途径

在我国集体土地所有制下，农地间接融资是指农户依托农地净现值或未来一段时间产生的现金流作为信用担保向银行机构进行抵押信贷融资，或交由金融中介机构（如土地抵押信用合作社和信托机构）作为发行土地证券的担保来筹集社会资金，可以由资金需求方通过金融中介机构与资金初始供给方间接发生融资关系。

农地间接融资最主要的特点是资金供应者和资金需求者分别与金融中介发生直接融资关系，二者之间建立的是间接融资关系。其可能的实现方式主要包括农地抵押贷款、通过农地抵押信用合作社发行土地债券、农地信托融资。

1. 农地抵押贷款

在我国集体土地所有制下，农民拥有的仅仅是农用地的承包经营权和宅基地使用权，这些是农民的重要财产，也是他们能够抵押的主要财产，因而，对于一般农户，目前可能的农地抵押融资方式主要指农地承包经营权抵押信贷和宅基地使用权抵押信贷。虽然我国法律法规限制农地承包经营权抵押，但在央行政策的鼓励下，近几年我国多个地区相继开展了农地抵押试点。

2. 农地证券化

农地证券化是指农业企业将土地委托给金融机构作为担保，由金融机构以自己的名义发行土地证券。国外土地证券化已有 200 多年历史，一般是通过金融中介进行土地证券化运作，如德国的土地证券化主要是通过成立土地抵押信用合作社，以抵押的土地为保证发行土地证券。而美国的土地证券化则主要采取不动产投资信托基金 REIT（Real Estate Investment Trusts）的形式，即以发行收益凭证的方式汇集特定多数投资者的资金，由专门投资机构进行投资经营管理，并将投资综合收益按比例分配给投资者。借鉴国外土地证券化的经验,我国农户可以先组成土地信用合作社,以社员的农地承包经营权为抵押,通过发行抵押债券或受益凭证来筹集社会资金,作为社员农户或土地经营大户(或企业)的生产投资来源。土地证券或土地受益凭证的发行是面向社会的,极大地拓宽了它们的融资和流通范围,使其更具流动性和社会资金配置优化能力。农地证券化虽然具有融通社会资金、促进土地集约经营、繁荣金融市场等长处,但是目前我国实施农地证券化面临较严峻的障碍。一是农地证券的发行需要依托具有一定广度和深度的土地市场,但我国尚无大范围统一的土地市场;二是农地证券化是一个复杂的高度专业化的系统工程,需要业务娴熟、服务质量较高的金融中介来运作,而我国目前金融中介的发展水平难以满足要求;三是我国缺乏直接针对资产证券化的法律法规,更妄论牵涉农民基本民生的农地证券化(黄小彪,2005;郑长博,2008;冉成彦,2009),这些障碍说明在我国现阶段进行农地证券化的时机还未成熟。

3. 农地信托融资

西方的土地信托是建立在土地私有的前提下,而我国特殊的土地所有制,决定了农地信托实际上是农村土地承包经营权信托,指农村土地的承包方作为委托人,基于对特定的人或者服务机构(受托人)的信任而将土地承包经营权转移于受托人;受托人以自己的名义依法对土地承包经营权及其项下的土地实施占有、使用、管理或者处分,并将因此而获得的收益归属于特定的受益人(通常就是委托人自己)(张丽华、赵志毅,2005)。我国农村地区尚未真正开展农地信托,2001年绍兴县设立了土地信托服务组织,主要开展了三项土地信托服务:一是土地使用权流转供求信息登记和发布,二是土地流转过程中的利益协调与合约公证,三是土地流转后的跟踪服务和纠纷调处。但根据其开展的三项信托服务内容来看,实质上依然是土地流转服务中介。借鉴国外土地信托模式,我国现有的农地信托试点模式要想发展到足以充当间接融资手段,可以通过如下途径:委托人将农地承包经营权或经营权委托给信托机构,让其代理以农地作为抵押担保,向银行类金融机构进行抵押信贷或向市场发行农地债券以获取经营投资资金；或者由受托人发行土地信托受益凭证，受益凭证代表对信托财产（土地承包经营权）的受益权，委托人销售受益凭证所得资金用来经营土地。农地信托融资需要农地抵押业务的支撑，而发行土地债券或土地受益凭证都属于农地证券化，而农地证券化在我国的实践条件尚未成熟。

8.2.2　国内农地间接金融试点概况

通过比较上述三种农地间接融资的实施途径，不难看出，农地抵押是农地间接融资的基础，在我国现有条件下，其可行性也相对较高。

尽管法律限制农户土地承包经营权抵押贷款，但全国已有一些地区就土地承包经营权抵押贷款的土地金融制度创新进行了有益尝试。

2005年，国家开发银行重庆分行曾经在重庆江津市仁伟果业有限责任公司进行过试点，尝试以农民的土地经营权为抵押，向公司提供贷款。2006年，宁夏同心县农村信用联社选择8个沉贷比较少的村作试点，为750户农民投放小额土地承包经营权贷款150万元；2007年春又选择另外2个村实施重点推进，形成了比较完善的土地经营权抵押贷款管理办法。推行这项贷款模式的村，选举成立土地承包经营权抵押协会。会长、副会长以及每个常务会员，均需每人拿出1000元存入协会账户作为共同偿债基金。农户必须是自愿申请，以不超过自家承包土地总亩数的2/5加入协会，每亩获得3000元左右的贷款额度，贷款期间土地仍然由农民自己耕种获益。土地承包经营权抵押期限为一年，农户贷款到期不能及时偿还的，承包经营权转让给代其还款的担保人，或者由土地抵押协会转让给有意偿还贷款的其他村民，还清贷款后抵押贷款农户即可重新获得承包经营权。目前，这种贷款模式已覆盖58个村，受益农民达4883户，贷款超过4400万元。这种新型贷款模式给农户带来了福音。福建三明农村信用社从2006年起探索开展农村土地承包经营权抵押业务，近年来，三明市各地农村信用联社先后探索"公司＋农村土地经营权抵押""基金担保＋农村土地经营权抵押"和直接以农村土地承包经营权为抵押等方式，解决农民对土地规模化开发资金需求，主要用于支持种植红豆杉、毛竹、烟叶、果树及养殖业等规模种养户，涉及流转土地近 3000 亩。目前全市农信社累计已发放该类贷款 318 万余元。荆门市东宝区子陵镇建泉村农民陈其发承包耕地 3.6 亩，2008 年 10 月 10 日，他与荆门市邮政储蓄银行信贷部签订合同，用他的土地承包经营权作质押物，成功贷款 10 万元。用土地承包经营权作贷款质押物，这在湖北省尚属首创，标志着荆门市开始在商业银行开展土地承包经营权质押贷款业务。2009 年 4 月 4 日，辽宁省法库县信用联社为该县长岗子辣椒专业合作社发放了 30 万元贷款。该贷款的抵押物是合作社农户的承包土地，这标志着农民以农村土地承包经营权为抵押的贷款模式在法库开始启动，从而使土地的潜能得到充分释放，解决农村发展的资金瓶颈问题。2009 年 6 月，武汉农交所联合武汉农村商业银行向 3 家农业公司或企业提供 1400 万元农村土地经营权及地面附属物抵押贷款；2010 年 4 月，浙江温岭市农村合作银行允许农户以土地承包经营权为质押，无须第三方担保即可获得贷款；2010 年 5 月 28 日，陕西省高陵县农村土地承包经营权抵押贷款工作启动。

与农村承包地抵押试点相比，农村宅基地由于其土地集体所有和贴近民生的特殊性，各地对其试点工作一直持相当谨慎的态度，大多处于理论探索阶段，真正付诸实施的屈指可数。2006 年，温州乐清市农村合作银行试点农房抵押贷款业务，将农民住房视同国有土地上的房产办理抵押贷款，农户凭房产证和房屋宅基地使用权证办贷，额度为房屋市场评估价的 60% ~ 80%；2006 年 3 月，温州苍南县农村信用联社宣布投放 5000 万元 "新家园" 农民康居贷款，主要针对经有关部门审核批准的新村建设规划区以内房屋新建、拆建、扩建、装修的农户，按改建房投入总额的 70% 核定贷款额，每户最高额度 5 万元；农户可组成 3 ~ 5 人的联保小组申报，贷款期最长 5 年；2007 年 5 月，工商银行苍南县支行试推农房抵押贷款，但要求 "集体土地房产抵押 + 房产所在地村民保证"；2007 年 10 月，嘉兴也加入试点行列，拥有农村住房所有权的个体工商户或具有完全民事行为能力的自然人均可申请贷款，期限不超过 5 年，额度最多为评估价的 70%。

综上所述，如何促进农村土地流转，满足规模化经营所需要的资金缺口，解决融资难难在抵押难的瓶颈，发展农村土地金融业务，允许农民土地承包经营权抵押贷款，是当前新农村建设中土地金融制度创新的一个重要课题。目前，国内农地间接金融制度的相关试点还处于探索和起步阶段，只在少部分地区试点，没有形成完善可供推广的模式，仍需要继续探索和试点，其试点主要集中于农村承包地和宅基地的抵押业务。本课题组先后在江苏省泰州市和浙江省宁波市进行调研，研究的主体集中于农地间接金融的供求双方。

8.3 农地间接金融实证研究——需求方的需求意愿及其影响因素分析

8.3.1 泰州市农村推出土地承包经营权抵押贷款的意愿调查

2008 年 12 月，江苏省泰州市农工办对泰州市下属的 6 个县级市（区）14 个村进行了农村土地承包经营权流转和土地承包经营权抵押贷款意愿调查。本项调查采用多阶段随机和重点抽样相结合的抽样方法，第一阶段选取的地区包含泰州市下辖全部 6 个县级市（区），第二阶段从每个县级市（区）选取 1 ~ 3 个村，共发放 600 份调查问卷，收回来自 14 个村的 570 份有效问卷。其中 14. 29% 的样本村位于城市郊区，85. 71% 位于农村。被调查的 570 户农户，每户平均拥有耕地 2. 79 亩，家庭平均人口为 3. 08 人。在被调查者中，从事的职业以企业、商业、服务业、个体经营和半工半农为主，占 82. 76%，纯农业劳动者占 13. 59%；从文化层次上看，高中学历占 50. 61%，小学、初中、大专及以上分别为 2. 24%、25. 71%、21. 43%；从收入状况看，人均年收入 10000 元及以下、10001 ~ 20000 元、20001 ~ 30000 元、30001 ~ 40000 元、40001 元及以上分别占 40. 38%、33. 40%、14. 18%、8. 32% 和 3. 72%。调查数据经由 Excel 统计软件分析，结果如下。

1. 泰州市农村土地流转现状调查

泰州市农工办的调查数据显示，截至 2008 年 11 月底，全市农村土地流转面积 39.29 万亩，占承包土地总面积的 11.88%，并且多以传统的转包、租赁等形式为主。全市土地流转中转包、出租的面积为 31.83 万亩，占土地流转面积的 81%，入股、互换及以其他方式流转的面积为 7.46 万亩，占 19%。主要呈现四个特点。

（1）土地流转形式——以转包、租赁为主。根据对样本村的问卷调查，570 户农户中有 225 户参与过土地流转。其中流出土地的有 123 户，占 54.67%；流入土地的有 102 户，占 45.33%。土地流转形式主要包括转包、租赁、转让、入股、代耕、互换及反租倒包等，以转包和租赁为主。其中以转包形式转让土地的农户占参与土地流转农户的 45%，以租赁形式转让土地的农户占 31%，反租倒包为 6%，其他（转让、代耕、互换、入股等）占 18%。

（2）有偿流转租金不高。补偿标准差别较大，有的甚至是无偿的。在样本调查户中，自发组织土地流转的农户占 72%。在农户自发转出的土地中，有 87.6% 的土地转包给本村的亲戚或其他村民。其中，50.62% 的农户不收取任何报酬，25.31% 的农户得到现金补偿，有 20.47% 的农户得到粮食补偿。在得到现金补偿的农户中，每亩每年 200 元及以下、201~500 元、501~1000 元、1001 元及以上所占比例分别为 56.42%、28.73%、12.5% 和 2.35%

（3）流转以短期和口头协议为主。调查显示，农民自发流转的土地较为零散，流转的期限多数在 5 年以内；土地流转关系的确定半数以上采用口头协议，样本农户土地流转关系采用口头协议、签订合同、第三者证明三种方法，分别占比 56%、36% 和 4.44%。

（4）农民土地流转主体逐渐向多元化、企业化发展。从承包地流转的过程看，过去农村土地承包经营权流转主要在农户之间进行小规模的转入转出，近几年一些企业和城镇居民也纷纷加入到土地流转中来，连片出租、规模经营的比重正在提高。据调查统计，农户间参与土地流转的有 118 户，占参与流转总户数的 52.44%；流转到企业的有 83 户，占参与流转总户数的 36.89%；流转到城镇居民的有 24 户，占参与流转总户数的 10.67%。

2. 泰州市农村土地流转的动因

在发生土地流转的 225 个样本农户中，土地流出户和流入户情况不同，其流出和流入土地的动因也存在较大差别。流出土地的 123 个样本农户中，流出土地的主要原因依次是："能在非农领域找到就业岗位"占 34.96%、"土地流出前无农业劳动力"占 21.95%、"来自被流转土地的收入比重低"占 19.51%、"服从乡村统一规划"占 13.82%、"土地流转收益高于自己耕种收益"占 9.76%。

流入土地的 102 个样本农户，流入土地的主要原因依次是："充分利用剩余劳动力""扩大生产规模""亲朋好友委托耕种""其他"，分别占比 46.07%、32.35%、18.63%、2.94%。因扩大生产规模而流入土地的 33 户，流入前人均经营耕地只有 1.17 亩，流入土地后，人均经营耕地面积达 6.53 亩，比土地流入前增长 458.12%。平均每户流入的土地来自 8.6 个农户。

由此可见，伴随着第二、第三产业的快速发展和第一产业对现代农业、规模农业的客观需要，土地流转的速度和土地的适度集中还将进一步加快。

3. 推进农村土地承包经营权抵押贷款意愿调查

（1）农户缺少抵押担保

顺应工业向园区集中、农民向城镇集中、农用土地向规模化经营集中的趋势，农村土地承包经营权的流转步伐也必将加快，因此发生的资金需求缺口会因为缺少必需的信用担保而无法得到满足。

在被调查的 570 个样本农户中，向银行机构申请过贷款的有 414 户，占比 72.63%，获得过小额农贷支持的只有 116 户，占比 20.35%，信贷满足率仅为两成。民间借贷仍是农户获得资金的首选意向，占比 55.25%。当问及"为什么不向银行申请贷款"时，30% 的农户回答"缺少抵押担保"，占了近三成。

（2）农户融资需求强烈

据调查显示，农户有很强的资金融入需求，农户家庭普遍存在资金流动性不足的问题。被调查的 570 户中，"有贷款需求的"330 户，占比 57.90%。对不同收入层次农户的贷款需求比例分析结果显示，年支出在

10000 元及以下、10001～20000 元、20001～30000 元、30001～40000 元的农户，其有无贷款需求的比例分别为 1.02∶1、1.20∶1、1.31∶1、1.25∶1；而年支出在 40001 元及以上的农户，比例为 3.12∶1。这表明收入水平高的农村居民对资金需求更旺盛，其贷款意愿也更高。

（3）农户对土地承包经营权抵押贷款需求迫切

随着农村社会经济的发展，农民越来越不满足土地处置权局限在转包、转让、出租等一些较普通的权利上，还要求延伸土地使用权的广度，包括继承权、抵押权、买卖权等。由于缺乏农业发展资金，于是将自己拥有的生产资料——土地作为抵押进行融资，以获得资金发展农业生产，已成为农民的迫切愿望。

据调查，570 户样本农户中，428 户"希望国家出台土地承包经营权抵押贷款政策"，占比 75.09%。当问到"您是否愿意参加土地承包经营权抵押贷款"时，农户中有 392 户表示"愿意"，占比 68.77%（见表 8-1）。

表 8-1　农户对于推出土地承包经营权抵押贷款的意愿需求

是否希望国家出台土地承包经营权抵押贷款政策	愿意	不愿意	无所谓
有效调查户数（户）	428	59	83
比例（%）	75.09	10.3	14.56
是否愿意参加土地承包经营权抵押贷款	愿意	不愿意	无所谓
有效调查户数（户）	392	71	107
比例（%）	68.77	12.46	18.77

（4）地区经济越发达，农户对于农村土地承包经营权抵押贷款的需求越迫切。调查结果显示，整体而言，地区经济发展水平越高，农户对于推出农村土地承包经营权抵押贷款的意愿也越强烈（见表 8-2）。

表 8-2　泰州各县级市农民人均收入与农户希望推出土地抵押贷款的意愿

单位：元，%

	各县级市样本村人均收入	希望国家推出土地抵押贷款的比例
海陵区	8553	86.67
靖　江	7817	77.01
高港区	7517	78.43

	各县级市样本村人均收入	希望国家推出土地抵押贷款的比例
泰 兴	7355	74.17
姜 堰	7171	69.49
兴 化	6995	73.13

8.3.2 宁波市农户农地间接金融需求意愿分析

1. 数据来源、研究内容与方法

（1）样本选取和数据来源

浙江宁波市是长江三角洲南翼重要的经济中心城市和重化工业基地。宁波农村的土地规模化、产业化程度较高，农户专业或兼业非农产业的情况也较普遍。据统计，截至 2008 年底，全市已有 75% 以上农村劳动力转移到第二、第三产业，农民人均年纯收入达 11450 元。近年来，宁波致力于走在浙江农村金融制度改革的前列，积极探索、实践包括农村土地金融在内的农村金融制度创新。因而，项目组选择宁波市作为调查研究农地间接融资业务供给方的样本地。余姚市马渚镇瑶街弄村是土地股权投资发展较好的地区，项目组选择马渚镇瑶街弄村作为调查研究农地间接融资业务需求方的样本地。

本研究主要采用实地走访和问卷调查的方法。针对农地间接融资业务的需求方，项目组向社员农户发放 40 份调查问卷，其中有效问卷 36 份，问卷有效率 90%。向瑶街弄村 14 个自然村的非社员农户发放调查问卷 108 份，样本比 12%，其中有效问卷 103 份，问卷有效率 95.37%。主要从农地间接融资业务种类着手，调查了农村金融机构供给农地间接金融业务的意愿及其影响因素，其中业务种类主要包括承包地抵押、宅基地抵押和土地股权抵押三类。

（2）研究内容

主要从需求方和供给方来分析农地间接融资业务的开展意愿，对需求方，项目组重点调查分析样本农户对承包地、宅基地和土地股权抵押贷款的意愿及其影响因素；对供给方，项目组主要考察农村金融机构对开展承

包地抵押、宅基地抵押和土地股权抵押等土地金融业务的看法和意愿。

（3）主要研究方法

该部分研究需要用到的研究方法主要是 Logistic 模型和方差齐性检验，Logistic 模型前文已经做过介绍。Levene 方差齐性检验也称为 Levene 检验（Levene's Test），由 H. Levene（1960）提出。后来，M. B. Brown 和 A. B. Forsythe（1974）对 Levene 检验进行了扩展，对原始数据的转换不但可以使用数据与算术平均数的绝对差，也可以使用数据与中位数和调整均数（Trimmed mean）的绝对差。这就使得 Levene 检验的用途更加广泛。Levene 检验主要用于检验两个或两个以上样本间的方差是否齐性，要求样本为随机样本且相互独立。国内常见的 Bartlett 多样本方差齐性检验主要用于正态分布的资料，对于非正态分布的数据，检验效果不理想。Levene 检验既可以用于正态分布的资料，也可以用于非正态分布的资料或分布不明的资料，检验效果比较理想。

2. 农户农地间接融资需求意愿

农地抵押业务需求方是农户，本研究基于对宁波市余姚市马渚镇瑶街弄村村民的抽样调查结果，分别考察样本农户对承包地抵押、宅基地抵押和农地股权抵押业务的需求情况，并分析影响样本农户农地抵押意愿的主要因素。

表 8 - 3　农户农地间接融资需求意愿

单位:%

	频　数	样本数	比　例
承包地抵押	43	136	31.62
宅基地抵押	53	136	38.97
土地股权抵押	18	36	50.00

数据来源：通过实地调查整理获得。

表 8 - 3 反映了样本农户对农地间接融资业务的需求意愿。在受访的 36 名土地股份合作社社员农户和 100 名非社员农户中，愿意将承包地、宅基地和土地股权抵押的人分别占受访总人数的 31.62%、38.97% 和 50%。笔者进一步将非社员农户分为自主耕地农户和流转出土地的农户两类分别

进行统计，发现自主耕地和将土地流转出去后的农户愿意将承包地抵押的比例基本相同（均为 40%），而愿意将宅基地进行抵押的比例显著不同，分别为 30.61%、60.78%，可见离土农户的宅基地抵押需求意愿更强，可能因为宅基地抵押更能满足离土农户较高的非农资金需求。非社员农户中的 3 位农业大户均表示愿意将承包地使用权或宅基地抵押，且与宅基地相比，其对承包地使用权抵押的意愿更强烈。

8.3.3 农户承包地抵押需求意愿影响因素分析

1. 农户承包地抵押意愿影响因素的选择依据

当农户资金周转困难需要筹集资金时，将农地抵押是农户获取资金的途径之一，农户有权利选择是否将农地抵押。将农地抵押，意味着一旦无法偿清贷款，农户将面临失去土地的风险。借鉴农地股权投资意愿影响因素的选择依据和农地抵押风险的理论分析，受访农户个人情况（年龄、受教育程度）、农户家庭就业情况、农户家庭总收入、土地产出、农户是否流转了土地等是影响农户农地抵押意愿的重要因素，此外，其主要影响因素还应包括农户融资偏好。

根据微观经济学的需求理论，个人偏好会影响其需求。图 8 - 1 显示了用无差异曲线分析法推导需求曲线的过程。在图 8 - 1 上半部分的坐标系中，X 轴和 Y 轴分别表示商品 2（这里指土地抵押贷款）和商品 1（这里指除了土地抵押贷款之外的其他融资方式）的数量，AB、AC 和 AD 分别表示收入不变、商品 1 价格（融资利率）不变，商品 2 的价格 P 从 P_1 下降到 P_2 情况下的三条预算线，OA 指商品 1 的最大购买量，OB、OC、OD 分别指商品 2 价格（贷款利率）为 P_1、P_2 和 P_3 时的最大购买量；U_1 表示三条没有贷款偏好的消费者的无差异曲线，U_2 表示三条有贷款偏好的资金需求者的无差异曲线，无差异曲线与预算线的切点表示资金需求者的价格—消费均衡点，即这些切点所对应的 Q_1 和 Q_2 是使资金需求者效用最大化的融资组合。在图 8 - 1 下半部分的坐标系中，X 轴表示商品 2 的数量，Y 轴表示商品 2 的价格，D_1 表示没有贷款偏好的消费者的需求曲线，D_2 表示有贷款偏好的消费者的需求曲线。可见，在同等土地抵押贷款利率水平上，有贷款偏好的资金需求者的土地抵押贷款需求金额要高于没有贷款偏好的资金需求者。因而被访人"是否有贷款偏好"会影响其土地抵押贷款的意愿。

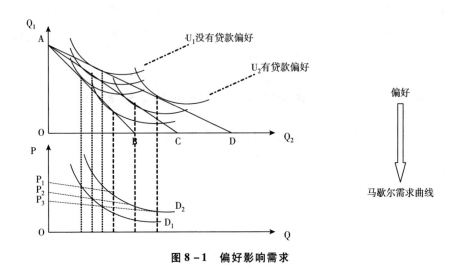

图 8 - 1　偏好影响需求

除上述变量之外，经济发展水平、土地产权制度、地方政府政策扶持力度等外生变量也可影响农户的承包地抵押意愿，但本研究的样本限于一个在上述宏观因素方面不存在明显差异的区域内，故不予以考虑。相关变量系数符号假定如表 8 - 4 所示。

表 8 - 4　解释变量系数符号假定

变量代号	变量简称	部分封闭型问题的选项	土地抵押意愿
AGE	受访人年龄		—
EDU	受访人受教育程度	1 半文盲；2 小学；3 初中；4 高中；5 专科；6 本科及以上	+
NMR	非农就业率		+
INC	家庭总收入		+
ALE	土地亩收益		+
LTF	是否流转了土地	1 是；0 否	+
FP	融资偏好	1 是；0 否	+

注：非农就业率等于家庭非农就业人数与家庭总人数的比重。

2. 模型设立与变量描述统计

根据上述理论分析和统计分析，结合调查获得的一手数据，建立 Logistic 回归模型：

$$prop\ (y = 1) = \frac{e^z}{1 + e^z}\ ,\ Z = \beta + \sum_{i=1}^{n} \alpha_i x_i$$

其中，被解释变量为 y：当 $y = 0$ 时，样本农户（包括社员农户和非社员农户）不愿意抵押承包地；当 $y = 1$ 时，样本农户愿意抵押承包地。解释变量 x_i 包括：受访人年龄、受访人受教育程度、家庭非农就业率、家庭总收入、土地亩收益、是否流转土地和农户融资偏好。

表 8 – 5 模型中各变量的特征值与取值范围

变量代号	变量名称	样本容量	最大值	最小值	均 值	标准差
AGE	受访人年龄	136	72	29	52.17	9.18
EDU	受访人受教育程度	136	5	1	2.72	0.91
NMR	家庭非农就业率	136	1	0.25	0.59	0.15
INC	家庭总收入	136	13	1	5.37	1.55
ALE	土地亩收益	136	1200	300	593.63	159.41
LTF	是否流转了土地	136	1	0	0.64	0.48
FP	融资偏好	136	1	0	0.26	0.44

模型中各变量的特征值与取值范围如表 8 – 5 所示。受访人平均年龄在 29 岁到 72 岁，平均为 52 岁；受教育程度多集中在小学或初中水平；家庭非农就业率均在 25% 以上，平均为 60%；家庭总收入为 1 万元到 13 万元不等，平均 5 万元；土地亩收益最多为年均 1200 元，最少年均 300 元，平均 600 元；受访农户中有 64% 的农户通过农地出租或入股的方式流转了土地；26% 的人在遇到资金周转问题时有向金融机构贷款的偏好。

3. 回归结果及分析

本研究运用 SPSS16.0 统计工具，对 136 个样本农户的横截面数据进行了二元 Logistic 回归处理，提取影响样本农户承包地抵押需求意愿的显著因素。通过 SPSS 软件的 Binary Logistic Regression 分析，并采用向后筛选法筛选变量。

表8-6显示，模型的卡方检验统计值显著（Sig. = 0.000），可以拒绝原假设，模型整体比较理想。-2倍的对数似然函数值越小，则模型的拟合优度越高，最终模型的-2 Log likelihood = 43.965比较小，因而从该指标看模型的拟合度较好。Cox & Snell R^2和Nagelkerke R^2的取值分别为0.612和0.816，说明模型拟合得比较理想；该模型的总体正确率达93.0%，说明该模型比较稳定。逐步回归的Wald检验结果同上述一次性引入方程的分析结果大体相同，且变量按影响程度进行排序并未改变。

表8-6　模型情况

步骤（Step）	-2 对数似然	Cox & Snell R^2	Nagelkerke R^2
4	43.965	.612	.816

表8-7　模型回归系数表

变量	变量名称	模型1			最终模型		
		B	S. E.	Sig.	B	S. E.	Sig.
AGE	受访人年龄	-.138	.072	.056	-.069	.023	.003 ***
EDU	受访人受教育程度	1.583	.693	.022	.936	.309	.024 **
NMR	家庭非农就业率	.513	2.842	.857			
INC	家庭总收入	.775	.342	.231			
ALE	土地亩收益	.000	.002	.918			
LTF	是否流转了土地	.779	.795	.327	.854	.287	.007 ***
FP	融资偏好	4.565	1.087	.000	4.051	.911	.000 ***
Constant		4.881	5.957	.413			

注：*** 表示在1%的水平上显著，** 表示在5%的水平上显著。

模型估计结果如表8-7所示。融资偏好的影响最显著，从系数上看影响程度也最大，有贷款偏好的人抵押农地的意愿较强。受访人年龄通过了1%的显著检验，受访人年龄越高越不愿意将农地抵押，但从变量系数可以看出影响程度不是很大。一般情况下，受访人年龄越大，尤其是老年农民,其思想往往越保守,对土地的感情也会比较深,对于失地的风险承受能力较弱,土地抵押贷款的意愿会较低。"是否流转了土地"也在1%的显著水平下显著,说明已经将全部或部分土地流转的农户,更倾向于将承包地抵押来获取贷款,符合理论预期。受访人受教育程度的影响也较显著,且受访人受教育程度越高,越愿意将农地抵押。一般学历越高,非农就业机会越多,思想越解放,其找寻土地以外的社会保障途径的积极性越高。因而,学历高的人对土地抵押贷款的意愿会比较强。家庭总收入虽然没有通过显著性检验,但其系数符号符合理论预期。家庭非农就业率影响不显著可能由于样本农户的家庭非农就业率绝大部分集中在50%~75%,样本间差异性很小,而且农户兼业的情况比较普遍,纯粹务农的农户很少(小于15%)。土地亩收益不显著可能是由于土地收入在样本农户的总收入中占比很小,普遍在5%左右,土地对农户的经济效用很低,不足以成为农户考虑是否存在抵押风险的主要因素。

8.3.4 农户宅基地抵押需求意愿影响因素分析

1. 农户宅基地抵押意愿影响因素的选择依据

农户宅基地抵押与承包地抵押在目的(筹资)和风险(一旦违约,将失去宅基地及地上住宅)方面具有相似性。在农村劳动力大量转移、农户不以务农为主业的地区,与承包地相比,宅基地更关乎农户的基本生存条件。宅基地与承包地最主要的不同在于,其对农户提供的效用主要是生活保障效用、子女继承效用和征地补偿效用,并不能提供产出效用和就业效用等经济收入效用,但一旦失去宅基地,农户获得新居所的成本较高。因而,在考虑宅基地和承包地对农户效用异同的基础上,借鉴农户承包地抵押意愿影响因素的选择,本研究选取受访人年龄、受访人受教育程度、家庭非农就业率、家庭总收入和农户融资偏好作为影响农户宅基地抵押的主要因素。相关变量系数符号假定如表8-8所示。

表 8 - 8 解释变量系数符号假定

变量代号	变量名称	部分封闭型问题的选项	土地抵押意愿
AGE	受访人年龄		—
EDU	受访人受教育程度	1 半文盲；2 小学；3 初中；4 高中；5 专科；6 本科及以上	+
NMR	家庭非农就业率		+
INC	家庭总收入		+
FP	融资偏好	1 是；0 否	+

2. 模型设立

根据上述理论分析，结合调查获得的一手数据，建立 Logistic 回归模型：

$$prop\,(y = 1) = \frac{e^z}{1 + e^z}\,,\ Z = \beta + \sum_{i=1}^{n} \alpha_i x_i$$

其中，被解释变量为 y：当 $y = 0$ 时，样本农户不愿意抵押宅基地；当 $y = 1$ 时，样本农户愿意抵押宅基地。解释变量 x_i 包括：受访人年龄、受访人受教育程度、家庭非农就业率、家庭总收入和农户融资偏好。

3. 回归结果及分析

运用 SPSS16.0 统计工具，本研究对 136 个农户样本的横截面数据进行了二元 Logistic 回归处理，提取影响样本农户宅基地抵押需求意愿的显著因素。通过 SPSS 软件的 Binary Logistic Regression 分析，并采用向后筛选法筛选变量。

表 8 - 9 显示，模型的卡方检验统计值显著（Sig. = 0.000），可以拒绝原假设，模型整体比较理想。 - 2 倍的对数似然函数值越小，则模型的拟合优度越高，最终模型的 - 2 Log likelihood = 91.629（表 8 - 10），不算很小但也不算大，模型的拟合度一般。表 8 - 11 显示 Hosmer - Lemeshow 检验不显著（Sig. = 0.672 > 0.5），不拒绝"调查数据和预测数据之间没有显著差异的零假设"，模型能够较好地拟合数据。

表 8 - 9　最终模型方差检验

		Chi - square	df	Sig.
Step2a	Step	-.117	1	.732
	Block	46.360	4	.000
	Model	46.360	4	.000

表 8 - 10　最终模型情况摘要

步　骤	-2 对数似然值	Cox & Snell R^2	Nagelkerke R^2
2	91.629a	.371	.496

表 8 - 11　最终模型 Hosmer - Lemeshow 检验

步　骤	卡方（Chi - square）	df	显著性（Sig.）
2	5.774	8	.672

表 8 - 12　农户宅基地抵押需求意愿模型回归系数表

变　量	变量名称	模型 1			最终模型		
		B	S.E.	Sig.	B	S.E.	Sig.
AGE	受访人年龄	-.284	.080	.000	-.281	.080	.000 ***
EDU	受访人受教育程度	1.449	.651	.026	1.415	.640	.027 **
NMR	家庭非农就业率	3.977	3.470	.252	4.974	2.207	.024 **
INC	家庭总收入	.144	.409	.724			
FP	融资偏好	2.028	.670	.002	2.016	.668	.003 ***
Constant		15.090	5.476	.006	15.096	5.475	.006 ***

注：** 表示在 5% 的显著性水平上显著，*** 表示在 1% 的显著性水平上显著。

　　模型估计结果如表 8 - 12 所示。受访人年龄通过了 1% 的显著水平检验，且系数符号表明年龄越大的农户越不愿意将宅基地抵押。统计显示，年龄在 50 岁以上愿意将宅基地抵押的比例较少，只占 16.67%，而 50 岁以下的受访人中愿意将宅基地抵押的比例相对较高，达 64.06%，这可能与年龄大的人比较固守居住习惯有关，但是从回归系数（-0.281）上看，其影响程度较小。融资偏好的系数显著性很高，且其系数较大，说明有贷款偏好的人抵押宅基地的意愿较强。家庭非农就业率通过了 0.05 的显著性检验，且与农户宅基地抵押意愿呈正比，影响程度也最大，说明家庭非农就业率越低，农户越不愿意将宅基地抵押。一方面，非农就业率高的家庭其融资金额一般也较大，宅基地抵押能够获取的融资额度比较高，更能满足其资金需求。另一方面，家庭非农就业率越高，其家庭收入越高，还款能力越强。受访人受教育程度也比较显著，且受教育程度越高的农户越可能将宅基地抵押。一般受教育水平较高的农户在就业机会和收入状况上比较有优势，其还款能力比较强，即使违约了，其重新获取住宅的可能性也较大。家庭总收入没有通过显著性检验，说明农户家庭总收入并不是影响农户宅基地抵押意愿的重要因素，但其符号符合理论预期。

8.3.5 社员农户土地股权抵押需求分析

如前文分析，农户拥有的土地股份代表其对土地的收益权，拥有股权和债券的双重特征。在土地股份合作社经营持续良好的情况下（分红持续而稳定），承载着未来一定时期的持续现金流，可以折现估值，与有价证券类似。综合土地股权的特征，可以将其作为小额、中短期贷款的抵押品。

在受访的 36 户昌惠土地股份合作社社员中，愿意抵押土地股权和不愿意抵押的人数各占样本总量的 50%。

鉴于样本量的限制，采用 Logistic 模型来研究农户土地股权抵押意愿的影响因素效果不理想，还可能出现伪回归现象，因而本研究采用 SPSS16.0 软件对受访社员农户的土地股权抵押意愿与受访人年龄、受教育程度、农户评价指标值以及家庭总收入等因素之间的关系进行统计分析和显著性检验。

表 8-13　土地股权抵押意愿与受访人年龄交叉制表

单位:%

土地股权抵押意愿	受访人年龄（岁）			
	25～45		46～65	
	样本数	占比	样本数	占比
愿意	11	47.83	7	53.85
不愿意	12	52.17	6	46.15
Levene's 方差齐性检验	F = 0.201　Sig. = 0.675			
t 检验	t = -1.129　df = 34　Sig. = 0.267			

数据来源：本研究整理获得。

从表 8 – 13 可以看出，Levene's 统计方差齐性检验的显著值为 0.267，大于 0.05 的显著水平，说明土地股权抵押意愿和受访人年龄在统计意义上的相关性不大。通过对表 8 – 13 的进一步分析也可以看出，土地股权抵押意愿在不同的年龄层中的概率分布是比较平均的，没有规律可言，因而自身年龄并不是受访农户考虑是否进行土地股权抵押的重要因素。作为抵押品，其持有人面临的最大风险是失去土地股份。"老年人的土地情结更深厚"的理论在这个样本地不适用，农户承受失去土地股权风险的能力不会受到年龄的显著影响。

表 8 – 14 显示，Levene's 方差齐性检验的显著值为 0.272，大于 0.05 的显著水平，说明土地股权抵押意愿和受访人受教育程度在统计意义上的相关性不大。从该表可以看出，随着受访农户受教育水平的提高，其愿意抵押土地股权的比例变化波动较大，二者并不呈线性相关关系。可能由于七成以上的受访社员农户的受教育程度处于小学或初中水平，即其受教育程度普遍局限于基础义务教育水平，对农地股权抵押的含义及其利益和风险的认知能力相差不大，受教育程度并不会成为农户考虑是否抵押农地股权的重要因素。

表 8 – 14　土地股权抵押意愿与受访人受教育程度交叉制表

单位:%

土地股权抵押意愿	受访人受教育程度							
	小学		初中		高中		专科	
	样本数	占比	样本数	占比	样本数	占比	样本数	占比
愿意	5	71.43	9	50.00	2	28.57	2	50.00
不愿意	2	28.57	9	50.00	5	71.43	2	50.00
Levene's 方差齐性检验	F = 0.086　Sig. = 0.772							
t 检验	t = 1.118　df = 34　Sig. = 0.272							

数据来源：通过实地调查整理获得。

表 8 – 15 显示，Levene's 方差齐性检验的显著值为 0.015，通过了 0.05 的显著性检验，说明二者之间关系极为显著。农户评价指标值较高的受访

社员农户表示愿意将土地股权抵押的概率较高，占 63.16%，表示不愿意的只占 31.58%；而农户评价指标值较低的受访社员农户意愿则相反，表示愿意抵押土地股权的人只占 35.29%，64.71% 的人不愿意。土地股权作为抵押物期间，虽然农户失去了自由处置土地股份的权利，但并不会影响其获得股份分红。对土地股份合作制评价较高的社员农户可能更倾向于持有土地股份并获取分红，而将股份投资变现的意愿相应较小，因而土地股权抵押的机会成本对他们来说相对较低。

表 8-15 土地股权抵押意愿与农户评价指标值交叉制表

单位：%

土地股权抵押意愿	农户评分			
	3.0~4.0		4.1~5.0	
	样本数	占比	样本数	占比
愿意	6	35.29	12	63.16
不愿意	11	64.71	6	31.58
Levene's 方差齐性检验	F = 0.227 Sig. = 0.637			
t 检验	t = -2.564 df = 34 Sig. = 0.015			

数据来源：通过实地调查整理获得。

表 8-16 土地股权抵押意愿与家庭总收入交叉制表

单位：%

土地股权抵押意愿	家庭总收入（万元）					
	3.0~4.9		5.0~6.9		7.0~9.0	
	样本数	占比	样本数	占比	样本数	占比
愿意	6	42.86	9	50.00	3	75.00
不愿意	8	57.14	9	50.00	1	25.00
Levene's 方差齐性检验	F = 0.385 Sig. = 0.077					
t 检验	t = -1.350 df = 34 Sig. = 0.003					

数据来源：通过实地调查整理获得。

表 8-16 显示，Levene's 方差齐性检验的显著值为 0.003，远小于 0.05 的显著水平，说明受访人家庭总收入对土地股权抵押意愿影响显著。家庭总收入越高，愿意将土地股权抵押的比例越高，家庭总收入在 3 万至 4.9

万元的受访人愿意抵押土地股权的比例为 42.86%，而家庭总收入在 7 万元以上的人愿意抵押土地股权的比例上升到 75%。一般而言，家庭总收入较高的农户，其还款能力较强，违约风险较弱，失去土地股权的风险相对较低。

根据实地问卷调查数据的描述性统计以及进一步的统计分析和实证检验，我们可以得出以下结论。

第一，农户对土地股权抵押和宅基地抵押的需求比较旺盛，尤其是土地股权抵押。原因可能在于：样本地农户的收入水平较高，即使偶遇资金周转问题，在金额不大的情况下，多数农户选择向亲朋好友借款，只有在金额比较大时才需要向金融机构贷款，这时宅基地比小面积的承包地更可能获得高额的授信额度；少数愿意向金融机构借款的农户也更愿意将抵押风险较小的土地股权抵押而不是将承包地抵押。但值得注意的是，对于部分土地面积大的农户，承包地抵押的信贷额度会较大，能够在一定程度上满足其融资需求，且其抵押风险比宅基地小。

第二，农户对失去农地效用顾虑的相关因素并没有成为影响其抵押土地股份的重要因素，只有农户对土地股份的信任情况和农户家庭收入水平与其抵押土地股权的意愿正相关。土地股权是在承包地入股的基础上衍生出的土地资本，并不影响农户对实物土地的承包权。土地股权作为抵押物期间，持股农户虽然失去了自由处置土地股份的权利，但并不会影响其获得股份分红。即使因无法偿还贷款而不得不失去土地股份，持股农户也只是失去了在未来一段时间领取土地分红的权利，并没有失去土地的风险，也就没有失去相应的农地效用的风险，因而农户对失去农地效用顾虑的相关因素并不会对其抵押土地股份产生显著影响。而农户对土地股份的信任情况和农户家庭收入水平之所以会对其土地股份抵押意愿产生影响的原因是，对土地股份合作制评价较高的农户可能更倾向于持有土地股份并获取分红，而将股份投资变现的倾向相应变小，因而土地股权抵押的机会成本对他们来说相对较低；而家庭总收入较高的农户，其还款能力较强，违约风险较弱，失去土地股权的风险相对较低。

第三，农户的年龄和受教育程度都是影响其抵押承包地和宅基地的重要因素，其中农户年龄对二者的影响都是正向的，而农户受教育程度对二者的影响都是负向的；除此之外，融资偏好和土地流转情况都与农户抵押承包地的意愿显著正相关，而家庭非农就业率与农户宅基地抵押倾向显著正相关。这种差异的原因可能是，样本地农民收入水平较高，承包地收益占家庭总收入的比重很少（5%左右），土地的保障效用弱化，土地流转现象普遍，因而家庭收入、非农就业率等方面的因素都没有对农户的承包地抵押产生显著影响。而宅基地不同，其价值和生活保障效用远高于承包地，家庭收入、非农就业率等会成为农户抵押宅基地的顾虑。

8.4　农地间接金融实证研究——供给方的供给意愿及其影响因素分析

从已有文献来看，鲜有学者研究农村金融机构开展农村土地金融业务的意愿及其影响因素。农村土地金融是否应该开展以及如何开展不仅建立在农户的需求基础上，还与农村金融机构是否愿意供给农村土地金融业务存在密切关系。基于农村土地金融供给视角，本书分析了浙江宁波市部分农村金融机构对开展农村土地金融的意愿及其影响因素，为政策决策者和法律制定者构建我国农村土地金融制度提供参考。近年来，浙江省宁波市农村金融制度改革走在全国前列，因而，笔者选择宁波市作为研究样本地，主要采用实地走访和问卷调查的方法，于 2010 年 5 月向宁波市市区信用联社、镇海区信用社、北仑区农信社、余姚农村合作银行、鄞州农村合作银行、慈溪农村合作银行、奉化市农信社、宁海县农信社等农村金融机构发放了 55 份问卷，收回 53 份，其中有效问卷 51份，问卷有效率 96.2%。分别考察了农村金融机构对承包地抵押、宅基地抵押和土地股权抵押业务的供给意愿，并实证分析其供给意愿的主要影响因素。

8.4.1 农村金融机构供给农地间接融资业务的意愿

农村金融机构作为农地间接金融产品的供给部门，其对农地金融产品即农地抵押贷款的供给意愿见表8-17。

表8-17 农村金融机构农地金融产品供给意愿

单位:%

	频　数	样本数	比　例
承包地抵押	32	51	62.75
宅基地抵押	20	51	39.22
土地股权抵押	22	51	43.14

数据来源：通过实地调查整理获得。

如表8-17所示，农村金融机构愿意开展承包地抵押贷款的最多，占62.75%，愿意开展宅基地抵押贷款和土地股权抵押贷款的较少，分别占总受访机构的39.22%和43.14%。下面将着重分析农村金融机构土地金融供给意愿的影响因素。

8.4.2 影响农村金融机构供给农地间接融资业务意愿的因素

从农村金融机构对开展农地间接融资业务的必要性的看法、对出台相关政策"放行"农地间接融资业务可能性的看法、对开展农地间接融资业务主要障碍的看法三方面分析其供给农地间接融资业务的影响因素。

1. 对农地间接融资业务开展必要性的看法

表8-18分别列示了受访农村金融机构对农地间接融资业务开展必要性的看法，表中的数值表示选择该选项的农村金融机构占受访总数的比例。认为开展承包地抵押比较必要或必要的比例最高，达82.35%。对于原因，其主要回答一是国内已经有试点，二是允许承包地抵押有利于激活农村沉睡资产、充分利用土地资源，三是有利于满足农村弱势群体的融资需求。认为开展土地股权抵押比较必要或必要的比例也较高（68.63%），其给出的原因主要是土地股份可以量化，且比较容易转让。

认为开展宅基地抵押比较必要或必要的比例为 56.86%，其给出的理由主要有：一是宅基地是农民的重要财产，激活这部分财产能最大限度地解决"三农"发展资金不足的问题，二是应该使农民与城乡居民住房抵押权利一致化。

表 8－18　农村金融机构对农地间接融资业务必要性的看法

单位:%

	不必要	比较不必要	不清楚	比较必要	必　要	合　计
承包地抵押	5.88	9.80	1.96	45.10	37.25	100
宅基地抵押	11.76	21.57	9.80	29.41	27.45	100
土地股权抵押	0.00	17.65	13.73	62.75	5.88	100

数据来源：通过实地调查整理获得。

2. 对出台相关政策"放行"土地金融业务可能性的看法

我国物权法规定不得抵押耕地、宅基地、自留地等集体所有的土地使用权，即农村土地承包经营权、宅基地均不可以抵押，而可以转让的股权是可以质押的，因而这部分调查没有涉及土地股权抵押。

对于"您认为国家或当地近几年出台相关政策放开某土地金融业务的可能性有多大"这一系列问题，统计得出的结果如表 8－19 所示。认为承包地抵押被政府允许的可能性比较大或很大的最多，占比 56.86%；而认为宅基地抵押被政府允许的可能性比较大或很大的比例相对较小，占31.37%。由此可见，农村金融机构对政府允许承包地抵押持相对乐观的态度。

表 8－19　农村金融机构对出台相关政策"放行"土地金融业务可能性的看法

单位:%

	很　小	比较小	不清楚	比较大	很　大	合　计
承包地抵押	1.96	31.37	9.80	49.02	7.84	100
宅基地抵押	7.84	39.22	21.57	21.57	9.80	100

数据来源：通过实地调查整理获得。

3. 对开展土地金融业务现实约束的看法

通过文献回顾和实际调查，了解到开展土地金融业务的现实约束主要包括"抵押权认定和评估问题"、"相关法律法规不健全①"、"地方政策导向变更风险②"和"抵押品处置风险"。

表8-20　农村金融机构对开展土地金融业务主要障碍的看法

	抵押权认定和评估问题	相关法律法规不健全	抵押品处置风险	地方政策导向变更风险
承包地抵押	47.06	74.51	62.75	21.57
宅基地抵押	43.14	68.63	70.59	19.61
土地股权抵押	47.06	68.63	45.10	57.06

数据来源：通过实地调查整理获得。

从表8-20对选择某选项的受访农村金融机构占总数比重的统计结果可知，农村金融机构认为开展承包地抵押业务和土地股权抵押业务最主要的现实约束是"相关法律法规不健全"，分别占总调查人数的74.51%和68.63%。而认为宅基地抵押贷款业务最主要的现实约束是"抵押品处置风险"的最多，占样本总数的70.59%。另外，受访农村金融机构认为承包地抵押业务的现实约束是"抵押品处置风险"（62.75%），宅基地抵押的现实约束是"相关法律法规不健全"（68.63%），土地股权抵押的现实

---

① 我国法律明文规定承包地不能抵押，如《物权法》第184条规定："下列财产不得抵押：……（二）耕地、宅基地、自留地、自留山等集体所有的土地使用权，但法律规定可以抵押的除外……"《担保法》第37条规定："下列财产不得抵押：……（二）耕地、宅基地、自留地、自留山等集体所有的土地使用权，但本法第三十四条第（五）项、第三十六条第三款规定的除外。"其中除外的情形，即《物权法》所指的"法律规定可以抵押的除外"部分，亦即《担保法》第35条第（五）款"抵押人依法承包并经发包方同意抵押的荒山、荒沟、荒丘、荒滩等荒地的土地使用权"；而对于土地入股的法律性质，《农村土地承包法》和《物权法》的相关表述不明确。依据2003年《农村土地承包经营权证管理办法》，似乎是将转包、出租、入股定性为债权关系，将转让、互换等定性为物权关系；但2007年实施的《物权法》规定土地承包经营权的物权变动不以登记为生效要件，无法再通过是否办理产权变更登记来认定是否发生物权转移；2007年颁布的《农村土地承包经营权流转管理办法》则对土地承包经营权入股的法律效果做出了"承包方与发包方的关系不变""股份合作解散时入股土地应当退回原承包户"的表述，有学者据此认为入股方仍然保留物权性质的土地承包经营权，土地承包经营权入股不属于物权变动性的流转行为。
② 目前在我国，土地金融改革处于试点阶段，地方政策对于是否开展和如何开展土地金融具有一定的自主性，在土地金融的探索过程中可能出现政策导向变更的风险，如温州农房抵押实施一段时间后，政策导向忽然改变，禁止农房抵押，导致相关金融机构不得不纷纷撤销或回收宅基地抵押贷款。

约束是"地方政策导向变更风险"（57.06%）。

8.4.3　模型的设定和模型回归结果

1. 模型设定

本文采用二项 Logistic 回归模型分析农村金融机构土地金融供给意愿的影响因素，分别以承包地抵押、宅基地抵押和土地股权抵押三类土地金融业务的开展意愿作为被解释变量，以农村金融机构对开展农村土地金融业务的必要性的看法、对出台相关政策"放行"农村土地金融业务可能性的看法、对开展农村土地金融业务现实约束的看法作为解释变量，设置模型如下：

$$prop\ (Y_i = 1) = \frac{e^z}{1 + e^z},\ Z + \beta + \alpha_{i1} R_i + \alpha_{i2} P_i + \alpha_{i3} E_i + \alpha_{i4} L_i + \alpha_{i5} H_i + \alpha_{i6} A_i + \mu$$

其中 Y_i（$i = 1,\ 2,\ 3$）分别表示承包地抵押、宅基地抵押和土地股权抵押三类土地金融业务的开展意愿，R_i 表示农村金融机构对开展某土地金融业务的必要性的看法，P_i 表示农村金融机构对出台相关政策"放行"某土地金融业务可能性的看法，E_i 表示农村金融机构认为开展某土地金融业务存在抵押权认定和评估问题，L_i 表示农村金融机构认为开展某土地金融业务存在相关法律政策不健全的问题，H_i 表示农村金融机构认为开展某土地金融业务存在抵押品处置风险，A_i 表示农村金融机构认为开展某土地金融业务存在地方政策导向变更风险，α_{ij}（$j = 1,\ 2,\ \cdots,\ 6$）是待估参数，μ 是随机误差项。

2. 模型回归结果分析

通过 SPSS16.0 软件的 Binary Logistic Regression 分析，采用 Backward：LR（即向后筛选）的方法筛选变量，表 8-21 汇总了模型估计的变量系数及其显著性检验。

表 8-21　模型回归结果汇总

	承包地抵押贷款（Y_1）			宅基地抵押贷款（Y_2）			土地股份抵押贷款（Y_3）		
	B	S. E.	Sig.	B	S. E.	Sig.	B	S. E.	Sig.
Ri	.232	.378	.539	.507	.268	.059 *	.737	.417	.078 *
Pi	.938	.444	.035 **	.257	.291	.377			

	承包地抵押贷款（Y_1）			宅基地抵押贷款（Y_2）			土地股份抵押贷款（Y_3）		
Ei	− 1.303	.771	.091 *	.356	.690	.606	− .222	.636	.727
Hi	− 1.090	.802	.074 *	.040	.711	.955	.991	.706	.160
Li	.403	.880	.647	− .774	.718	.081 *	.266	.684	.697
Ai	− .536	.896	.549	− 1.446	.928	.119	− 1.137	.680	.094 *
Constant	− 3.420	1.810	.059 *	− 3.423	1.555	.028 **	− 4.006	1.839	.029 **

注：＊表示在 10% 显著性水平上显著，＊＊表示在 5% 显著性水平上显著。

8.4.4 农村金融机构开展农地金融意愿的主要影响因素

1. 农地承包地抵押贷款意愿的主要影响因素

在 5% 的显著性水平下，农村金融机构对出台相关政策"放行"承包地抵押贷款可能性的看法（P_1）与农村金融机构开展该业务的意愿呈正比；在 10% 的显著性水平下，农村金融机构认为开展承包地抵押贷款存在抵押权认定和评估问题（E_1）、开展承包地抵押贷款存在抵押品处置风险（H_1）均与农村金融机构开展该业务的意愿呈反比。根据估计系数的大小，三者对农村金融机构开展承包地抵押贷款意愿的影响程度从强到弱依次为开展承包地抵押贷款存在抵押权认定和评估问题（E_1）、开展承包地抵押贷款存在抵押品处置风险（H_1）、对出台相关政策"放行"承包地抵押贷款可能性的看法（P_1）。农村金融机构对开展承包地抵押贷款必要性的看法（R_1）虽然不显著，但其系数符号是正的，符合理论预期。

2. 宅基地抵押贷款意愿的主要影响因素

在 10% 的显著性水平下，农村金融机构对开展宅基地抵押贷款的必要性的看法（R_2）与开展该业务的意愿呈正比，农村金融机构认为开展宅基地抵押贷款存在相关法律政策不健全的问题（L_2）与开展该业务的意愿呈反比，且农村金融机构认为开展宅基地抵押贷款存在相关法律政策不健全的问题（L_2）对解释变量的影响程度比农村金融机构对开展宅基地抵押贷款的必要性的看法（R_2）更强。农村金融机构认为开展宅基地抵押业务存在抵押品处置风险（H_1）对农村金融机构是否愿意开展宅基地抵押业务没有显著影响，说明不管是愿意开展宅基地抵押还是不愿意开展宅基地抵押的人，他们对宅基地变现风险的认知是一致的。据样本统计结果，愿意开展宅基地抵押业务和不愿意开展宅基地抵押业务的人中认为开展宅基地抵押业务存在抵押品处置风险的比例分别为70%和70.1%，没有明显区别，和实证结果一致。

3. 土地股权抵押贷款意愿的主要影响因素

在10%的显著性水平下，农村金融机构对开展土地股权抵押贷款的必要性的看法（R_3）与开展该业务的意愿呈正比，农村金融机构对开展土地股权抵押贷款存在地方政策导向变更风险（A_3）与开展该业务的意愿呈反比，且农村金融机构对开展土地股权抵押贷款存在地方政策导向变更风险（A_3）对解释变量的影响程度比农村金融机构对开展土地股权抵押贷款的必要性的看法（R_3）更强。

表8-22显示了模型的卡方检验结果，承包地抵押和宅基地抵押的卡方检验统计值均显著，说明模型整体比较理想，而土地股权抵押模型的卡方检验统计值均不是很显著，模型整体不是很理想，可能是由于样本数量太少。

表8-22　模型最终方差检验

			Chi-square	df	Sig.
承包地抵押	Step 4	Step	-.519	1	.471
		Block	14.593	3	.002
		Model	14.593	3	.002
宅基地抵押	Step 5	Step	-1.605	1	.205
		Block	6.073	2	.048
		Model	6.073	2	.048
土地股权抵押	Step 4	Step	-2.486	1	.115
		Block	4.595	2	.100
		Model	4.595	2	.100

表8-23和表8-24分别显示了三个模型最终模型的拟合优度检验和Hosmer-Lemeshow检验结果，三个模型的-2 Log likelihood均比较小，而

且"Hosmer – Lemeshow 检验"显著性检验的 Sig. 均显著大于 0.5，说明各模型的拟合度均较好。

表 8 – 23　最终模型情况摘要

	Step	– 2 Log likelihood	Cox & Snell R^2	Nagelkerke R^2
承包地抵押	4	52.757a	.249	.339
宅基地抵押	5	62.236a	.112	.152
土地股权抵押	4	65.142a	.086	.116

表 8 – 24　最终模型 Hosmer – Lemeshow 检验

	Step	Chi – square	df	Sig.
承包地抵押	4	.682	7	.953
宅基地抵押	5	3.055	5	.692
土地股权抵押	4	1.855	5	.869

从农地间接融资业务和开展种类两方面考察金融机构的农地间接融资业务的供给意愿，得到如下三个结论。

第一，农村金融机构对承包地抵押和土地股权抵押的供给意愿最高，而对开展宅基地抵押业务相对保守。金融机构认为，开展承包地抵押和土地股权抵押业务有利于充分利用土地资源，且承包地和土地股份比农村宅基地较容易变现；而宅基地虽然是农户最大的财产，但直接关系农民最基本的生存条件，在社会住房保障不健全、抵押品变现途径缺乏的情况下，不是较理想的土地间接金融业务。

第二，农村金融机构多数对政府出台相关政策"放行"农地抵押贷款业务抱有较乐观的态度，而普遍认为宅基地抵押政策放松的可能性不大；但他们认为宅基地是农民的最重要的财产，城市居民拥有住宅抵押的权利而农民却不能抵押自己的住宅，这有违城乡一体化的理念。相关实证结果也进一步证明，农村金融机构认为政府出台相关政策"放行"承包地抵押贷款业务的可能性越高，越有可能开展承包地抵押业务；而认为有必要让农村宅基地可抵押会在一定程度上促使金融机构开展宅基地抵押业务。

第三，对于农村承包地抵押，抵押权评估问题和借款人违约后被抵押承包地的变现问题是农村金融机构开展承包地抵押业务的主要顾虑。对于农村宅基地抵押，法律法规方面的限制是阻碍农村金融机构开展宅基地抵押业务的主要因素。对于土地股权抵押，土地股份的法律性质尚不明确，以及政策导向变更的风险和相关法律规定的缺失，会在一定程度上阻碍农村金融机构开展土地股权抵押业务。

8.5　本章小结

农地流转过程中的间接金融主要特点为资金的供给方和资金的需求方分别与金融中介发生直接融资关系，主要的融资工具为土地抵押贷款、土地证券化、土地信托融资等。相对于直接融资，农地流转的间接金融处于起步阶段，虽然存在着各种制约因素，但是也有实施的空间。因此，我们以农地抵押为分析对象，研究了承包地抵押、土地股权抵押、宅基地抵押等金融工具的供给方（金融机构）和需求方（农户）的意愿，以改善双方的福利为前提，对农地间接金融的开展进行前瞻性的研究，从而为相关部门提供参考。

前面两部分我们分析不改变农地使用性质的农地流转的金融工具创新，那么对于改变了农地使用性质的农地征用而言，是否同样存在金融创新的空间、金融工具创新是否同样会促进福利效应的提升、如何进行金融创新等都是值得我们深入研究的内容。

9 福利导向下被征地农民土地权益保障的土地金融创新设计

根据《全国土地利用总体规划纲要》，从 2000 年到 2030 年的 30 年间，耕地的占用面积将超过 5450 万亩，年均新增失地农民 200 余万人，预计到 2030 年，失地农民数量将超过 1 亿。由此可见，失地农民问题已经是不可回避的重大社会问题。

2011 年 12 月 27 日召开的中央农村工作会议明确指出，"推进集体土地征收制度改革，关键在于保障农民的土地财产权，分配好土地非农化和城镇化产生的增值收益。"农村土地制度的完善要以制度框架下的行为主体的福利改善为导向，第 4 章用理论及实证检验了农地金融的运用是农地主动流转双方福利改善的有效路径。本章以福利改善为目标，从理论上就农地被动流转（农地被征用）中失地农民分享农地非农化增值收益的可行性及相关方案进行研究。

9.1 文献综述

国外相当数量的研究是介绍各国征地补偿原则的选择（Schwarz walder，1999）、征地补偿标准及其范围。Treeger（2004）指出，目前国际上较为通行的标准是以被征用（征收）土地的市场价值为补偿基础，综合考量产权侵害中的财务损失、土地使用状况、土地市场和过往征地补偿历史、征地时间、土地投入构成等因素。

关于征地补偿制度最优的选择主要从社会最优和保护私人财产两个方

面讨论。Burrows 从社会最优的角度研究了强制征购的补偿问题，他认为补偿应该达到三个目标：对财产损失者提供公平的保护；给政府一个恰当的激励，把私人部门的损失包含在该项目的成本－收益分析之内；将财产损失者肆意从事无效率行为的激励最小化。Fishel 和 Shapiro 讨论了公平补偿和市场价值哪种补偿原则更有利于保护私人财产。由于美国最高法院规定市场价值不是公平补偿的单独衡量标准，因此，公平补偿能够减少政府征收的偏好，约束国家权力，防止土地征用权被滥用。

就土地征收侵犯农户土地权益的问题，已有研究从理论层面探讨了农户土地权益受损的深层原因。陈映芳（2003）认为，中国的非公共利益征地行为剥夺了集体土地的发展权，使得集体土地的使用者遭受双重损失。低补偿、高消费的现状使得被征地农户的生活难以维持征地前的水平。肖屹和钱忠好（2006）从中国土地征收实践的角度出发，分析了土地征用中的农民权益受损问题。交易费用产生土地产权公共域 I 和公共域 II，农民由于缺乏组织谈判能力，无法有效获取公共域中的土地产权。若想切实地保障农民土地权益，首先需要降低土地征用过程中的非正常因素交易费用，进一步提升农民组织谈判的能力。肖屹等（2008）运用理论模型分析法、比较分析法和实证分析法考察了土地征用过程中农民土地权益的受损程度。研究结论显示，政府垄断、工农产品价格"剪刀差"和市场失灵现象的存在，在一定程度上扭曲了土地收益的分配格局，使得农民在土地征用过程中权益受损严重。

鲍海君和吴次方（2002）认为，随着城市化进程加快，大量农村集体土地会被征收，大量农民会成为失地农民。而目前的征地安置补偿标准过低，方式也较为单一，使得大量失地农民成为城市贫民，这会影响到整个社会的安定。因此，建立有效的失地农民社会保障体系，才能让农民获得基本的生存权和发展权，整个社会才能稳定。进一步地，学者们对现有征地补偿标准不科学、补偿程序不公平、补偿水平低等现象进行分析（杨富堂，2011；史清华等，2010；梁爽，2009），并提出提高地方土地财政收入支持农民社会保障体系建立，保障失地农民土地权益的思路（张成玉，2011；肖屹、许恒周，2008；张俊莹等，2010）。对现有征地补偿制度的完善，学者们总结了相关的"以土地换保障"模式：如北京的直接入"城保"、上海的"镇保"、青岛的"农保"、重庆的"商保"，浙江嘉兴的"两分两换"模式，成都温江的"双放弃"模式，苏南地区的"三置换、一转化"模式（纪晓岚、朱逸，2011；徐烽烽等，2010；莫晓辉，2008）。部分学者提出将土地征用后的增值收益用于失地农民社会保障基金的资金来源（鲍海君、吴次芳，2002），并提出通过土地产权改革完善征地补偿政策，提高农民分享土地增值收益的比例，从而保障失地农民的土地权益（朱道林等，2006；黄朝明等，2004）。

综上所述，已有的关于农地金融制度创新的研究多以农地主动流转为研究对象，将农地征用过程中失地农民权益保障与农地金融的创新相结合的研究几乎没有。已有的讨论失地农民权益受到损害的研究多集中在对现有征地补偿政策和产权关系的讨论，并多以提高征地补偿标准及"土地换保障"的模式进行解决。"以土地换保障"的社会保障模式在一定程度上为失地农民融入城镇的福利生态构建进行了初步探索，但是"以土地换保障"模式存在较多局限性，根本局限性在于失地农民需要缴纳数额偏高的保费才能享受到目前保障不健全、水平偏低的社会保障。超过劳动年龄的失地农民没有经济能力缴纳保费，从而面临远期的养老风险；年轻的适龄劳动力为了降低远期的养老风险而面临着更大的就业风险和生活的近期风险。

已有的关于解决失地农民土地权益保障的观点多集中在提高征地补偿标准、完善征地补偿政策，以及分享土地增值收益，但缺乏对现有征地补偿政策的绩效研究以及具体的实现土地增值收益分配的方案。从本书第八章的研究结论已经获知，现有的征地补偿政策存在资源优化配置"帕累托改进"的空间，中央政府和地方政府目标的不一致导致政策在传递过程中的偏移和滞后，中央政府不断提高和完善的征地补偿政策因此而出现效应损失。根据诺斯关于制度变迁模型的基本假定，制度变迁的诱致性因素是行为主体对获得最大潜在利润的期望。所谓"潜在利润"即指外部利润，是在既定制度安排框架下主体难以获得的利润。只要外部利润仍然存在，社会资源的配置就处于未达到"帕累托最优"的状态，仍存在进行"帕累托改进"的空间。现有的中央政府不断完善的征地补偿政策没有实现的政策效应可以看作现有征地补偿制度在层级间传递产生的交易费用，同时也成为现有制度安排的"潜在利润"，是征地补偿制度创新进一步实现征地补偿资源优化配置"帕累托改进"的动因。

因而，本章的研究将探寻实现"潜在利润"内部化的制度安排——通过金融市场手段（农地资本化运作）分享土地非农化增值收益，实现现有征地补偿资源的优化配置、失地农民土地权益可持续保障的目标。

9.2　被征农地增值收益优化配置分析

9.2.1　农地征用补偿中外部利润——农地增值收益的分析

当国家征用农村集体土地时，土地所有权主体由集体变成国家，国家向集体及农民支付征地补偿费。尽管它不是严格意义上的土地价格，但也可以看成一种特殊的土地价格（农地征用价格）。土地一旦成为国有，国家作为土地一级市场的唯一供给者，把土地有偿出让给用地单位并收取土地出让金。在这一交换行为中，土地出让金可近似为土地价格（土地出让价格）。农地非农化过程中涉及的土地价格主要包括农地征用价格（征地补偿费）以及土地出让价格（土地出让金）。征地补偿费是指国家在征用集体所有的土地时，由用地单位按照被征用土地的原用途给予集体以及农民的补偿。这种补偿主要包括土地补偿费、安置补助费以及地上附着物和青苗的补偿费。土地出让金是指政府土地管理部门将土地使用权出让给土地使用者，并按规定向受让人收取的土地出让的全部价款（土地出让交易总额）。土地出让金的实质是用地单位占用农地必须付出的较为完整的农地非农化价格。这两类价格反映着不同的经济关系，但有一个共同的特点，即都是政府制定的，所以农地非农化市场的两类价格都具有刚性。

从图 9-1 可以看出，土地价格政策不当所引起的土地征用价格 $P_{征}$ 和出让价格 $P_{出}$ 远远低于私人成本，导致人们对土地需求的大量增加，加速了农地的非农化。如图 9 - 1 所示，需求曲线和边际私人成本曲线共同决定了农地市场价格 $P_{市}$ 以及需求量 $Q_{市}$，而农地的征用价格及需求量分别为 $P_{征}$、$Q_{征}$，农地的出让价格与需求量分别是 $P_{出}$、$Q_{出}$。如上所述，由于农地征用价格低于土地市场价格，造成了面积为 EFC 的社会福利净损失；同样，农地出让价格低于土地市场价格则造成了面积为 EDB 的社会福利净损失。所有这些净损失反映为农地数量减少、生态环境退化、粮食安全程度降低等。图 9 - 1 农地征用价格与出让价格的差异反映为政府从土地征用到出让过程中分得的收益，而农地出让价格 $P_{出}$ 与市场价格之间 $P_{市}$ 的差异则反映为用地单位所减少的用地成本，这是用地单位大量占用农地的动力所在。显然，三者之间的差异缩小将是农地非农化增值收益趋向公平有效分配的标志，同时还可降低地方政府压低征地补偿价格的动机，从而减少对社会所造成的损失。

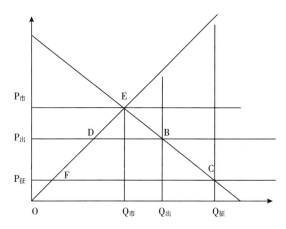

图 9 - 1　农地非农化价格比较以及福利损失

9.2.2　土地资本化运作分析

1. 地租理论是土地资本化的理论基础

马克思最早提出了收益资本化的思想，他说：任何一定的货币收入都可以资本化，也就是说，都可以看作一个想象资本的利息。当一项能够带来收益的权利能够进入市场流通并进行自由交易的时候，这种权利就被资本化了。土地资本化实际上是地租的资本化，货币地租的形成使土地资本化成为可能，土地价格是地租的资本化，地租是"价值增值的形式"，是以地价形式投入土地的资本的利息。马克思所提出的土地资本化的本质是土地所有权的资本化。而在中国社会主义市场经济体制下，尤其是在现代产权结构和权能条件下，土地资本化是通过土地使用权资本化实现的。在农地非农转用和集中规模化经营的过程中，土地的所有权和使用权发生分离，土地用途发生改变后级差地租产生超额利润，因此，失地农民作为土地用益物权的所有者，应该享有土地用途改变后土地地租（增值）的权利。

马克思提出的绝对地租理论认为，绝对地租是由土地私有权垄断直接产生的，无论好坏均必须缴纳。社会主义条件下也存在绝对地租，社会主义条件下的绝对地租来源于社会主义农业劳动者所创造的农产品的价值大于社会生产价格的余额。绝对地租的收入，普遍分属国家与集体所有，换言之，国家土地的地租是由国家征收的，而集体土地的地租归属于集体。级差地租：马克思将级差地租分为两种形式，即级差地租 I 和级差地租 II。级差地租 I 的形成，是等量资本投在面积相等但肥力和位置不同的土地上具有不同生产率的结果。构成级差地租 I 的超额利润，一般都在租约内作了规定，归土地所有者所有。级差地租 II 的形成，是把资本连续投在同一土地上面，由此出现不同的生产率，构成级差地租 II 的超额利润，在租约期内取得的归农业资本家所有。在我国，由于土地的肥力和位置比较好而得到的较多的收入，称级差地租 I；同一块土地由于连续投资，生产率较高而得到的较多的收入，称作级差地租 II。级差地租 I 的收入归国家和集体所有，因为这种级差地租与国家和集体的投资分不开。级差地租 II 的收入，原则应归土地经营者支配，以鼓励对土地的集约经营，并延长土地承包期。

2. 农地资本化运作的必要性——土地财产功能的发挥

具体来看，失地农民有两种类型：一是因工业化、城镇化等土地非农开发导致彻底失地、户籍改变的"离农离乡"的失地农民；二是因发展现代农业、土地集约化规模化利用所产生的保留土地承包权但失去土地的经营权、集中社区居住的"离农不离乡"的失地农民。虽然农民失地的原因、表现形式及失地后的户籍身份各有差异，但两种不同类型的失地农户面临的共同的重大转变是：土地从作为生产要素的传统的保障功能向作为资本要素的财产功能转化。这种土地财产功能的转化主要体现为住房、医疗、养老保障、土地流转租金、土地未来增值收益部分。土地的传统保障功能虽然较弱，但对仍依靠农业经营为主要收入来源的农户家庭来说，失地后有可能失去生活保障，而对于不以土地的传统保障功能为依靠的失地农民，面对失地后大幅提高的生活成本，生活水平也可能降低。这样，失地农民就可能成为新型贫困群体。因此，必须强化土地的财产功能，尽快构建失地农民土地权益可持续保障机制，即失地农民在失去土地的同时必须能够获得住房、医疗、养老保障、就业、土地作价入股获得稳定租金等方面的保证，享受到真正的市民待遇，并通过土地资本化运作让失地农民享受到土地被征用后未来增值收益部分，增加可持续的可支配货币收入，保障失地农民土地权益。

　　本研究的第 4 章已经对失地农民失去土地后的福利状况进行了深入分析，从实践来看，财政补偿手段所发挥的土地保障功能对于失地农民是不足以实现城镇化的生活水平的，传统的一次性货币补偿和"以宅基地换住房，耕地换社保"等征地模式没有能够建立起农民满意的保护失地农民土地权益的可持续保障机制，已有的以财政为主的征地补偿政策在不断完善，但是政策效应不明显。地方政府与中央政府目标利益的不一致性导致政策效应的福利损失，土地应有的财产性功能（《物权法》第 117 条）① 在农民失地后没有得到延续，农民生活在农村的原有福利生态不复存在，而进入城市后的新福利生态尚未形成。因此，在加大对失地农民"住房＋养老＋医疗"财政补贴的同时，辅助运用金融手段——土地的资本化运作分享土地增值收益的模式，有利于增加失地农民未来可能发生的失业过渡期内的可支配货币收入，强化土地的财产功能，保障失地农民土地权益，从

---

① 根据 2007 年《物权法》第 117 条规定，用益物权人对他人所有的不动产或者动产，依法享有占有、使用和收益的权利。

而达到改善失地农民福利待遇的目标。

3. 农地资本化运作的法律保障

"土地使用权作价入股"方式具有法律依据。《关于完善征地补偿安置制度的指导意见》（国土资源部发〔2004〕238号文件，以下简称《意见》）明确提出，对有长期稳定收益的项目用地，在农户自愿的前提下，被征地农村集体经济组织经与用地单位协商，可以通过以下两种方式作价入股：第一，以征地补偿安置费入股；第二，以经批准的建设用地土地使用权作价入股。农村集体经济组织和农户通过合同约定以优先股的方式获取收益。因此，在上述法律制度的框架内针对不同类型的失地农民设计出相应的"土地入股分红"模式：对于彻底失去土地并转为城镇居民的失地农民，已经失去土地的承包经营权，根据《意见》的第一种方式采用部分安置费用折价入股的形式；而对于土地被征后集中居住的离地农民，由于仍然拥有土地的承包权，根据《意见》可采用第二种以权利折价入股的方式。

4. 农地资本化运作的理论工具——农地股权融资

农地股权投资为农地资本化运作提供了理论工具。一方面，农地股权投资这一农地融资制度，促进了土地集约经营，对于土地经营方，土地的规模经营一般需要大量的资金投入，从而产生融资需求。另一方面，对于土地股份的持有方，可以通过持有土地股份获得土地非农或集中开发的增值收益。在土地股份合作制这样一种新的土地制度基础上，以及城镇化、农地非农转用的情况下，借鉴土地股份合作社中的农地股权融资行为，可以将拥有农地承包经营权的农民的承包权转化为农地股权参与农地非农化或集中开发的增值收益分配。根据张琦（1994）的设想和德、美土地金融制度的经验，在土地股份合作社或进行了农地股权融资的农业企业运营良好的地区，可以充分发挥农地股权融资的作用进行如下融资活动（见图9-2）。

第一，小农户以全部或部分承包地入股土地股份合作社，或者农业企业、非农开发项目，一方面满足了土地股份合作社、农业企业或者非农开发项目等规模土地经营方对土地的需求；另一方面赋予入股农户土地股权

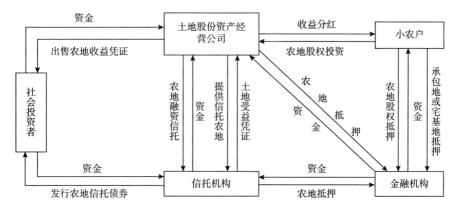

图 9-2 农地股权融资

和经营收益分红。

第二，对土地股份的权益特征、价值估计、交易风险等方面的金融属性详细分析，表明其具有作为资金融通介质的潜力，但是由于单个农户进行的农地股权抵押对于银行等金融机构不具有规模效应，风险、成本较高，因此，农地股权抵押的融资对象应该发生在农地金融机构与土地股份合作社、农业企业或者非农开发企业等农地规模经营方之间。对于土地股份合作社土地的经营者、农业企业或者非农开发项目经营者来说，可以将其土地使用权或宅基地使用权抵押，来获得贷款用于对土地进行生产投资等。

第三，对于土地股份合作社、农业企业或者非农开发经营者，可以以集中起来的土地委托给信托机构作为担保发行土地受益凭证，土地股份合作社、农业企业或者非农开发经营者将土地受益凭证出售给社会投资者来筹集资金。

第四，对于土地股份合作社、农业企业或者非农开发经营者，还可以将土地信托给信托机构，让信托机构以自身的名义发行农地信托债券，向社会投资者筹资或将农地抵押向金融机构融资。

鉴于农地抵押的基础作用和可行性，除了农地承包经营权或经营权抵押和宅基地抵押，目前在农地股权投资发展较好的地区，上述几种融资方式中最可能实现的农地间接融资新业务是农地股权抵押。

从上述理论分析可知，农户能够分享到农地未来开发的增值收益，农地股权融资是基础，而农地股权抵押则是农地股权融资的基本工具，同时也是农地信托债券以及农地收益凭证等融资手段的基础。本研究的第 4 章已经对农地股权抵押进行了深入的分析，最大的制度障碍是农地股份的法律性质尚不明确，以及政策导向变更的风险和相关法律规定的缺失，会在一定程度上阻碍农村金融机构开展土地股权抵押业务。

9.3　失地农民土地权益两个样本村案例的比较分析

9.3.1　两个样本村概况

重庆与江苏是全国统筹城乡发展综合配套改革试点地区，分别位于我国的西部地区与东部地区，在经济发展水平上有一定差异，通过对比研究具有启示作用。

重庆是中西部的直辖市，只有 7% 的面积是平坝，90% 是山区和丘陵，三峡库区有 85% 在重庆，因此重庆集"大城市、大农村、大山区、大库区"于一身，在"三农"问题上具有代表性。在重庆"一圈两翼"的发展格局中，"两翼"——渝东北和渝东南共 17 个区（县），集三峡库区、少数民族地区和连片贫困地区于一体，属于重庆市经济最不发达的板块，为加快与主城的统筹发展，"两翼"地区加快了统筹城乡发展的步伐，土地征用、宅基地拆迁行为在各区（县）十分普遍。由于各区（县）采取的安置补偿政策都是基本相同的，课题组在样本选择中只选择了梁平县双桂镇的一个自然村张桥村通过逐户调查进行案例分析。虽然样本量不多，但是反映的问题具有普遍性。张桥村因当地工业园区的建设而实行整村的征地拆迁，相应的征地补偿安置成为矛盾的焦点。课题组于 2011 年 7 月进行了实地逐户走访和问卷调查，该村共有农户 40 户，因此共发放问卷 40 份，样本比 100%，其中有效问卷 38 份，问卷有效率 95%。

江苏省"万顷良田建设工程"是以实行农业现代化、新农村建设为目标的试点工程，江苏镇江新区作为该工程的试点地区之一，项目从 2009 年 4 月开始论证，涉及丁岗、大路和姚桥 3 个镇 18 个行政村、84 个自然村，涉及农民约 2.7 万人，需要拆迁 7826 户，拆迁面积约 140 万平方米。本文选取征地拆迁已经基本完成的照临村作为研究对象，目的是能够更客观地反映征地拆迁后失地农民对安置补偿的满意程度。为了使样本研究对当地的情况具有代表性，选取照临村的人均耕地面积不同的三个组进行抽样调查，以对比分析人均耕地面积的不同是否对样本研究结果产生影响。因此本文选取大路镇照临村为研究样本并于2011年3月进行了问卷调查，其中对大路镇照临村第7组（人均耕地较多）、第10组（人均耕地中等）、第12组（人均耕地较少）全部农户共99户进行了农户记名问卷调查，有效问卷92份，问卷有效率93%。

9.3.2 土地征用前土地保障功能

梁平县处于重庆较落后的"两翼"地区，征地前农业经营性收入是该县双桂镇张桥村村民家庭收入的主要来源，兼业化和副业化程度比较低。而镇江处于江苏苏南板块，总体经济较发达，新区"万顷良田"范围内虽然工业经济不发达，但由于大路镇照临村紧邻工业经济发达地区，例如镇江丹阳，许多农民有着稳定的工资性收入和非农就业渠道，且收入远远高于农业经营性收入。

表 9 - 1 两个样本村农户兼业化情况

		户数（38 户）	比重（%）		户数（92 户）	比重（%）
张桥村（重庆）	纯农户 8		21.1	照临村（江苏）	纯农户 7	7.6
	农业兼业户 20		52.6		农业兼业户 8	8.7
	非农兼业户 10		26.3		非农兼业户 77	83.7

数据来源：根据问卷调查结果整理所得。

从表9-1可以看出，样本中张桥村75%以上的农户家庭收入来源以农业经营为主，而照临村则是以非农就业为主，约90%的农户家庭收入主要来自非农产业。不难看出张桥村的村民对土地的依赖性要强于照临村的村民，在土地征用前，土地对张桥村的村民发挥了很强的传统保障功能，而对于照临村的村民，土地作为生产要素发挥的传统保障功能作用较弱。

9.3.3 土地征用过程中的补偿安置情况

重庆张桥村的土地征用涉及耕地的征用和宅基地的拆迁，土地被征用的农民在获得城镇户籍的同时失去了赖以生存的土地保障，政府给予的财政补偿包括社会养老保险金及货币补偿金。征地补偿的安置费为26000元/人，但其中50%用于强制缴纳养老保险金，达到退休年龄时每月可领取300元养老金；耕地补偿费为13000元/亩，但其中政府提留80%用于社保统筹基金的缴纳，因此每亩耕地补偿费实际到达农民手中的仅有2600元，而所得到的社会保障就是10年或者20年后每月领取300元的养老金，扣除物价上涨的因素，远远低于每月300元。货币补偿中的耕地补偿扣除社保统筹被提留的部分，被征地农民实际获得的货币性补偿总计不足3万元。被拆迁的宅基地可以选择产权置换安置房（但需支付新旧房屋的建筑结构差价），或者选择货币补偿。据测算，张桥村每户平均还需支付5~6万元的建筑结构差价，而实际所获得的货币补偿还不足以支付该差价。

江苏镇江照临村在进行"万顷良田"拆迁安置时实行的是土地产权流转方式，与重庆张桥村最大的不同在于照临村在土地的规划整理中不改变土地原有的产权属性，农民不转城镇户籍，只是将土地承包经营权流转给现代农业园区领取租金，农民可以自由选择进城打工或在农业园区做农业工人。土地流转采用租金形式支付给农民，通过计算土地收益和农田投入成本，确定土地流转基准价格。项目区内农民的承包田、自留地（饲料地）每年800元/亩，并建立了土地流转价格调节机制，流转费每三年增加50元/亩，如遇粮食价格大幅上涨时，按照新区另行制定的临时价格补贴政策执行。当地村民宅基地被拆迁后由政府统一安置到乡镇小区集中居住，住房安置得到较好解决，但相应的社会保障还未落实。因此当地农民不支持现行的土地流转方式，而对"土地换保障"的意愿则非常强烈。样本调查结果显示，农民对"土地换保障"表示全部赞同，而对"土地流转费方式"则全部反对（见表9-2）。

表9-2　大路镇照临村土地流转方式意愿统计

单位：户，%

调查对象	被调查户数	是否同意土地换保障		是否同意土地流转费方式（按年·亩领取土地流转费）	
		同意	不同意	同意	不同意
第七村民小组村民	29	100	0	0	100
第十村民小组村民	23	100	0	0	100
第十二村民小组村民	50	100	0	0	100

数据来源：根据问卷调查结果整理所得。

9.3.4　土地征用补偿满意度情况

从表9-3的样本统计结果可以看出，在土地的征用过程中，张桥村村民对征地补偿表示"很满意""基本满意"的样本数为0，照临村有16.3%的村民表示"基本满意"。对征地补偿"不满意"占总样本的比例，张桥村村民是47.4%，"非常不满意"的占52.6%。照临村村民对征地补偿"不满意"和"非常不满意"占总样本的比例分别是65.2%和18.5%。其中对于征地不满的原因，张桥村村民觉得失去土地就等于失业，未来生活没有保障，且征地补偿标准太低。照临村村民不满的主要原因是流转费太少（800元/亩），不能分享到土地未来的增值收益，城镇生活成本太高，缺乏相应的社会保障。

表9-3　土地征用补偿满意程度

单位：个，%

对土地征用补偿满意程度	很满意		基本满意		不满意		非常不满意	
	比例	样本数	比例	样本数	比例	样本数	比例	样本数
张桥村	0	0	0	0	18	47.40	20	52.60
照临村	0	0	15	16.30	60	65.20	17	18.50

数据来源：根据问卷调查结果整理所得。

综上可知，两个样本案例中都形成了失地农民，但是形成的原因、表现形式以及失地后的户籍身份有差异。照临村的失地农民是"离农离地"，因为农业现代化的发展需要，土地规模化经营要求他们"离农"——保留土地承包权退出经营权，土地的集约化利用需要复垦宅基地要求他们"离地"——户籍不变但转到社区集中居住；而张桥村的失地农民则是"离农离乡"，因为工业化、城镇化的发展需要，土地征用和宅基地拆迁迫使农民彻底放弃土地承包经营权，户籍转为城镇居民。

对于两种不同类型的失地农户来说，他们面临的共同的重大转变是：土地从作为生产要素的传统保障功能需要向土地作为资本要素的财产功能转化。这种土地财产功能的转化主要体现为住房、医疗、养老保障、土地流转租金、土地未来增值收益部分。土地的传统保障功能虽然较弱，但对于仍然以农业经营为主要收入来源的农户家庭，失地后有可能失去生活保障，而对于不以土地的传统保障功能为依靠的失地农民，面对失地后大幅提高的生活成本，生活水平也将大大降低。这样，失地农民就可能成为工业化、城镇化和农业规模化经营的牺牲品，成为新型贫困群体。因此必须强化土地的财产功能，尽快建构失地农民土地权益可持续保障机制，即失地农民在失去土地的同时必须能够获得住房、医疗、养老保障、就业、土地流转租金等方面的保证，享受到真正的市民待遇，并通过土地的资本化运作让失地农民享受到土地被征用后未来增值收益部分，增加可持续的可支配货币收入，保障失地农民土地权益。

9.4　失地农民土地权益可持续保障土地金融创新设计

9.4.1　财政补偿机制的多元化提高土地的基本保障水平

《中华人民共和国国民经济和社会发展第十二个五年规划纲要》（以下简称《纲要》）对"建立健全城乡发展一体化制度"做了具体的规划："同步推进工业化、城镇化和农业现代化。充分发挥工业化、城镇化对发展现代农业、促进农民增收、加强农村基础设施和公共服务的辐射带动作用，夯实农业农村发展基础，加快现代农业发展步伐。"《纲要》指出，"加快农村土地整理复垦，加强以农田水利设施为基础的田间工程建设，改造中低产田，大规模建设旱涝保收高标准农田。"《纲要》还明确提出小城镇和中小城市将成为农村人口的吸纳主体，"把符合落户条件的农业转移人口逐步转为城镇居民作为推进城镇化的重要任务。特大城市要合理控制人口规模，大中城市要加强和改进人口管理，继续发挥吸纳外来人口的重要作用，中小城市和小城镇要根据实际放宽落户条件。"2014 年《国家新型城镇化规划（2014—2020 年）》再次明确发展目标，到 2020 年"城镇化健康有序发展，常住人口城镇化率达到 60% 左右，户籍人口城镇化率达到 45% 左右，户籍人口城镇化率与常住人口城镇化率差距缩小 2 个百分点左右，努力实现 1 亿左右农业转移人口和其他常住人口在城镇落户"。"逐步使符合条件的农业转移人口落户城镇，不仅要放开小城镇落户限制，也要放宽大中城市落户条件。以合法稳定就业和合法稳定住所（含租赁）等为前置条件，全面放开建制镇和小城市落户限制，有序放开城区人口 50 万 ~ 100 万的城市落户限制，合理放开城区人口 100 万 ~ 300 万的大城市落户限制，合理确定城区人口 300 万 ~ 500 万的大城市落户条件，严格控制城区人口 500 万以上的特大城市人口规模。大中城市可设置参加城镇社会保险年限的要求，但最高年限不得超过 5 年。特大城市可采取积分制等方式设置阶梯式落户通道调控落户规模和节奏。"因此，农用地非农转用的工业化、土地集约利用的农业现代化和农业人口迁移的城镇化成为不可逆转的发展趋势。

如何建构土地征用后农民权益的可持续保障机制成为统筹城乡和谐发展的关键所在。因此，党的十八届三中全会明确提出"城乡二元结构是制约城乡发展一体化的主要障碍。必须健全体制机制，形成以工促农、以城带乡、工农互惠、城乡一体的新型工农城乡关系，让广大农民平等参与现代化进程、共同分享现代化成果"。

2004 年 11 月实施的《关于完善征地补偿安置制度的指导意见》（国土资发〔2004〕238 号）就已经提到土地财产功能的发挥，"对有长期稳定收益的项目用地，在农户自愿的前提下，可以以征地补偿安置费用入股，或以经批准的建设用地土地使用权作价入股"。此外，《纲要》也提出类似的要求，"完善城乡平等的要素交换关系，促进土地增值收益和农村存款主要用于农业农村",由此可以看出,对于身份转为城镇居民、彻底失去土地承包经营权的失地农民,现有的法律制度对失地后土地财产功能的发挥作了明确说明。

而对于流转土地承包使用权的农民的利益保障问题,2003年3月1日开始实施的《中华人民共和国农村土地承包法》总则第1条明确提出,"赋予农民长期而有保障的土地使用权,维护农村土地承包当事人的合法权益。"《农村土地承包法》第32、36条明确了土地流转费是合法的土地财产收入,"通过家庭承包取得的土地承包经营权可以依法采取转包、出租、互换、转让或者其他方式流转,土地承包经营权流转的转包费、租金、转让费等,应当由当事人双方协商确定。"应该充分发挥土地的财产功能,对此本研究提出建立"以财政补偿安置手段为主、土地资本化运作的金融手段为辅"的土地金融长效机制,保障不同类型的失地农民的土地权益。

(1) 提高财政补贴力度,建立动态调整标准

根据国土资源部2010年7月31日发布的《关于进一步做好征地管理工作的通知》(以下简称《通知》),各地目前的补偿水平仍然较低且没有建立动态调整机制。按照《通知》规定,"区片综合地价补偿主要包括土地补偿费和安置补偿费,并且为保证被征地农民保持原有生活水平,可按照最高上限(土地被征前三年平均年产值的30倍)计算"。区片综合地价补偿约26400元/亩(按880元/年产值标准×30倍),此外由于样本地区政府强制提留养老保险统筹资金的比重过高(约50%),导致失地农民实际所得的货币补偿更低,因此,应该加大财政补贴幅度,降低补偿提留比重,让失地农民获得足够的过渡期经费以支付大幅提高的生活成本。此外,在原来统一年产值标准和区片综合地价的基础上,对建设用地位于同一年产值或区片综合地价区域的,征地补偿应做到同地同价。并设立征地补偿标准动态调整机制,每2~3年对征地补偿标准进行调整,逐步提高征地补偿水平。

(2) 建立"就业 + 住房 + 社保"的多元安置补偿机制

就业安置采取农业就业安置与非农就业培训相结合的方式。在一些通

过土地整治增加了耕地以及农村集体经济组织预留机动地较多的农村地区，优先采取农业安置方式，将新增耕地或机动地安排给被征地农民，使其拥有一定面积的耕作土地，维持基本的生产条件和收入来源。而在土地转为非农建设用地的地区，政府可直接对园区企业进行补贴，对有意向进入园区企业工作的失地农民进行上岗培训，并优先录用失地农民上岗就业；对被用于发展现代农业的土地，政府可补贴农业大户或者农业合作组织，对愿意继续务农的失地农民进行技术指导并安排就业。

住房安置应该加大财政补贴的力度，减少失地农民实际所需支付的结构差价（原宅基地与安置房结构不同所需补足的差价）。《农村宅基地管理办法》第9条规定，"宅基地用地面积限额三人及三人以下的农户75平方米以内"，因此应该保证失地农民享受到人均30平方米的住房安置待遇（人均30平方米内不需支付结构差价），同时对不愿集中居住的失地农民提供一次性货币补偿并给予相应的购房优惠。

社会保障安置应该拓宽覆盖内容。目前各地对失地农民的社会保障大多只涉及养老保障，而且保障水平很低，因此，应将就业、医疗、最低生活保障共同纳入社保范围，从而完善目前的失地农民社会保障体系。

9.4.2 土地金融制度创新设计保障失地农民土地权益

从实践来看，财政补偿手段所发挥的土地保障功能对失地农民来说不足以实现城镇化的生活水平，传统的一次性货币补偿和"以宅基地换住房，耕地换社保"等征地模式没有能够建立起农民满意的保护失地农民土地权益的可持续保障机制，土地应有的财产性功能（《物权法》第117条）[1] 在农民失地后没有得到延续，失地农民获得的有限补偿与土地非农开发和土地规模化经营后巨额的土地增值收益落差巨大。因此，在加大对失地农民"住房＋养老＋医疗"财政补贴的同时，辅助运用金融手段——土地的资本化运作分享土地增值收益的模式，有利于增加失地农民未来可

---

① 根据2007年《物权法》第117条规定，用益物权人对他人所有的不动产或者动产，依法享有占有、使用和收益的权利。

能发生的失业过渡期的可支配货币收入，强化土地的财产功能，保障失地农民土地权益。

1. 土地金融创新载体——组织机构设计

设立"土地入股分红"机制的载体。土地开发整理后，地块上通常涉及 n 个投资项目群，既包括工业园区中的多个企业或非农开发项目，又包括用于发展现代农业的农业园区，且根据经营对象的不同具有不同的投资收益特点，对于数目众多的可投资对象，理财能力较差的失地农民难以进行甄别选择，由失地农民自发组织进行土地入股投资具有盲目性，因此需要设立专门的机构。根据不同的营运对象，分别由工业园区管委会、非农开发项目管委会或者农业园区管委会成立土地股份资产经营公司，该公司由地方政府部门担保成立，并委托相关的投资机构进行运营管理。以工业园区或者其他非农开发项目为投资对象的土地股份资产经营公司，注册资本由政府获得的土地出让金、失地农民获得的部分安置补偿费折股入资、运营管理方（土地评估机构、证券公司、金融机构）的出资共同组成。以农业园区为投资对象的"土地股份资产经营公司"注册资本由农民的承包权折股入资以及运营管理方共同出资。将运营管理方（代理人）吸纳为土地股份资产经营公司的股东，目的是避免"委托—代理"成本带来的低效率，试图通过股份激励的方式提高代理人运营管理公司的效率。

2. 土地金融创新产品设计——"土地入股分红"理论模型建构

一是"土地入股分红"理论模型的目标设定。首先，"土地入股分红"机制以失地农民永续享受土地增值收益为目标，由于投资主体失地农民抗风险能力低、理财能力差，这就要求该机制的运行能够确保项目的长期稳定收益。其次，要有专业的理财机构参与，并以最便捷的方式让失地农民能够分享土地的增值收益。在土地增值收益分享的过程中，彻底失地的农民是通过土地非农开发共享增值收益，而对仍拥有承包权但已丧失经营权的失地农民，则可通过现代农业的规模报酬分享增值收益。

二是"土地入股分红"机制理论模型主要体现运营主体"土地股份资产经营公司"创立期资本构成的初步构想（见图 9 - 3）。

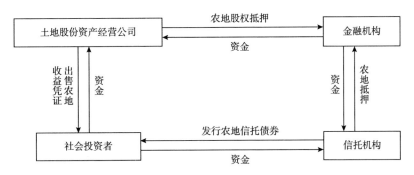

图 9 - 3　"土地入股分红"机制理论模型

该机制运营是否顺畅的关键在于如何将土地股份资产经营公司的各个主体初始投入的资本科学合理地以股份量化。对以安置补偿费入股的失地农民,评估机构要科学合理地估计入股的份额,而对以承包权入股的失地农民,则要根据地块的相关属性(土地类型、等级、区位等因素)进行合理评估,再由会计师事务所进行股份量化。在明确了各主体的出资份额后,将由土地股份资产经营公司负责投资土地开发项目,银行负责整个环节的资金管理,针对两类不同的失地农民设立银行专项账户以便于按比例支取项目经营的分红收益。为了确保项目经营获得长期稳定的收益,降低失地农民的投资风险,在选择投资项目时可采用激励机制。如果投资项目经营业绩良好,将追加资本投入;如果业绩不好,将收回投资。此外政府部门在选择运营管理方(代理人)时可采用公开招标的方式,让更有竞争力的机构承担公司业务的管理和运营。

3. 土地股份资产经营公司融资渠道设想

土地股份具有金融属性,说明其具有资金融通介质的潜力,因此,土地股份资产经营公司可以通过农地股权抵押向金融机构获取贷款,并通过出售农地收益凭证向广大社会投资者募集资金,社会公众还可以选择信托机构发行的农地信托债券进行投资。信托机构和土地股份资产经营公司的资金通过将土地抵押给金融机构而获得(见图 9 - 4)。

由于单个农户进行的农地股权抵押对银行等金融机构不具有规模效应,风险、成本较高,因此,农地股权抵押的融资对象应该发生在农地金融机构与土地股份合作社、农业企业或者非农开发企业等农地规模经营方之间。

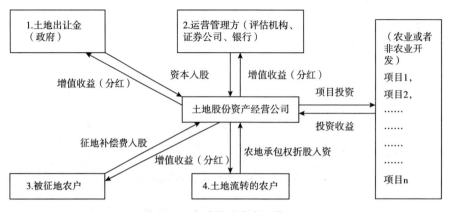

图 9 - 4　土地股份资产经营公司

　　对土地股份合作社土地的经营者、农业企业或者非农开发项目经营者来说，可以将其土地使用权或宅基地使用权抵押，来获得贷款用于对土地进行生产投资等；对于土地股份合作社、农业企业或者非农开发经营者，可以将集中起来的土地委托给信托机构作为担保发行土地受益凭证，出售给社会投资者来筹集资金；对于土地股份合作社、农业企业或者非农开发经营者，还可以将土地信托给信托机构，让信托机构以自身的名义发行农地信托债券向社会投资者筹资或将农地抵押向金融机构融资。鉴于农地抵押的基础作用和可行性，除了农地承包经营权或经营权抵押和宅基地抵押，目前，在农地股权投资发展较好的地区，农地股权抵押将可能成为农地股份资产公司融资的重要工具。

9.5　本章小结

　　农地征用产生的大量失地农民面对着失地后未来生活的安置保障问题，为了维护失地农民权益，必须坚持"财政为主、金融为辅"的方针，促使土地由传统功能向财产功能转化。即涵盖"住房 + 养老 + 医疗"社会保障作为土地财产功能发挥的基础，仍然需要加大财政手段的支持力度，同时还需要通过金融手段——土地的资本化运作来分享土地未来的增值收益，建立失地农民权益可持续保障的长效机制。土地资本化运作以农地股份资产经营公司作为"土地入股分红"机制的载体，并通过金融机构为失地农户建立专项账户，以最便捷的方式让失地农民能够永续分享土地非农开发的增值收益。

综上所述，前面研究农地流转和农地征用中的福利变迁，并从金融制度创新角度，提出了增进农地福利的农地制度改革，确保农民在农村土地制度变迁中福利的提高，在统筹城乡统一发展的进程中，保障农民权益的可持续。

10 福利导向下农地流转中农民土地权益保障的土地金融创新设计

10.1 理论分析

福利改进是农地流转中农民土地权益得到保障的目标导向，那么，农地流转中供求双方福利改进的必要条件是什么？从土地金融的视角来看，农地流转中土地金融工具运用的边界条件是什么？以下将展开深入分析。

本研究认为农地流转中供求双方福利改进建立在土地流转的供求双方意愿是否能够匹配，从而形成农地流转市场。而农地流转中土地金融工具运用的边界条件是农民间的土地能够真正实现大规模的土地流转，从而形成规模经营主体，规模经营主体产生对土地金融工具的需求。

在现有的法律制度框架下，农地流转的供给方一般都是小农户，而农地流转的需求方可能是分散的小农户，也可能是专业化合作组织，比如土地股份合作社、农业龙头企业，以及规模经营的专业大户或者家庭农场。流转的土地是同质的，但是对流转双方，土地的价值却是异质的，呈现不同的级差地租。对农地流转的需求方而言，判断流入土地价值的是土地农业经营的净收益 $P_{净收益}$，而对土地流转的潜在的供给方而言，土地不仅仅是农业生产资料，更肩负着生存保障、就业保障、养老等社会功能（尤其是那些非农就业机会不多的家庭）。只要不是举家迁移至城市，对于仍在农村居住的纯农户和兼业户而言，农地的价值是 $P_{净收益}+P_{保障}$，大于农地流入方对土地的价值评估 $P_{净收益}$。因而从农地流出方的意愿来看，非农就业机会越充分，对土地的依赖程度越低，土地流转租金越高，农地流出的意愿就越高。相应的要达成交易价格，农地流入方要支付高于其对土地的价值评估的价格，这就要求农地流入方的经营项目有足够的盈利空间予以支付土地租金。

对于有潜在流入土地意愿的农户，其流入意愿的决策因素首先是流入土地经营的投资收益大于其非农就业收入 $R_{agrt} > R_{nonagrt}$，其次是流入土地的经营收益大于寻找合适土地的交易成本，即 $R_{agrt} > C_{ttans}$，这里所指的合适的土地，是指能连成片实现规模经营的土地。由于农村每户分到的土地是分散的，有意向流出的土地不一定与有流入意向农户的土地相邻匹配，而如果不匹配，即使流入后还需要通过与相邻土地互换实现规模经营，交易成本可能很高。目前，农村分散的土地加大了潜在流入方的交易成本，从而可能阻碍农地流转市场的形成。因此，资金约束（信贷可获性）可能并非农户流入土地的主要障碍，而农地流出方和农地流入方自身意愿的不匹配可能是主要原因。农地流转流入方意愿小于农地流转流出方意愿造成的供求不匹配可能是农地流转难以大规模形成的主要障碍，而农地流入意愿不高的原因包括两方面：一是有实际意愿扩大规模农业经营的农户在较高的土地流转的交易成本的约束下，从实际的流入方转为隐性的流入方导致流入意愿下降；二是对于有潜在流入意愿的农户，由于缺乏农业经营附加值较高的农业投资项目而不愿意从事农业经营与农业投资，资金约束可能并非他们没有农地流入意愿的真正原因。

而农地流转供求方意愿中，具有较高流入意愿的通常是预期有较高投资回报率的种植和养殖大户、家庭农场或农业企业，农地流出方的意愿提高取决于农地流转的租金收入是否高于其务农收入，当然还会受到流出方家庭禀赋特征的影响，非农就业机会越充分、劳动力受教育程度越高，流出的意愿可能就越高，家庭人口数目越多，家庭负担越重，农地流出意愿可能就越低。项目经营的高回报率将可以保证支付给农地流出方的地租，从而保障农地流出方在土地流转中的权益，保障他们出租土地后能获得稳定的收入流，促进农地流转市场的形成，土地从分散的小农户向种植能手和专业大户集中。

农地流转双方意愿的匹配是农地流转市场形成的必要前提，如果从现金收入流的层面分析农地流转的供求意愿匹配，那么农地流转供求意愿的匹配本质上要求农地流入方未来的农业经营项目产生持续的现金收入流，而农地流入方要获得较高的盈利取决于自身的禀赋、经营项目的类型。就从事一般的大田种植而言，农户的收入流在未来每一年份中基本是均匀分布的（不考虑自然灾害所引起的产量波动），稳定均匀的收入流对农户通过借贷资金改变未来收入流分布的激励较小；而对掌握较多农业生产知识、从事附加值较高的农业生产的农户（比如花卉种植、水产养殖等行业），对未来的风险预测和经营具有较强的判断能力，在预期未来能产生较高收入回报的激励下（投资回报率高于市场利率），将可能通过借入资金（投资）获得最大的收入流，从而产生借入资金的需求。因而，从事农业附加值较高的农业经营项目可能是农地金融开展的必要条件。综上所述，形成如下假说。

非农就业机会越多，农户农地流出意愿越高；农户从事农业附加值越高的农业经营项目，农地流入规模经营的意愿越高，农地抵押贷款（土地金融需求）的意愿也就越高。

10.2　实证分析

10.2.1　研究方法与数据来源

为了验证以上假说，首先对江苏十个县市的农户农地抵押贷款意愿以及农地流转意愿进行分析，并在此基础上借助计量模型解释农地抵押贷款意愿的影响因素。

数据来源于 2012 年江苏省十个县市的问卷调查。苏南地区包括无锡的常熟、苏州的昆山、镇江的句容、南京的高淳，苏中地区包括泰州的姜堰、南通的海门，苏北地区包括连云港的灌南、盐城的响水、盐城的东台以及宿迁的沭阳。选择以上十个样本主要是为了体现江苏经济发展水平有梯度变化的苏南、苏中、苏北三个地区的农户在农地抵押贷款以及农地流转方面的意愿有什么不同。在十个样本县市随机抽取三个乡镇，每个乡镇随机抽取一个村进行问卷调查与访问。

10.2.2 数据的描述统计

1. 农地流转意愿统计分析

从表 10-1 可知，农地流出的意愿呈现区域特征，苏南地区农地流出的意愿高于苏中地区，苏中地区高于苏北地区，三个地区的农地流出意愿的比重分别为 70.5%、58.7%、49.3%。由于苏南经济发展水平高于苏中、苏中高于苏北，经济发展水平越高，相应的非农就业机会也就越多。非农就业机会多，非农收入比重越大，农户家庭对土地的依赖程度就越低，愿意流出土地的意愿就越高。这与假说中认为非农就业机会的增多会增强农地流出意愿的推论一致。

表 10-1　农地流转意愿描述统计

		子样本（个）	流出土地意愿				流入土地意愿			
			愿意		不愿意		愿意		不愿意	
			样本数（个）	%	样本数（个）	%	样本数（个）	%	样本数（个）	%
苏北	沭阳	78	57	81.4	13	18.6	8	11.4	62	88.6
	灌南	72	14	21.2	51	78.8	17	25.4	50	74.6
	东台	74	26	36.1	46	63.9	1	1.4	72	98.6
	响水	38	14	77.8	4	22.2	8	44.5	10	55.6
苏北总体			111	49.3	114	50.7	34	14.9	194	85.1
苏中	姜堰	75	30	56.6	23	43.4	21	40.5	33	61.1
	海门	69	41	60.3	27	39.7	5	7.2	64	92.8
苏中总体			71	58.7	50	41.3	26	21.2	97	78.9
苏南	常熟	10	3	75	1	25	0	0	4	100
	昆山	无地农民								
	句容	66	40	70.2	17	29.8	10	17.2	48	82.8
苏南总体			43	70.5	18	29.5	10	16.2	52	83.9

数据来源：根据问卷数据整理所得。

从流入土地的意愿来看，苏南、苏中、苏北的土地流入意愿都不强，平均水平约为20%。相比于较高的农地流出意愿，农地流入的热情并不高，而且对有意向流入农地的农户，存在找不到合适土地流入的问题。从已有的散户调查问卷来看，由于农地流入需求不足，农地流转难以配对，与假说的推论一致。

2. 农户土地抵押贷款意愿统计分析

表 10 - 2　农户土地抵押贷款意愿统计

			是否愿意抵押贷款			
			愿意		不愿意	
		子样本（个）	样本数（个）	%	样本数（个）	%
苏北	沭阳	78	5	7.1	65	92.9
	灌南	72	12	17.6	56	82.4
	东台	74	15	20.8	57	79.2
	响水	38	1	4.8	20	95.2
苏中	姜堰	75	12	24	38	76
	海门	69	14	20.3	55	79.7
苏南	常熟	10	1	14.3	6	85.7
	昆山	无地农民				
	句容	66	24	38.7	38	61.3

数据来源：根据问卷数据整理所得。

从表10-2的统计结果来看，在假设政策放松农地可作为抵押担保物的情况下，农户土地抵押贷款意愿没有呈现地区间趋势变化。农地抵押贷款的意愿除了苏南的句容市以外，平均水平仅为20%，不愿意农地抵押贷款的意愿远远高于愿意农地抵押贷款的意愿。由此可以推断，即使进行农地抵押的产权改革，政策允许农地可以作为抵押担保物贷款，农户的贷款意愿也不强烈。

综合上述统计分析，可以初步验证假说中的观点，农地流转难以大规模形成并非流入方缺乏资金，农地抵押的产权改革也不必然增强农户的贷款意愿。农地流转市场难以形成是因为流入意愿较低。

3. 农户未申请贷款原因分析

表 10 - 3 农户未申请贷款的原因统计

单位:%

	不愿意申请贷款的原因					
	不需要贷款	利息高	手续麻烦	没有担保	担心还不起	没有符合要求的抵押物
比重	81.6	5.3	5.7	3.8	1.3	2.3

数据来源:根据问卷数据整理所得。

通常的观点认为农户土地流入意愿低是因为缺乏足够的资金进行大规模的土地流转,而资金的约束又主要是因为缺乏合适的抵押担保品,但是实证数据并不支持上述观点。从表 10 - 3 的统计数据可知,在 482 个统计样本中,农户不需要贷款的比重高达 81.6%,只有 5.1% 的农户有贷款需求,但因为缺乏合适的抵押担保品而没有向正规金融机构申请贷款,验证了假说中的农地抵押贷款意愿低不在于资金约束,而是没有贷款需求。因此,认为农户是因为缺乏资金而降低了农地流入意愿的看法并不成立。那么,农地流入意愿低的真正原因是什么?

表 10 - 4 高淳县农地流转意愿

	流出土地意愿				流入土地意愿			
	愿意		不愿意		愿意		不愿意	
	样本数(个)	%	样本数(个)	%	样本数(个)	%	样本数(个)	%
高淳	89	80.9	21	19.1	30	52.6	27	47.4

数据来源:根据问卷统计资料整理所得。

表 10 - 5 高淳农户农地抵押贷款意愿

		是否愿意抵押贷款			
		愿意		不愿意	
	总样本(个)	样本数(个)	%	样本数(个)	%
高淳	116	77	66.4	39	33.6

数据来源:根据问卷统计资料整理所得。

表 10 - 4 的统计结果显示,苏南地区的高淳县农地流入意愿的比重高达 52.6%。农地抵押的意愿高达 66.4%(表 10 - 5 所示),远远高于江苏

其他样本地区的平均水平。为何高淳县农地抵押贷款的意愿远远高于江苏的平均水平，农户农地抵押贷款意愿高是否与该地农户较高的农地流入意愿有关？而高淳县农地流入意愿高是否与该县主营的农业项目类型（水产养殖业）有着密切的联系？当地从事的农业附加值极高的螃蟹养殖是否成为当地农地抵押贷款意愿高于江苏平均水平的显著原因？除此以外，还有哪些因素对农户农地抵押贷款的意愿产生影响？本文将通过进一步的计量分析予以实证。

10.2.3 模型设定及参数估计

1. 模型选择

本研究运用 Logistic 模型考察了农户农地抵押贷款意愿（土地金融需求）主要有哪些影响因素。选择农户农地抵押贷款意愿作为被解释变量，即如果农户愿意以农地抵押贷款取值为 1，如果农户不愿意以农地抵押贷款取值为 0。鉴于农户农地抵押贷款意愿这一解释变量符合二项分布的性质和特征要求（二分变量），且 Logistic 模型是广泛应用于这种情况的最常见模型之一，因此我们选择 Logistic 模型来分析影响农户决策的主要因素。选择对农户农地抵押贷款产生影响的因素（农户家庭收入来源、农户流入土地的意愿、户主的年龄、户主的性别）为解释变量，构建如下 Logistic 模型，变量解释及预期作用方向见表 10-6。

$$\ln\frac{P_i}{1-p_i} = \alpha + \beta_1 sex + \beta_2 age + \beta_3 age^2 + \beta_3 edu + \beta_4 percent + \beta_5 turnin + \beta_6 x_1 + \beta_7 x_2$$

表 10-6 Logistic 模型的各解释变量的定义、描述统计及预期作用方向

解释变量	定　义	变量定义	平均值	标准差	预期作用方向
SEX	户主性别	1 = 男； 0 = 女	/	/	+
AGE2	户主年龄的平方	age2	/	/	+
AGE	户主的年龄	age	51.6	10.39	—

续表

解释变量	定　义	变量定义	平均值	标准差	预期作用方向
EDU	户主受教育程度	1 = 小学； 2 = 初中； 3 = 高中； 4 = 中专； 5 = 大专； 6 = 大学以上	2.22	1.16	+
PER-CENT	家庭伤残或大病人员比重		0.05	0.141	+
X1	家庭收入主要来源	1 = 种植业为主； 0 = 非农收入为主	/		+
X2	家庭收入主要来源	1 = 养殖业为主； 0 = 非农收入为主	/		+
TUR-NIN	农地流入意愿	1 = 愿意流入土地；0 = 不愿意	/	/	+

2. 模型参数估计

表 10 - 7　影响农民农地抵押贷款意愿的 Logistic 模型估计结果

解释变量 （Variable）	系数 （Coefficient）	标准误差 （Std. Error）	Z 值 （z - Statistic）	概率值 （Prob.）
C	- 4.079038	2.080095	- 1.960986	0.0499
SEX	- 0.026720	0.414335	- 0.064489	0.9486
AGE	- 0.129170	0.080733	1.599968	0.1096
AGE2	0.001463	0.000793	- 1.844129	0.0652
EDU	0.111118	0.086372	1.286503	0.1983
PERCENT	- 1.179607	0.814174	- 1.448838	0.1474
X1	0.166806 *	0.293384	0.568559	0.5697
X2	1.538126 ***	0.352728	4.360663	0.0000
TURNIN	0.904026 ***	0.236922	3.815707	0.0001
LR statistic （8 df）	61.20961			
Probability （LR stat）	2.70E - 10			
Log likelihood	- 327.9243			

注：* 表示 10% 的置信水平上具有统计显著性，** 表示 5% 的置信水平上具有统计显著性，*** 表示 1% 的置信水平上具有统计显著性。

3. 影响农民农地抵押贷款意愿的模型估计结果与分析

在假定政策允许的情况下，影响农户农地抵押贷款意愿的 Logistic 模型估计结果如表 10-7 所示。从模型回归结果来看，各个回归系数的估计值的符号与预期的作用方向基本一致。户主的性别和受教育程度对农户以土地抵押贷款的意愿没有显著的影响。

户主的年龄回归系数一次项系数为负、二次项系数为正，与预期方向一致，并在 10% 的置信水平上显著。从实证结果来看，农户的农地抵押贷款意愿与户主的年龄有着非线性关系。一般而言，青壮年的风险偏好程度要强于年龄较大的人，在家庭经济压力的约束下这种风险偏好程度会激发农户的农业投资或者创业意识，从而产生以农地作抵押贷款（土地金融）的需求。

户主的受教育程度并没有如预期那样表现出正向影响，说明户主的受教育程度并不会直接影响农户以土地抵押贷款的意愿。

家庭伤残人和大病人数在家庭成员中的比重没有如预期那样表现出正向影响，说明农户不会因为家庭成员的健康状况而采取以土地抵押贷款的行动。这一点从问卷调查中对农户的访谈可以得到证实。农户家庭成员生病急需用钱多采用向亲戚朋友借钱的方式缓解困难，而不会考虑向正规金融机构贷款。因为，有慢性病或者大病的农户家庭，通常经济状况都比较差，即使急需用钱也不会考虑拿土地作为抵押获取资金，土地对这一类型的家庭保障功能仍然十分重要。

农地流入意愿在 1% 的置信水平上表现出对农地抵押贷款意愿有正向影响，与假说的推论一致，要有足够的农地流入意愿才能促成农地流转市场的供求匹配，才能形成规模经营，才有资金的需求。这从侧面也证实了农地流入意愿高是农地抵押需求的必要条件，从实证的角度证明了高淳县的农地抵押贷款意愿高与当地较高的农地流入意愿有直接关系。

种植业和养殖业为家庭主要收入来源对农户以土地抵押贷款的意愿有显著的正向影响，分别在 10% 和 1% 的显著水平上显著，与假说的推论一致。农业经营项目的类型决定着农户的投资规模，投资规模决定着农户的资金需求。从实证结果来看，需要资金并且有可能以土地作抵押获取贷款的群体主要是种养殖大户。对于种养殖大户而言，规模经营需要的资金较大，单纯通过亲戚朋友借贷不能满足其需求，而通过农商行等正规金融渠道在没有合格抵押品的情况下，小额的信用贷款也难以解决生产经营中的资金需求。种养殖大户尤其是养殖户大多从事的是附加值高的农产品经营，利润丰厚，还贷能力较强，以土地抵押贷款的风险较小，贷款意愿比以非农收入为主的家庭要高。因为以非农就业为主要收入来源的家庭通常是在外打工或者做小生意，资金的需求较小，即使有资金需求也多是通过亲戚朋友这种交易成本较低的方式获得资金。因此，实证数据再次证明了高淳县农地抵押意愿高于样本中江苏其他地区平均水平是因为当地具有从事高附加值的农业经营项目，农业经营项目的盈利水平决定农户的投资规模，从而决定农户的土地金融需求意愿。

10.2.4　结论与启示

通过对江苏苏南、苏中、苏北三个区域十个县市598个有效样本的农户农地流转和农地抵押贷款意愿的问卷调查，可以看出农地流转难以大规模形成的主要原因是农地流入意愿低于农地流出意愿，而农地流入意愿低的原因不是资金约束，而是农户本身的禀赋条件决定其是否能从事高附加值的农业经营项目。大多数的小规模经营农户家庭收入主要来源是非农收入，小规模农业经营的低盈利空间决定其几乎没有扩大规模农业投资的资金需求，所以即使农地可以抵押贷款，也不会增强这部分农户的投资意愿及对土地金融的需求意愿。

农业经营项目的盈利水平和类型是决定农户土地流转、农业投资的重要影响因素。附加值高的农业经营项目更能激发种养殖大户的投资热情，而高附加值的农业经营项目产生的投资回报率也更能支付农地流出方的意愿接受价格，在农地流转中产生持续稳定的现金流（流转租金），从而保障农地流转中流出方（小农户）的土地权益。

因此，农地流入意愿强、土地金融需求较高的农户主要是那些能够从事农业附加值高的农业生产者，较高的预期回报率是他们借贷资金流入土地扩大经营规模的根本动因，同时也是农地流转中能够维持稳定持续的流转租金的必要条件，从而保障农地流出方（小农户）的土地权益。农地抵押的产权改革对农地流转市场的促进作用可能有较明显的群体特征，对那些从事附加值较高的农业种养殖大户以及具有先天条件开展高附加值农业经营项目的农村地区，农地抵押为基础的土地金融开展的必要条件应该是当地具有从事高附加值的农业经营项目的禀赋资源，农地抵押的运行试点选择在这些地区将更有实践意义。

10.3　农地流转中农民土地权益保障的土地金融创新设计

通过上述理论分析和实证研究可知，农地流转中农民土地权益保障的必要条件建立在农地经营方能够产生持续的收入流，而持续的收入流又取决于项目经营的盈利水平和对风险的控制。高附加值的农业经营项目（比如水产养殖、花卉苗木、林果栽培等）可以产生较高的现金收入流，但是高回报的同时不可避免高风险，而农地流出方（小农户）大多为风险规避者，通常以能产生稳定持续的收入作为其流出土地的前提。这样的约束条件要求风险发生时，农业经营主所流转的土地使用权可以灵活方便地实行变现。推而可知，目前围绕农村"三权"[①]而展开的土地金融试点，流动变现能力最强的应该是林权，其次是宅基地使用权，最后是耕地承包经营权，因为在发生经营风险时，林权较其他两种权利能够更好地进行拍卖、转让，保证农地流转收入流的稳定，从而保障农地流转中小农户的土地权益。

这一点可以从各地实践中土地金融的供给方提供的贷款类型的相关统计数据得到证实。重庆市作为全国城乡统筹试验区，市政府于2010年底出台了《关于加快推进农村金融服务改革创新的意见》。这是全国首次以省级政府文件形式对"三权"抵押、登记、转让和处置等进行规范。根据重庆银监局提供的数据，截至2011年12月底，重庆四家主要涉农银行（重

---

① 农村"三权"包括农民家庭耕地承包经营权、林权、宅基地使用权以及附着于其上的农民房屋产权。

庆市农村商业银行、中国农业银行、中国农业发展银行、中国邮政储蓄银行）的"三权"抵押贷款余额为 57.07 亿元，其中，林权抵押贷款为 36.54 亿元，农村居民房屋权抵押贷款为 18.94 亿元，农村土地承包经营权贷款为 1.59 亿元[①]。

因此，我国农地流转中土地金融的创新可以以抵押变现能力较强的林权抵押为基础，进而逐步形成农地使用权（林权、宅基地所有权、土地承包经营权）抵押、拍卖、转让的二级市场。

10.3.1 农地流转融资体系构建

1. 农地使用权抵押风险控制

农地使用权抵押可能出现的风险因素分析。农地流转之前，小规模家庭经营模式下农地使用权抵押后可能面临的风险因素包括：市场风险（小生产与大市场对接中信息不充分而导致的价格判断失误）；自然灾害风险（种养殖农业项目受自然环境约束大，灾害发生后逾期还贷和违约概率增大）；失地风险（小规模农户经营风险抵抗能力差，农地抵押后若不能如期还贷，面临失地风险和生存危机）。而土地进行流转适度规模经营后，规模化效应大大增强了农地规模经营方（农业大户、合作社、农业企业）抵抗市场风险和自然灾害风险的能力，同时降低了对农地金融机构的违约风险，使适度规模化经营的土地使用权抵押担保成为可能。

土地流转规模化经营后贷款主体从原来的小农户变成现在的规模经营大户，小农户以土地抵押的失地风险可以得到控制。但是，农地规模经营方仍然面临自然灾害风险和经营风险，因此，健全完善的农地流转市场是金融机构农地抵押贷款违约风险得到控制的有效途径。有土地流入、流出意愿的农户可以到土地流转交易市场进行确权登记和信息载入，当土地规模经营方经营失败，农地金融机构可以将土地抵押品转到土地流转交易市

---

① 《重庆探路三权抵押融资撬动千亿沉睡资金》，搜狐财经，http：//business. sohu. com，2012 年 2 月 12 日。

场进行转让变现，从而分散和转移风险。土地流转交易市场利用信息优势将土地进行配对交易，可由同社、同村、同乡扩展到外乡、外县甚至外省，最大限度地促成交易，农地金融机构的风险得到有效控制。

2. 农地产权交易市场完善

农地投融资市场初级阶段，"农地信托交易中心"是农地流转交易市场的场内机构，以提供农地流转交易信息登记、土地确权、监督和管理等相关服务为主要职能，为农地金融机构土地抵押变现提供交易场所。从降低农地交易双方信息搜寻成本、克服信息不对称角度，阐释建立"农地信托交易中心"对满足不同规模、不同类型的流转主体进行土地流转的比较优势。对农地信托交易中的委托方、代理方的权利义务及合理的收益分配、风险分担机制进行设计，包括交易内容、交易规则、监督管理。农地投融资市场成熟阶段，"农地信托交易中心"可推出金融衍生产品——"农地使用权证券化"，以创造一种信用高、流动性强、对多种类型投资者都有吸引力的可流动证券。

10.3.2 农地流转中土地金融创新工具探讨

图 10 - 1 农地流转市场流程

1. 农村土地流转市场场内机构"农地信托交易中心"构建

上述流程图表示分散的小农户将意愿流出的土地集中到"土地信托交易中心"的过程，这一过程在目前多地已有实践，而土地信托交易中心的职能则主要类似于各地农地股权投资中较为普遍的土地股份合作社。

2. 初期阶段"农地抵押贷款证券化"理论模型

农地流入方可能是不同的经营主体，包括土地股份合作社、家庭农场、专业大户或者农业龙头企业。土地股份合作社更多的是通过招标等方式将规模集中的农地转包给其他经营主体，本身不参与农业生产经营。因此，农地流转规模经营的资金需求主体主要是家庭农场、专业大户或者农业龙头企业。由于农业龙头企业拥有变现能力较强的可抵押资产，融资能力较家庭农场和专业大户强，更容易获得金融机构的贷款。而专业大户和家庭农场通常缺乏变现能力强的优质抵押担保品，通过土地流转他们所掌握的最大"资本"是土地使用权。根据上述理论分析可知，金融机构通过信贷筛选机制，可以"三权"中变现能力强的林权抵押为主要担保品进行放贷。

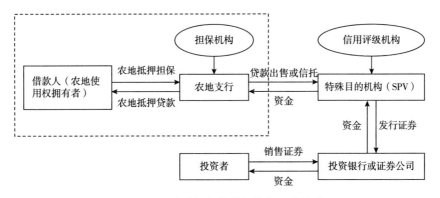

图 10 - 2　农地抵押贷款证券化理论模型

其中，虚线方框内表示农地规模经营主体以"三权"中变现能力较强的林地使用权抵押担保获得贷款的过程。虚线方框外表示金融机构将农地抵押贷款证券化进行再投资的过程。农地流转资产证券化建立在完善的农地产权二级交易市场基础上，农地产权二级交易越活跃，资金的运作效率越高，越能保证农地流转中产生持续稳定的现金流，从而保障农地流出方（小农户）的土地权益。

3. 成熟阶段"农地信托交易中心"进行相关农地金融衍生品的开发，农地资产证券化的特设机构（SPV）进行"农地使用权的证券化"。

随着未来农地流转规模的不断扩大，农地产权二级交易市场的不断完善，通过农地资产证券化的设计可以吸引更多的资金参与投资，加快资金的流动变现速度，提高资金运用效率，保障农地流转中收入流的稳定持续，保障农地流转中农民的土地权益。

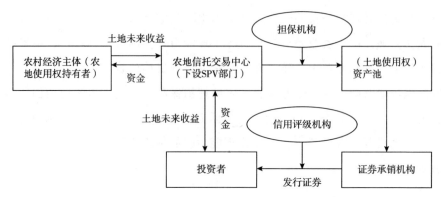

图10-3 农地资产证券化理论模型

10.4 本章小结

农地流转不仅产生了农地投融资的需求，而且为农地金融从无到有的发展创造了条件。本研究以江苏为例，选取江苏经济发展水平有差异的十个县市、598个农户为样本观测对象，通过基本的经济逻辑推演，提出可以验证的假说和计量检验，结果发现，农地抵押产权改革并不必然促进农地流转，农地流入方意愿小于流出方意愿造成供求不匹配是农地流转难以达成的重要原因；农业经营项目的盈利空间的大小对农户土地流入决策有重要影响，大多数小规模经营的以非农收入为家庭主要收入来源的小农户没有农业投资方面的资金需求，而从事农业附加值高的种养殖大户才是农地流入以及农地抵押贷款的真正需求者。由此得出结论，以农地作为标的物的金融是有条件的，其金融功能的实现取决于该地的农业结构（是否存在从事附加值较高的农业经营项目的禀赋条件）。

在对农地融资抵押担保意愿相关研究基础上，探讨农地"三权"抵押保障农地流转中农户土地权益的基本路径：以抵押变现能力强的林权抵押为基础进行抵押担保，建立以土地股份合作社为中介的农地流转投融资平台，满足不同规模、不同类型流转主体的农地投融资需求；在农地产权二级交易市场逐步完善的基础上，借鉴国内外先进经验，建立和健全土地承包经营权评估信息和农民征信等级信息系统，设立科学、有效的土地承包经营权评估标准，保证农地承包经营权抵押的合理定价以及相关农地抵押贷款证券、农地使用权证券的信用评级。通过农地抵押产权证券化的土地金融工具的运用，保证农地流转收入流的稳定持续，保障农地流出方（小农户）的土地权益。

11　研究结论与政策建议

本项目以增进农地福利为目标，以农地流转和农地征用为两条主线，以创新农地金融工具为主要手段，进行农地金融制度创新，促进农村土地制度的改革，实现城乡统筹发展。

11.1　研究结论

11.1.1　农地流转方面

1. 农地流转可以改善社会福利

农地流转可以改善农地流转供给方农民的福利。对农地流转的供给方农民而言，土地流转可以使其一次性或者定期得到土地的流转收益，获得经济实现效用；土地承包经营权转移后，其可以进入非农领域或者农业企业，增加了就业选择，实现就业效用；农地流转后并没有剥夺农户对土地的所有权和其子女对土地的继承权，农户依然享有土地基本社会保障效用和子女继承效用；在农地股权融资投资绩效良好的地区，如果适当允许农地股权买卖或者抵押，则能获得融资保障效用。

农地流转可以增进农地流转需求方的社会福利。农地流转的需求方通过农户间土地出租或转让获得土地的经营权，可以集中大面积土地来达到规模经营的目的，从而获得农地的经济实现效用、就业效用以及可以将土地抵押获取贷款的融资保障效用。

2. 以专业化合作组织为中介的农地流转方式是较佳的选择

在社会保障待遇足够完善的前提下，农地流转供给方倾向于选择专业合作化组织为中介的流转方式。对农地流转的供给方（农地供给者）而言，究竟选择哪种方式取决于进行股权投资的分红收益与流出土地的机会成本（主要是土地的基本保障效用）的比较。在农地流转供给方流转土地后的社会保障待遇足够完善的前提下，选择由专业化合作组织作为中介的流转方式，农地流转的供给方能得到更多的社会福利改善。

为了减少交易成本和获得规模效益，土地股份流转方式是农地流转需求方的最优选择。农地流转的需求方（农地需求者）选择土地股份流转方式流入土地，与土地股份合作社签订合同可以节约交易时间和交易费用，同时一次性获得大面积的土地，实现统一管理和现代化经营，获得土地的规模效益。

3. 农地股权投资是我国农地直接金融的有效方式

农地股权投资改善了社员农户和农业大户的福利，提高了农地社会福利。土地股份合作社产生的土地规模收益增进了农业大户的土地福利，并在一定程度上给农业大户带来无形的社会荣誉。八成以上的社员农户在主观上满意或者比较满意，获得了较高并且稳定的土地股份分红，提高了家庭生活水平，约六成农户愿意加入土地股份合作社。农地社会福利是所有相关农户个体福利的加总，社员农户和农业大户的福利得到了改善，所以农地社会福利也相应得到了改善。

4. 农地抵押是农地间接金融制度发展的基础

相对于宅基地抵押和承包地抵押的需求而言，农户对土地股权抵押的需求较高。由于土地股权抵押不影响农户对土地的所有权，即使失去土地股份也不会失去土地，所以农户对土地股权抵押的需求较高。宅基地的价值和生活保障效用高，一般农户对于宅基地抵押持有较为谨慎的态度，但融资需求高的农户可能有意将宅基地抵押以获取较高的资金融通额度。由于大部分农户的土地规模很小，承包地抵押信贷额度较低，农业大户比较倾向于抵押大面积土地来获取高额信贷额度。

对于农村金融机构而言，其对土地股权抵押和承包地抵押的供给意愿高于宅基地抵押。土地股份的价值比较容易评估，且开展土地股权抵押贷款业务流动性风险较小；开展承包地抵押贷款业务有利于充分利用土地资源，且已出现相关试点，有先例可鉴；而宅基地直接关系农民最基本的生活，在社会住房保障不健全、抵押品变现途径缺乏的情况下，不是较理想的土地金融业务。

法律法规的限制是阻碍农村金融机构开展农地抵押业务的主要原因。我国法律对农村宅基地使用权流转具有硬性的约束，金融机构难以取得被抵押宅基地的处置权，抵押品变现风险很高。对于土地股权抵押而言，其法律性质不明确。法律不允许集体土地抵押（近两年政策放松），使得承包地抵押发展缓慢。

农地抵押权评估问题和借款农户违约后被抵押农地的变现问题是农村金融机构开展承包地抵押业务的最大顾虑。农村承包地缺乏社会普遍接受的价值标准和健全的土地流转市场，使承包地的可抵押性大打折扣，影响了农村金融机构供给承包地抵押信贷业务的积极性。

11.1.2 农地征用方面

1. 农地征用缺乏福利目标，造成福利损失

失地农民市民化后的福利效用平均水平较低，并且存在差异。其福利效用水平与当地经济发展水平、对土地的依赖程度密切相关。经济发展水平相对较低、对土地存在严重依赖的地区，失地农民市民化后的生活水平有所下降。而非农产业发展水平高、对土地依赖程度低的地区，失地农民市民化后适应城市生活的能力较强。失地农民市民化后从事的职业主要集中在劳动密集型、收入较低的运输业、建筑业、商饮服务业等行业，均没有再就业培训和医疗养老保障的可持续政策支持。

2. 征地补偿政策不断变迁完善的效应不明显，失地农民的满意度没有明显提高

大部分农民没有获得中央政府征地补偿政策变迁的福利改善。在补偿政策变迁中，一次性货币补偿方式是主要方式，农民所获补偿对未来生活的保障程度存在差异。国土资源部出台"将失地农民纳入社会保障体系，确保被征地农民长远生计有保障"的相关政策后，失地农民依然没有获得城镇养老保险，政策变迁没有得到落实。在征地用途的政策变迁中，非公益性征地尤其是以"房地产或其他商业用途"为开发目的的土地征用所占比例反而上升，失地农民没有随着政策变迁而获得福利的改善。

失地农民对征地补偿的满意程度没有明显提高。征地补偿政策不断变迁完善的效应不明显，失地农民没有因为不断提高的征地补偿标准而满意度有所提高。

3. 征地补偿政策变迁效应影响因素分析

失地农户的家庭特征，如年龄、受教育程度、非农就业比重等是影响失地农民受偿满意度的因素。失地农民在年龄、受教育程度上的差别会影响其对征地补偿安置方案的偏好，进而直接影响到其对补偿方案的认可度。较高的非农就业比重意味着对土地依赖程度较低，失地对其生活方式和生活水平影响相对较小。

补偿政策的滞后偏离度是影响失地农民受偿满意度的重要因素。中央政府制定的征地补偿政策在向下传递过程中存在时间上的滞后和内容上的偏离、遗漏。其中经济发展水平和征地区位对政策执行的偏离会产生影响，经济发展水平越落后的地区政策执行偏离度越严重，征地区位处于远郊区的政策执行偏离要比近郊区、中郊区的情况更严重。

被征地块的特征因素（征地区位、征地年份）也会影响失地农民的受偿满意度。近郊区的土地区位价值明显，失地农民预期补偿与土地非农开发的增值收益间的落差成为近郊区失地农民不满的主要原因；而远郊区的失地农民，在缺乏完善的失地安置途径以及社会保障机制下难以适应失地后生活方式的巨大变化，受偿满意度因而降低。在补偿政策滞后偏离程度既定的情况下，失地农民受偿满意度随着征地年份的推移（征地补偿政策不断完善变迁）而提高。

4. 区分两种不同类型的失地农民，提高保障政策的针对性

我国城乡统筹发展过程中产生两种类型的失地农民。一种是因工业化、城镇化导致土地非农开发而彻底失地且户籍改变的失地农民，一种是发展现代农业，土地集约化、规模化利用所产生的保留土地承包权但失去土地经营权、集中在社区居住的失地农民。

制定失地农民的保障政策时，应该提高保障政策的针对性。对彻底失地、户籍改变的农民而言，土地被征用后失去了传统保障功能，但目前财政安置补偿标准较低，即使身份转变为城镇居民，农民在住房、就业、医疗、子女就业方面仍然难以实现真正的城镇化。因此，要充分发挥土地的财产功能作用，加大政府对失地农民住房养老医疗的补贴力度。对第二种失地农民而言，其在失地后生活方式改变，生活成本大幅度提高。低水平的土地流转费，是不足以支付高昂的生活成本的，因此，应以土地财产功能为基准，加大土地对失地农民社会保障功能作用的发挥。

5. 以财政补偿安置手段为主，确保失地农民权益的可持续性

从实践来看，财政补偿手段所发挥的土地保障功能对于失地农民是不足以实现城镇化的生活水平的，传统的一次性货币补偿和"以宅基地换住房，耕地换社保"等征地模式没有能够建立起农民满意的土地权益的可持续保障机制，已有的以财政为主的征地补偿政策在不断完善但政策效应不明显，地方政府与中央政府目标利益的不一致性导致政策效应的福利损失，土地应有的财产性功能在农民失地后没有得到延续，农民生活在农村原有的福利生态不复存在，而当农民失地进入城市后，新的福利生态尚未形成。因此，应该建立多元化的财政补偿机制提高土地的基本保障水平。

6. 以金融手段为辅，创新土地金融制度，保障失地农民土地权益的可持续性

设计"土地股份资产经营公司"作为土地金融创新载体。根据不同的营运对象，分别由工业园区管委会、非农开发项目管委会或农业园区管委会成立土地股份资产经营公司，该公司由地方政府部门担保成立，可以增强该公司的信誉，并委托相关的投资机构进行运营管理。同时为了避免委托代理问题，将运营管理方吸纳为土地股份资产经营公司的股东。

构建"土地入股分红"理论模型。该模型以失地农民永续享受土地增值收益为目标，以土地股份资产经营公司为核心，被征地农户以征地补偿费入股，土地流转的农户以农地承包权折股，政府以土地出让金作为资本入股，而运营管理方作为专业的理财机构分享增值收益。该模型运营的关键在于科学合理地量化各个主体初始投入的资本。对于以安置补偿费入股的失地农民，评估机构要科学合理地估计入股的份额，而对以承包权入股的失地农民，则要根据地块的相关属性（土地类型、等级、区位等因素）进行合理评估，再由会计师事务所进行股份量化。土地股份资产经营公司在运营管理方的专业管理下，选择农业或者非农业项目投资，银行部门负责整个环节的资金管理。为了确保项目经营能获得长期稳定的收益，降低失地农民投资的风险，在选择投资项目时可采用激励机制。如果投资项目经营业绩良好，将追加资本投入；如果业绩不好，将收回投资。此外政府部门在选择运营管理方（代理人）时可采用公开招标的方式，让更有竞争力的机构承担公司业务的管理和运营创新土地股份资产经营公司融资渠道。土地股份资产经营公司可以通过农地股权抵押向金融机构获取贷款，并通过出售农地收益凭证向广大社会投资者募集资金，社会公众还可以选择信托机构发行的农地信托债券进行投资。

11.2　政策建议

11.2.1　农地流转方面

1. 建立健全农地流转后农民的社会保障体系，消除农户的后顾之忧

在农地流转供给方流转土地后的社会保障待遇足够完善的前提下，农地流转可以整合生产要素，优化资源配置，促进农村土地规模化经营，提高土地生产效率，农地流转的供给方和需求方均得到更多的福利改善。因此，为了实现农地流转福利的改善，需要建立健全农地流转后农民的社会保障体系，消除农户对土地流转的后顾之忧。

2. 建立中介服务组织

农地流转的供给方在社会保障完善的前提下，选择专业合作化组织作为中介流转土地可以得到福利改善。农地流转的需求方（农地需求者）选择有专业合作化中介组织参与的流转方式（以股权投资为例），通过市场化的作用能够有效降低交易成本，得到福利改善。因此，为了促进农地流转市场的形成与发展，需要建立与行政脱钩的、市场化的、独立于土地使用者之外的中介服务组织。

3. 发挥政府职能，推动农地流转中土地直接金融发展

地方政府可以因地制宜地引入农地股份合作制。在第二、第三产业比较发达，农村劳动力大量转移，农地呈现逐渐集中趋势的农村地区，可以适当引入农地股份合作制。在引入方法上，遵循诱导性制度变迁原则，加大政策宣传力度，引导农民自愿成立土地股份合作社，同时充分告知农户入股风险，让土地股份合作社适应市场的发展。

地方政府应致力于开发多元化的农地直接金融市场。由于农户自身的特性，其在选择农地直接融资渠道上存在差异。虽然土地股权投资能够改善农地福利，但也存在局限性。因此政府应该鼓励包括农地股权投资在内的多种农地直接融资方式，为农户提供多种选择。

4. 转变政府职能，促进农地流转的间接金融创新

巩固土地股份的资本潜质，适当鼓励土地股权的买卖和抵押。农地抵押是农地间接金融制度发展的基础，发展土地股份抵押有其比较优势，应当充分发掘土地股份作为农民从土地上派生出的一项虚拟资产的资本潜力，制定相关法律法规以明确土地股权的性质。应在我国农村土地承包法和物权法中明确土地承包经营权入股的法律性质，以保障入股方及被入股方的利益。

建立健全农村承包地流转市场和农村承包地产权价值评估体系。农村承包地流转市场的建立有利于对农地产权进行价值评估，进而为农地股权的定价创造条件。同时，建立农地股权的流通转让市场，有利于降低农地股权抵押的信贷风险，降低不良贷款率，并促进农地间接金融相关投融资活动的逐步开展。因而，相关政府部门应该积极设立土地流转交易平台或土地流转服务中心，并创设"农地股份流转交易市场"，规范并公证土地流转合同，制定激励机制促进土地流转，为土地流转市场以及"农地股份流转交易市场"的形成与规范化提供制度基础。在承包地产权价值评估方面，科学公正的农村土地价格评估体系，既可以保证融资的安全，又能保障融资规模。对此，可以考虑由区（县）政府负责核定本区域内农村土地承包经营权基准价格和最低保护价格，为农村土地产权的价值评估提供参考。

11.2.2　农地征用方面

1. 加大征地补偿政策的针对性和监控力度

针对失地农民的特征制定相应的补偿政策。地方政府在执行中央的征地补偿政策时，要充分考虑被征地农民的个体特征因素（年龄、受教育水平），有针对性地制订配套的安置补偿方案（农业生产安置、重新择业安置、入股分红安置、异地移民安置），并创造和引导更多的非农就业机会，提高失地农民的人力资本水平，从根本上解决一部分失地农民的未来长久生计。

加大对中央政府政策执行的监控。针对样本地区出现的地方政府在实施中央政府政策时出现的滞后偏离情况，中央政府应该加大对征地补偿政策执行过程中监督管理的支出，构建征地补偿方案编制、实施、监管全过程的失地农民补偿机制，增强补偿过程中信息的透明度和公众参与度。尤其要加强对经济发展较落后地区以及偏远地区的征地补偿执法监管，从而实现征地补偿过程中的社会福利最大化目标。

2. 提高财政补贴力度，建立动态调整标准

应该加大财政补贴幅度、降低补偿中被提留的比重，让失地农民获得足够的过渡期经费以支付大幅提高的生活成本。此外，在原来统一年产值标准和区片综合地价的基础上，对于建设用地位于同一年产值或区片综合地价区域的，征地补偿应做到同地同价。并设立征地补偿标准动态调整机制，每2~3年对征地补偿标准进行调整，逐步提高征地补偿水平。

3. 建立"就业＋住房＋社保"的安置补偿体系

加强就业安置的针对性和灵活性。对于彻底失地、户籍城镇化的农民，政府直接补贴土地开发园区内企业，对愿意在园区工作的失地农民开展有针对性的上岗培训，并优先录用；对于仍然享有承包权但失去经营权、进行社区集中居住的失地农民，可以实行预留机动地务农，优先在现代农业园区做农业工人，非农就业多种形式相结合，自由选择就业安置方式。

促进住房安置的保障性。对于彻底失地、户籍城镇化的农民，要加大政府的补贴力度，保证失地农民至少享有人均30平方米的居住优惠待遇；

对于仍然享有承包权但失去经营权、社区集中居住的失地农民，应考虑康居、生态、节能、娱乐、户外活动、安全、安静等因素，建立具有良好配套设施的居住小区进行住房安置。

加快建立健全社保体系。对于彻底失地、户籍城镇化的农民，应该加大财政补贴力度，减少政府提留作为社保统筹的比例，拓宽社会保障的覆盖范围，增加就业、医疗和失地农民最低生活保障；对于仍然享有承包权但失去经营权、进行社区集中居住的失地农民，应该尽快建立以养老、医疗为主的社保体系。

4. 进行金融创新，构建失地农民利益可持续保障的长效机制

对彻底失地、户籍城镇化的农民，在工业园区管委会下设"土地股份资产经营公司"作为机制运行的载体，并通过金融机构建立失地农户土地非农开发增值收益分红专项账户，以最便捷的方式让失地农民能够永续分享土地非农开发的增值收益。对仍然享有承包权但失去经营权、进行社区集中居住的失地农民，在农业园区管委会下设"土地股份资产经营公司"作为机制运行的载体，并通过金融机构建立农业规模经营增值收益分红专项账户，以最便捷的方式让失地农民能够永续分享到农业规模经营的增值报酬。

5. 注入政府资金，提升"土地股份资产经营公司"的信誉，确保金融创新的顺利实施

"土地入股分红"共享农地增值收益的理论模型可行的关键在于"土地股份资产经营公司"的运作良好。该公司作为"土地入股分红"的核心，获得充足的资本金和具有公信力的合法经营地位是其运作良好的前提条件。这有赖于政府部门和金融机构以及其他社会资本的支持和参与。政府以土地出让金入股，一方面为"土地股份资产经营公司"注入前期资本，另一方面大大提升了"土地股份资产经营公司"的信誉，有利于其他社会资本入股注资。

参考文献

[1] Acemoglu, Daron, Simon Johnson & James A. Robinson. Institutions as Fundamental Determinants of Long – Run Growth. In *Handbook of Economic Growth*, ed. Philippe Aghion and Steven N. Durlauf, Volume 1A, 2005: 385 – 472. Amsterdam: North – Holland Publishing.

[2] Basu Arnab K., "Oligopolistic Landlords, Segmented Labour Markets, and the Persistence of Tier – Labour Contracts," *American Agricultural Economics Association*, 2002: 438 – 453.

[3] Carter, M. R. and Yang Yao. *Administrative vs. Market Land Allocation in Rural China.* 1998.

[4] Dong, X. "Two – Tier Land Tenure System and Sustained Economic Growth in Post – 1978 Rural China," *World Development*, 1996, 24 (5): 915 – 928.

[5] Engerman, Stanley L. & Kenneth Lee Sokoloff, "Factor Endowments, Inequality, and Paths of Development among New World Economies," *Economía* 2003 (1), 41 – 109.

[6] Gropp, J. Scholz and M. White, "Personal Bankruptcy and Credit Supply and Demand," *Quarterly Journal of Economics*, 1997 (112): 217 – 251.

[7] Haney, L., "Farm Credit Conditions in a Cotton State," *The American Economic Review*, 1914: 47 – 67.

[8] Johnson, D. G. "China's Rural and Agricultural Reforms: Successes and Failures," The Working Paper Series No. 96/12, The Department of E-

conomics, The University of Adelaide, 1996 (9)

[9] Joshua M. Duke, "Price Repression in the Slovak Agricultural Land Market," *Land Use Policy*, 2004 (21): 59 – 69.

[10] Juliano J. Assuneao, Maitreesh G. Can, "Unobserved Heterogeneity in Farmer Ability Explain the Inverse Relationship between Farm Size Productivity," *Economics Letters*, 2003 (80): 189 – 194.

[11] Kaldor, N., "Welfare Propositions of Economics and Interpersonal Comparisons of Utility," *Economic Journal*, 1939 (49), 550.

[12] Knack, St, Ph. Keefer, "Institutions and Economic Performance: Cross – Country Tests Using Alternative Institutional Measures," *Economics and Politics*, 1995, 7/3, 207 – 27.

[13] Kung, J. K. S., "Egalitarianism, Subsistence Provision and Work Incentives in China's Agricultural Collective," *World Development* 1994, 22 (2): 175 – 188.

[14] Kung, J. K. S., "Off – Farm Labor Markets and the Emergenee of Land Rental Market In Rural China," *Journal of Comparative Economies*, 2002 (30): 395 – 414.

[15] Martin Ravallion & Dominique van de Walle, "Breaking up the Collective Farm: Welfare Outcomes of Vietnam's Massive Land Privatization," World Bank, 1818 H Street NW, Washington DC, 20433, USA 12 November, 2001.

[16] Maya Kant Awasthi, "Dynamics and resource use efficiency of agricultural land sales and rental market in India," *Land Use Policy*, April, 2008.

[17] Mostafa Morsi El Araby, "The Role of the State in Managing Urban and Supply and prices in Egypt," *Habitat International*, 27 (2003) 429 – 458.

[18] Ng, Y. K. *Welfare Economics: Introduction and Development of Basic Concepts.* 2_{nd} editon. Macmillan. 1983.

[19] Quy-Toan Do & Lakshmi Iyer, "Land Rights and Economic Development: Evidence from Vietnam," The World Bank, Policy Research

Working Paper，3120，August 2003.

［20］Rajan，Raghuram G. and Luigi Zingales. *Saving Capitalism from the Capitalists*. Crown，New York. 2003 a.

［21］Rajan，R. ，"Rent Preservation and the Persistence of Underdevelopment，" *American Economic Journal*：*Macroeconomics*，2009，1（1）：178 – 218.

［22］Ruttan，V. an Y. Hayami. "Towand a Theory of Induced Institutional Inovation，" *Journal of Developed Studies*，1984（4）20：203 – 223.

［23］Schwarzwalder，B. ，"Compulsory Acquisition，in Legal Impediments to Effective Rural Land Relations in Eastern Europe and Central Asia. " World Bank Techinical Paper，1999，No. 436.

［24］Terry，v. D. ，"Scenarios of Central European Land Fragmeniation，" *Land Use Policy*，2003（20）：149 – 158.

［25］Timothy Besley & Robin Burgess， "Land reform，Poverty Reduction，and Growth：Evidence from India，" *The Quarterly Journal of Economics*，May，2000.

［26］Treeger，C. ，"Legal Analysis of Farmland Expropriation in Namibia，" *Analyses and Views*，Konrad – Adenauer – Stiftung，2004.

［27］Vikas，R. ，"Agrarian Reform and Land Markets：A Study of Land Transactions in Two Villages of West Bengal，1977 – 1995，" *Economic Development and Cultural Change*，2001（7）：611 – 629.

［28］安希伋：《论土地国有永佃制》，《中国农村经济》1988 年第 11 期，第 22～25 页。

［29］白志礼：《农地使用权流转与二元结构变革》，《经济问题探索》2008 年第 9 期，第 97～102 页。

［30］包国宪、高选：《欠发达地区农村新型合作医疗可持续发展研究》，《甘肃社会科学》2010 年第 2 期，第 45～48 页。

［31］鲍海君、吴次方：《论失地农民社会保障体系建设》，《管理世界》2002 年第 10 期，第 37～42 页。

［32］卞琦娟：《农户土地承包经营权流转问题研究》，南京农业大学硕士论文，2011，第 1～123 页。

［33］ 陈波翀、郝寿义：《征地补偿标准的经济学分析》，《中国农村观察》
2004 年第 6 期，第 34～39 页。

［34］ 陈会广：《农地股份合作社发展三题》，《中国农业资源与区划》
2009 年第 8 期，第 11～15 页。

［35］ 陈会广：《中国农村土地制度变迁的理论及经验研究述评》，《甘肃行
政学院学报》2010 年第 4 期，第 76～91 页。

［36］ 陈利根、成程：《基于农民福利的宅基地流转模式比较与路径选择》，
《中国土地科学》2012 年第 10 期，第 67～74 页。

［37］ 陈锡文、韩俊：《如何推进农民土地使用权合理流转》，《农业产业
化》2006 年第 1 期，第 78～80 页。

［38］ 陈锡文：《实行家庭承包经营制度　加快发展合作经济组织》，《林业
经济》2011 年第 5 期，第 6～12 页。

［39］ 陈雪梅、李国燕：《论农村土地金融业务的构建》，《改革与战略》
2009 年第 2 期。

［40］ 陈映芳：《征地农民的市民化——以上海市的调查》，《华东师范大学
学报》（哲社版）2003 年第 3 期，第 88～95 页。

［41］ 陈永志：《农村土地使用权流转的动力、条件及路径选择》，《经济学
家》2007 年第 1 期，第 51～58 页。

［42］ 陈永志：《农村土地使用权流转的动力、条件及路径选择》，《经济学
家》2007 年第 1 期，第 51～58 页。

［43］ 程志强：《对我国土地信用合作社实践的思考——以宁夏罗平为例》，
《管理世界》2008 年第 11 期，第 1～8 页。

［44］ 崔红志：《"三无农民"的出路何在》，《前线》2004 年第 4 期，第
32～33 页。

［45］ 邓大才：《效率与公平：中国农村土地制度变迁的轨迹与思路》，《经
济评论》2000 年第 5 期，第 40～42 页。

［46］ 邓立、黄文：《统筹城乡背景下农村土地股份合作组织研究》，《商业
时代》2009 年第 22 期，第 6～7 页。

［47］ 丁煜：《完善中国失业保险制度的政策研究——以促进就业为导向》，

《经济理论与经济管理》2008 年第 2 期，第 40～44 页。

[48] 董建华：《草根金融多点阳光才能灿烂》，《黑龙江日报》2009 年第 11 期。

[49] 杜方：《中国农村土地金融制度研究》，安徽农业大学硕士论文，2008，第 10～12 页。

[50] 杜伟：《关于我国农村土地股份合作制的制度经济学分析》，《农村经济》2006 年第 4 期，第 23～26 页。

[51] 杜伟、黄善明：《农村土地股份合作制的研究与实践问题探讨》，《生产力研究》2006 年第 8 期，第 38～40 页。

[52] 范恒森：《土地证券化与中国农业发展》，《经济研究》1995 年第 11 期，第 68～71 页。

[53] 高汉：《论农村土地金融制度的建立与发展》，《金融与经济》2005 年第 10 期，第 19～21 页。

[54] 高建伟：《土地征收中公共利益的经济学分析》，《中国土地科学》2009 年第 5 期，第 5～8 页。

[55] 高建伟：《土地征收中公共利益的经济学分析》，《中国土地科学》2009 年第 5 期，第 6～8 页。

[56] 高进云、乔荣锋、张安录：《农地城市流转前后农户福利变化的模糊评价——基于森的可行能力理论》，《管理世界》2006 年第 7 期，第 45～55 页。

[57] 高进云、乔荣锋：《征地对农民福利影响的讨论——基于湖北省的实证分析》，《广东土地科学》2010 年第 5 期，第 31～36 页。

[58] 郭剑雄、苏全义：《从家庭承包制到土地股份合作制——我国新型土地制度的建构》，《中国农村经济》2000 年第 7 期，第 26～30 页。

[59] 郭伟和：《福利经济学》，经济管理出版社，2006，第 6～9 页。

[60] 韩曙平：《论农地金融制度中的组织设置和风险分担》，《经济问题探索》2005 年第 10 期，第 61～64 页。

[61] 韩松：《坚持农村土地集体所有权》，《法学家》2004 年第 2 期，第 36～41 页。

［62］ 何道峰：《村级农地制度的变革》，载中国农地制度课题组《中国农村
土地制度的变革：中国农村土地制度国际研讨会论文集》，北京大学
出版社，1993，第31～61页。

［63］ 何静：《农地使用权流转与相关的法律问题探讨》，《经济问题》
2001年第7期。

［64］ 胡初枝、黄贤金、张力军：《农户农地流转的福利经济效果分析——
基于农户调查的分析》，《经济问题探索》2008年第1期，第184～
186页。

［65］ 胡冬生、余秀江、王宣喻：《农业产业化路径选择、农地入股流转、
发展股份合作经济——以广东梅州长教村为例》，《中国农村观察》
2010年第3期，第47～59页。

［66］ 胡小平：《农村土地使用权流转与农民利益保护》，《经济学家》
2005年第6期，第39～43页。

［67］ 扈红英：《河北省农村土地承包经营权流转问题的调查与思考》，《农
业经济》2008年第5期，第50～52页。

［68］ 华芮、李健丁：《完善农村新型合作医疗制度的深层思考》，《生产力
研究》2008年第10期，第38～39页。

［69］ 黄朝明、陈建文、石宏伟等：《试析征地过程中的主体利益分配》，
《农村经济》2004年第7期，第21～24页。

［70］ 黄华玲：《失地农民就业出路问题的思考》，《甘肃农业》2005年第6
期，第23～24页。

［71］ 黄季：《中国农业资源配置效率的变化及评价》，《中国农村观察》
1999年第1期。

［72］ 黄少安：《从家庭承包制的土地经营权到股份合作制的"准土地股
权"——理论矛盾、形成机制和解决思路》，《经济研究》1995年第
7期，第32～38页。

［73］ 黄天柱：《我国农地金融制度构建的几点思考》，《软科学》2003年
第5期，第13～15页。

［74］ 黄天柱、夏显力、崔卫芳：《我国农地金融制度构建的几点思考》，

《软科学》2003 年第 5 期，第 13 ~ 15 页。

[75] 黄贤金：《被征地农户意愿受偿价格影响因素及其差异性的实证分析——基于福建省 16 个县 1436 户入户调查数据》，《中国农村经济》2011 年第 4 期，第 26 ~ 56 页。

[76] 黄小彪、黄曼慧：《城市土地储备制度的功能、问题与发展对策分析》，《中国房地产金融》2005 年第 4 期，第 12 ~ 16 页。

[77] 黄小虎：《征地制度改革的经济思考》，《中国土地》2002 年第 8 期，第 22 ~ 24 页。

[78] 黄祖辉：《农村土地流转：现状、问题及对策——兼论土地流转对现代农业发展的影响》，《浙江大学学报》（人文社会科学版）2008 年第 2 期，第 39 ~ 47 页。

[79] 纪晓岚、朱逸：《我国发达地区失地农民社会保障模式比较与对策研究》，《毛泽东邓小平理论研究》2011 年第 2 期，第 38 ~ 42 页。

[80] 贾春梅、葛扬：《农地股份合作制的农民增收效应研究——基于 1992 - 2009 年佛山四市（区）的实证分析》，《南京师范大学学报》（社会科学版）2012 年第 1 期，第 58 ~ 65 页。

[81] 贾春梅、葛扬：《农地股份合作制的农民增收效应研究——基于 1992 - 2009 年佛山四市（区）的实证分析》，《南京师范大学学报》（社会科学版）2012 年第 1 期，第 58 ~ 65 页。

[82] 姜爱林、陈海秋：《农村土地股份合作制研究述评》，《社会科学研究》2007 年第 3 期，第 40 ~ 46 页。

[83] 姜新旺：《农地金融制度应该缓行》，《农业经济问题》2007 年第 6 期，第 11 ~ 14 页。

[84] 蒋满元：《现阶段农村土地流转的动因与规范流转的途径分析》，《江西农业大学学报》2006 年第 5 期，第 10 ~ 13 页。

[85] 蒋省三、刘守英：《土地资本化与农村工业化——广东省佛山市南海经济发展调查》，《管理世界》2003 年第 11 期，第 87 ~ 97 页。

[86] 金晓月：《农村宅基地流转模式构建探析》，《农村经济》2006 年第 7 期，第 32 ~ 34 页。

[87] 金永思：《农用地流转机制建立的难点分析与对策建议》，《中国农村经济》1997 年第 9 期，第 24～43 页。

[88] 康岚：《失地农民被征用土地的意愿及其影响因素》，《中国农村经济》2009 年第 8 期，第 53～62 页。

[89] 孔祥智、顾洪明、韩纪江：《我国失地农民状况及受偿意愿调查报告》，《经济理论与经济管理》2006 年第 7 期。

[90] 孔祥智：《土地流转的有益探索——浙江省平湖市渡船桥村土地股份合作社调查》，《中国人民大学学报》，2010 年第 7 期，第 29～31 页。

[91] 冷淑莲：《农村土地流转的成效、问题与对策》，《价格月刊》2008 年第 372 期，第 3～8 页。

[92] 黎平：《农村集体建设用地流转治理的路径选择》，《中国土地科学》2009 年第 4 期，第 66～69 页。

[93] 李爱喜：《农村金融退化问题研究》，《宏观经济研究》2007 年第 5 期，第 51～55 页。

[94] 李海涛：《土地证券化推动农村土地经营权流转的市场化》，《甘肃农业》2004 年第 11 期，第 56 页。

[95] 李敏：《农地制度的改革设想：新型土地股份合作制》，《特区经济》2007 年第 8 期，第 136～138 页。

[96] 李延敏、罗剑朝：《国外农地金融制度的比较及启示》，《财经问题研究》2005 年第 2 期，第 84～88 页。

[97] 李以学、彭超、孔祥智：《农村土地承包经营权流转现象及模式分析》，《经济理论与实践》，2011，第 42～56 页。

[98] 李永乐：《土地征收利用过程中福利与效率分析》，《农村经济》2008 年第 1 期，第 18～20 页。

[99] 梁爽：《土地非农化过程中的收益分配及其合理性评价——以河北省涿州市为例》，《中国土地科学》2009 年第 1 期，第 4～8 页。

[100] 廖洪乐：《农村土地承包经营权的稳定、流转与农业规模经营》，《中国棉花》1936 年第 2 期，第 2～5 页。

[101] 林乐芬、金媛:《农地流转方式福利效应研究——基于农地流转供求方的理性选择》,《南京社会科学》2012 年第 9 期,第 74 ~ 79 页。

[102] 林荣茂:《经济适用房划拨用地补贴与货币补贴的福利、效率与产权分析》,《中国土地科学》2006 年第 4 期,第 10 ~ 13 页。

[103] 林毅夫:《再论制度、技术与中国农业发展》,北京大学出版社,2000。

[104] 林毅夫:《中国农业家庭责任制改革的理论与经验研究》,《美国经济与文化变迁》,1988,第 353 ~ 372 页。

[105] 刘广栋、程久苗:《1949 年以来中国农村土地制度变迁的理论和实践》,《中国农村观察》2007 年第 2 期,第 70 ~ 80 页。

[106] 刘江:《二十一世纪初中国农业发展战略》,中国农业出版社,2000,第 260 页。

[107] 刘克春:《国外关于农地流转的理论研究与启示》,《经济学家》2008 年第 6 期,第 20 ~ 24 页。

[108] 刘克春:《20 世纪 90 年代以来国内有关农地流转的研究及启示》,《江西农业大学学报》(社会科学版)2007 年第 3 期,第 42 ~ 44 页。

[109] 刘书楷:《构建我国农村土地制度的基本思路》,《经济研究》1989 年第 9 期,第 56 ~ 61 页。

[110] 刘卫锋:《基于农户融资需求视角的农村金融制度创新研究》,《经济纵横》2009 年第 2 期,第 93 ~ 95 页。

[111] 刘向南、吴群:《农村承包地流转:动力机制与制度安排》,《中国土地科学》2010 年第 6 期,第 4 ~ 8 页。

[112] 刘欣欣:《中国农地金融的实践探索与启示》,《三农金融》2012 年第 5 期,第 61 ~ 64 页。

[113] 卢向虎、张正河:《我国农村集体土地资产股份化问题研究》,《调研世界》2006 年第 11 期,第 11 ~ 14 页。

[114] 罗必良:《产权与农民的土地权益:一个引论》,《华中农业大学学报》(社会科学版),2013。

[115] 罗必良:《农地产权模糊化:一个概念性框架及其解释》,《学术研

究》2011 年第 12 期，第 48～56 页。

[116] 罗剑朝：《国外农地金融制度的比较及启示》，《财经问题研究》2005 年第 2 期，第 84～88 页。

[117] 罗真：《商业银行开展土地金融业务的战略思考》，《金融理论与实践》2006 年第 7 期，第 38～39 页。

[118] 骆友生、张红宇：《家庭承包责任制后的农地制度创新》，《经济研究》1995 年第 1 期，第 69～80 页。

[119] 麻昌华、汪安亚：《当前农村土地流转制度中存在的问题及其成因分析》，《湖北民族学院学报》（哲学社会科学版）2008 年第 4 期。

[120] 马晓河：《建立土地流转制度，促进区域农业生产规模化经营》，《管理世界》2002 年第 11 期，第 63～77 页。

[121] 马新文：《我国现行征地补偿制度剖析》，《同济大学学报》（社会科学版）2009 年第 3 期，第 93～96 页。

[122] 马元：《对农地转租中低地租现象的一种解释》，《中国土地科学》2009 年第 1 期，第 26～28 页。

[123] 梅哲、陈霄：《城乡统筹背景下农村土地制度创新——对重庆农村土地制度改革的调查研究》，《华中师范大学学报》（人文社会科学版）2011 年第 3 期，第 18～26 页。

[124] 孟丽萍：《我国土地金融制度的建设与基本设想》，《农业经济》2001 年第 2 期，第 9～11 页。

[125] 孟勤国：《禁止宅基地转让的正当性和必要性》，《农村工作通讯》2009 年第 12 期，第 18～19 页。

[126] 莫晓辉：《鼓励农民勇于放弃——浙江省嘉兴市"两分两换"试点调查》，《中国土地》2008 年第 8 期，第 50～52 页。

[127] 聂强、张颖慧、罗剑朝：《中国农地金融制度方案设计》，《西北农林科技大学学报》（社会科学版）2003 年第 2 期，第 61～64 页。

[128] 欧阳宗丽、陈会广、单丁洁：《〈合作社促进建议书〉对我国土地股份合作的启示与借鉴》，《江苏农村经济》2008 年第 10 期，第 68～69 页。

[129] 彭连清、周文良：《改革开放以来我国农村劳动力转移状况与特征》，《农村经济》2008 年第 7 期，第 11 ~ 14 页。

[130] 曲福田：《中国农村土地制度的理论探索》，江苏人民出版社，1991，第 126 ~ 127 页。

[131] 冉成彦、刘霞：《对我国农村土地证券化的思考》，《才智》2009 年第 7 期，第 174 页。

[132] 邵彦敏：《日本政府推进农地规模经营的成效与借鉴》，《现代日本经济》2008 年第 2 期，第 53 ~ 54 页。

[133] 沈飞、朱道林、毕继业：《我国土地征用制度对农村集体经济福利的影响》，《农村经济》2004 年第 9 期，第 23 ~ 25 页。

[134] 施晓琳：《论以土地承包经营权抵押为特征的金融制度》，《南京农业大学学报》（社会科学版）2002 年第 3 期，第 21 ~ 25 页。

[135] 史清华、晋洪涛、俞宁：《谈判权、程序公平与征地制度改革》，《中国农村经济》2010 年第 12 期，第 4 ~ 16 页。

[136] 宋文献、罗剑朝：《台湾农地金融制度及其对大陆的借鉴作用》，《洛阳师范学院学报》2003 年第 4 期，第 37 ~ 40 页。

[137] 孙瑞玲：《农村土地流转机制的创新研究》，《农业经济》2008 年第 2 期，第 47 ~ 48 页。

[138] 孙圣民：《游说、权力分配与制度变迁——以 1978 年中国农村土地产权制度变迁为例》，《南开经济研究》2007 年第 6 期，第 17 ~ 32 页。

[139] 孙学娟：《我国城乡一体化进程中集体建设用地流转问题研究》，《首都经济贸易大学》2013 年第 6 期，第 1 ~ 59 页。

[140] 孙中华：《依法促进农民专业合作社健康发展 推进农业经营体制机制创新》，《中国农民合作社》2010 年第 7 期，第 13 ~ 15 页。

[141] 覃美英：《农村土地使用权流转市场困境的成因探析》，《农业经济》2007 年第 7 期，第 19 ~ 22 页。

[142] 谭荣、曲福田、吴丽梅：《我国土地征用的经济学分析：一个理论框架》，《农业经济问题》2004 年第 4 期，第 41 ~ 44 页。

[143] 唐勇林、雷妍：《新一轮土改：耕地抵押贷款试点成潮》，《南方周

末》，http：//news. 163. com/09/0514/14/599INP7100011SM9. html，2009 年 5 月 14 日。

[144] 田传浩、贾生华：《农地制度、地权稳定性与农地使用权市场发育：理论与来自苏浙鲁的经验》，《经济研究》2004 年第 1 期，第 112 ~ 119 页。

[145] 万宝瑞：《我国农村经营体制的创新——辽粤湘豫农村土地实行股份合作的调查》，《求是》2004 年第 15 期，第 4 ~ 8 页。

[146] 汪丽丽：《农地金融制度创新思考——以"先行先试"为视角》，《金融法》，2012，第 153 ~ 174 页。

[147] 汪振江：《农村集体土地成员权制度解构与变革》，《西部法学评论》2008 年第 3 期，第 83 ~ 94 页。

[148] 王金堂：《土地承包经营权制度的困局与破解——兼论土地承包经营权的二次物权化》，西南政法大学硕士论文，2012，第 1 ~ 243 页。

[149] 王克强：《土地对农民基本生活保障效用的实证研究——上海市农民土地决策行为的生存伦理分析》，《上海财经大学学报》2004 年第 12 期，第 10 ~ 17 页。

[150] 王平、邱道持、李广东：《农村土地抵押贷款发展浅析—以重庆市开县为例》，《西南大学学报》（自然）2011 年第 3 期，第 90 ~ 95 页。

[151] 王瑞雪：《社会保障价格法测算征地补偿若干问题探讨》，《中国土地科学》2009 年第 5 期，第 24 ~ 36 页。

[152] 王天义：《土地股份合作制是中国农村土地产权制度改革的选择》，《经济研究》2005 年第 4 期，第 30 ~ 33 页。

[153] 王小映：《土地股份合作制的经济学分析》，《中国农村观察》2003 年第 6 期，第 31 ~ 39 页。

[154] 王小映：《土地制度变迁与土地承包权物权化》，《中国农村经济》2008 年第 1 期，第 43 ~ 49 页。

[155] 王晓霞：《中国农村集体建设用地使用权流转政策的梳理与展望》，

《中国土地科学》2009 年第 4 期，第 39～42 页。

[156] 王玉霞、朱艳：《制度变迁视角下的家庭承包经营和农村土地股份合作制》，《云南财经大学学报》2009 年第 1 期，第 10～15 页。

[157] 王志利：《加强农村土地流转 推动农村经营体制创新——对盖州市九垄地镇农村土流转情况的调查与思考》，《农业经济》2007 年第 1 期，第 48～49 页。

[158] 温铁军：《"三农问题"的世纪反思》，《经济研究参考》2001 年第 1 期，第 23～30 页。

[159] 文贯中：《中国现行土地制度的弊病及其对策》，《科技导报》1988 年第 4 期，第 41～44 页。

[160] 吴群：《土地征收利用中福利与效率分析》，《农村经济》2008 年第 1 期，第 18～20 页。

[161] 吴文杰：《论农村土地金融制度的建立与发展》，《农业经济问题》1997 年第 3 期，第 34～39 页。

[162] 吴文杰：《论农村土地金融制度的建立与发展》，《农业经济问题》1997 年第 3 期，第 34～39 页。

[163] 吴正懿：《浙江省悄然试行宅基地抵押贷款 土改跨入深水区》，《东方早报》，http：//news. sohu. com/20081022/n260167913 _ 1. shtml，2008 年 10 月 22 日。

[164] 吴子力：《长江三角洲地区的工业化为何不导致城市化——江苏省城市化滞后原因实证分析》，《南京社会科学》2000 年第 7 期，第 64～68 页。

[165] 伍振军，张云华，孔祥智：《土地经营权抵押解决贷款问题运行机制探析——宁夏同心县土地抵押协会调查》，《农业经济与管理》2011 年第 1 期，第 9～15 页。

[166] 《武汉农村土地经营权抵押贷款"破冰"》，《经济参考报》，http：//finance. qq. com/a/20091103/004751. htm，2009 年 11 月 3 日。

[167] 肖屹、钱忠好：《交易费用、产权公共域与农地征用中农民土地权益侵害》，《农业经济问题》2006 年第 9 期，第 58～63 页。

[168] 肖屹、曲福田、钱忠好、许恒周：《土地征用中农民土地权益受损程度研究——以江苏省为例》，《农业经济问题》2008年第3期，第77~89页。

[169] 肖云、徐艳：《论农民工失业及社会保障机制的建立与完善》，《西北大学学报》2005年第1期，第60~66页。

[170] 徐成华：《失地农民如何融入城镇》，《小城镇建设》2004年第12期，第59~61页。

[171] 徐烽烽、李放、唐焱：《苏南农户土地承包经营权置换城镇社会保障前后福利变化的模糊评价——基于森的可行能力视角》，《中国农村经济》2010年第8期，第67~79页。

[172] 徐凤真：《论土地承包经营权流转的制约因素与完善建议》，《农村经济》2007年第11期，第3~6页。

[173] 徐朴、王启有：《农村农地股份合作社的实践与探索》，《四川行政学院学报》2008年第3期，第84~88页。

[174] 许恒富：《农村土地使用权流转探析》，《农业经济》2007年第1期，第42~44页。

[175] 许恒周：《农村土地流转与农民权益保障》，《农村经济》2007年第4期，第29~31页。

[176] 杨大森：《预算约束条件下政府最优征地路径模型研究》，《中国土地科学》2009年第5期，第10~13页。

[177] 杨富堂：《交易视角下农地征收的线性补偿研究》，《农业经济问题》2011年第5期，第9~14页。

[178] 杨桂云：《规范与完善农村土地股份合作制流转模式研究》，中南大学硕士论文，2011。

[179] 杨庆宁：《探索土地金融　活跃农村经济》，《农村金融》2005年第4期，第36~37页。

[180] 杨扬：《在社会主义新农村建设中稳步推进土地适度规模经营》，《中国农村经济》2007年第3期，第58~64页。

[181] 姚明霞：《福利经济学》，经济科学出版社，2005，第4~5页。

[182] 姚洋：《集体决策下的诱导性制度变迁——中国农村地权稳定性演化的实证分析》，《中国农村观察》2000 年第 2 期，第 11～19 页。

[183] 尹云松：《论以农地使用权抵押为特征的农地金融制度》，《中国农村经济》1995 年第 6 期，第 36～40 页。

[184] 于洪：《失业保障与就业市场的联动效应分析》，《上海财经大学学报》2007 年第 6 期，第 63～68 页。

[185] 于研：《风险值法在金融机构信用风险管理中的运用》，《统计研究》2003 年第 7 期，第 49～53 页。

[186] 俞海：《中国东部地区耕地土壤肥力变化趋势研究》，《地理研究》2003 年第 3 期，第 381～388 页。

[187] 俞敏等（中国人民银行泉州市中心支行课题组）：《我国农地金融制度构建的现实约束及障碍破解》，《上海金融》2007 年第 6 期，第 9～14 页。

[188] 袁方、蔡银莺：《城市近郊被征地农民的福利变化测度——以武汉市江夏区五里界镇为实证》，《资源科学》2012 年第 3 期，第 450～457 页。

[189] 袁枫朝：《集体建设用地流转之三方博弈分析——基于地方政府农村集体组织与用地企业的角度》，《中国土地科学》2009 年第 2 期，第 59～63 页。

[190] 臧波、杨庆媛、周淘：《国外农村土地证券化研究现状、前景及启示》，《中国土地科学》2012 年第 10 期，第 23～28 页。

[191] 曾令秋、杜伟、黄善明：《对土地价格"剪刀差"现象的经济学思考》，《中国农村经济》2006 年第 4 期，第 37～41 页。

[192] 曾庆芬：《合约视角下农地抵押融资的困境与出路》，《中央财经大学学报》2014 年第 1 期，第 42～47 页。

[193] 曾庆学：《农村土地流转机制创新研究》，《商业时代》2008 年第 22 期。

[194] 曾新明：《农村集体土地使用权流转之法律研究》，《农村经济》2006 年第 10 期，第 29～31 页。

［195］张成玉：《产权残缺条件下征地公平补偿问题研究》，《农业经济问题》2011 年第 6 期，第 58～64 页。

［196］张红宇：《中国农地调整与使用权流转：几点评论》，《管理世界》2002 年第 5 期，第 76～87 页。

［197］张宏宇：《中国农地制度变迁的制度绩效：从实证到理论的分析》，《中国农村观察》2002 年第 2 期，第 23～24 页。

［198］张娟：《中国农村土地权益证券化研究》，西华大学，2013。

［199］张军：《农村土地流转存在的问题与对策思考》，《农业经济》2007 年第 8 期，第 38～40 页。

［200］张俊莹、赵锐、梁山：《河北省失地农民生活水平变化分析》，《职业时空》2010 年第 5 期，第 138～140 页。

［201］张丽华、赵志毅：《农村土地信托制度初探》，《贵州师范大学学报》（社会科学版）2005 年第 5 期，第 37～45 页。

［202］张龙耀、杨军：《农地抵押和农户信贷可获得性研究》，《经济学动态》2011 年第 11 期，第 60～64 页。

［203］张敏、吴敏力：《温岭农合行推新型贷款方式　土地经营权质押贷款无需担保》，《台州日报》，http：//wlnews. zjol. com. cn/wlrb/system/2009/05/21/011130031. shtml，2009 年 5 月 21 日。

［204］张琦、高振南：《中国农村土地制度改革与体系建设模式》，中国财政经济出版社，1994，第 208～261 页。

［205］张曙光：《地权变迁的底层视角——中国制度变迁的案例研究》（土地卷）前言，载《中国制度变迁的案例研究》（土地卷）第八集，2011 年 10 月 1 日。

［206］张思军：《城市化过程中失地农民问题分析》，《理论参考》2006 年第 1 期，第 52～54 页。

［207］张笑寒：《农村农地股份合作社：运行特征、现实困境和出路选择——以苏南上林村为个案》，《中国土地科学》2009 年第 2 期，第 38～42 页。

［208］张新光：《论农地平分机制向市场机制的整体性转轨》，《西北农林

科技大学学报》（社会科学版）2003 年第 5 期。

[209] 张艳：《农村土地承包经营权物权化建构》，《中国土地科学》2009 年第 4 期，第 61～64 页。

[210] 张媛媛、贺利军：《城市化过程中对失地农民就业问题的再思考》，《经济新视野》2004 年第 2 期，第 111～114 页。

[211] 赵小风：《关于我国土地使用制度的若干思考》，《西南农业大学学报》（社会科学版）2004 年第 1 期，第 28～29 页。

[212] 郑长博：《新农村建设中关于农村土地证券化的探讨》，《特区经济》2008 年第 8 期，第 172～173 页。

[213] 郑杰等（中国人民银行永安市支行课题组）：《对发展农村土地金融业务的思考——以永安为例》，《福建金融》2007 年第 2 期，第 36～37 页。

[214] 郑良：《福建三明农户土地承包经营权可抵押贷款》，《新华网》，ht-tp：//news. 163. com/08/1007/12/4NLDK5CP0001124J. html，2008 年 10 月 7 日。

[215] 郑仁泉、余文飞：《我国农村土地制度变迁的绩效分析》，《价格月刊》2008 年第 10 期，第 50～53 页。

[216] 郑振源：《征地制度需要改革》，《中国土地》2000 年第 10 期，第 24～25 页。

[217] 钟甫宁：《增加农民收入的关键：扩大非农就业机会》，《农业经济问题》2007 年第 1 期，第 62～70 页。

[218] 周立群：《农村土地制度变迁的经验研究：从"宅基地换房"到"地票"交易所》，《南京社会科学》2011 年第 8 期，第 72～78 页。

[219] 周其仁：《产权与制度变迁：中国改革的经验研究》，社会科学文献出版社，2002，第 1～46 页。

[220] 周其仁：《农地产权与征地制度——中国城市化面临的重大选择》，《经济季刊》2004 年第 4 期，第 193～210 页。

[221] 周其仁：《十年农村改革：实质进展与制度创新》，《教学与研究》1988 年第 5 期，第 8～12 页。

［222］周其仁：《中国农村改革：国家和所有权关系的变化——一个经济制度变迁史的回顾》，《管理世界》1995 年第 4 期，第 147～155 页。

［223］周学礼、李桂君：《对我省农村土地流转情况的调查》，《农村建设》2008 年第 4 期，第 30～34 页。

［224］朱道林、强真、毕继业：《中国农地征转用的价格增值分析》，《中国土地科学》2006 年第 4 期，第 24～27 页。

［225］朱光：《以人为本　构建农村和谐土地流转关系》，《学术论坛》2007 年第 2 期，第 93～97 页。

［226］朱林兴：《导入市场机制　改革征地制度》，《探索与争鸣》2004 年第 2 期，第 2～4 页。

［227］朱英刚、王吉献：《开展土地金融业务的调查与分析》，《农业发展与金融》2009 年第 11 期，第 13～17 页。

［228］诸培新：《农村宅基地使用权的公平与效率分析》，《中国土地科学》2009 年第 5 期，第 27～29 页。

支持本书观点的相关科研论文

1. 林乐芬、赵辉等：《城市化进程中失地农民市民化现状研究》，《农业经济问题》2009 年第 3 期。

2. 林乐芬、赵倩：《推进农村土地金融制度创新》，《学海》2009 年第 5 期。

3. 林乐芬：《基于福利经济学视角的失地农民补偿问题研究》，《经济学家》2010 年第 1 期。

4. 林乐芬、王军：《农户对农地股份合作社满意认可及影响因素分析》，《南京农业大学学报》（社会科学版）2010 年第 4 期。

5. 林乐芬、王军：《转型和发展中国家农地产权改革及其市场效应评述》，《经济学动态》2012 年第 12 期。

6. 林乐芬、金媛：《失地农民土地权益可持续保障机制研究》，《经济纵横》2011 年第 12 期。

7. 林乐芬、王军：《农村金融机构开展农村土地金融的意愿及影响因素分析》，《农业经济问题》2011 年第 12 期。

8. 林乐芬、金媛：《征地补偿政策效应影响因素分析》，《中国农村经济》2012 年第 6 期。

9. 金媛、林乐芬：《规模经营、农地抵押与产权变革催生：598 个农户样本》，《改革》2012 年第 9 期。

10. 林乐芬、金媛：《农地流转方式福利效应研究——基于农地流转供求方的理性选择》，《南京社会科学》2102 年第 9 期。

11. 金媛、林乐芬：《市场分割与土地财政行为研究——来自中国省际的经验证据》，《上海财经大学学报》2014年第1期。

12. 林乐芬、金媛：《地方政府出让被征农地行为的经济学分析——基于30个省份的面板数据》，《农业技术经济》2014年第4期。

13. 林乐芬、法宁：《新型农业经营主体融资障碍及对策建议》，《"三农"决策参考》2014年第26期。

14. 林乐芬、马艳艳：《土地股份化进程中农户行为选择及影响因素分析——基于1007户农户调查》《南京农业大学学报》（社会科学版）2014年第6期。

图书在版编目（CIP）数据

农村土地制度变迁的社会福利效应：基于金融视角的分析／
林乐芬，金媛，王军著 . —北京：社会科学文献出版社，2015.2
ISBN 978 - 7 - 5097 - 6711 - 5

Ⅰ.①农⋯　Ⅱ.①林⋯②金⋯③王⋯　Ⅲ.①农村－土地
制度－变迁－研究－中国　Ⅳ.①F321.1

中国版本图书馆 CIP 数据核字（2014）第 262794 号

农村土地制度变迁的社会福利效应
——基于金融视角的分析

著　　者／林乐芬　金　媛　王　军

出 版 人／谢寿光
项目统筹／恽　薇
责任编辑／颜林柯

出　　版／社会科学文献出版社·经济与管理出版分社（010）59367226
　　　　　　地址：北京市北三环中路甲 29 号院华龙大厦　邮编：100029
　　　　　　网址：www. ssap. com. cn
发　　行／市场营销中心（010）59367081　59367090
　　　　　　读者服务中心（010）59367028
印　　装／三河市尚艺印装有限公司

规　　格／开 本：787mm×1092mm　1/16
　　　　　　印 张：18　字 数：275 千字
版　　次／2015 年 2 月第 1 版　2015 年 2 月第 1 次印刷
书　　号／ISBN 978 - 7 - 5097 - 6711 - 5
定　　价／69.00 元